U0937209

"十二五"职业教育国家规划教材
经全国职业教育教材审定委员会审定

高等职业教育经济管理类专业基础课系列教材

经济法概论

（第四版）

主编　陈新玲　齐　晋

科学出版社
北　京

内 容 简 介

作为“十二五”职业教育国家规划教材，本书是在前三版教材的基础上依据最新颁布的《中华人民共和国民法典》等法律法规，注意吸收民商法理论的最新研究成果，紧跟我国现阶段经济建设的步伐，将从事经济活动必须掌握的法律知识分为五篇内容：第一篇为法律基础（包括法的一般理论、法律行为与代理制度）；第二篇为商事法律制度（包括内资企业法律制度、公司法律制度）；第三篇为民事法律制度（包括物权法律制度、合同法律制度、知识产权法律制度）；第四篇为社会法律制度（包括劳动合同与社会保险法律制度）；第五篇为经济纠纷的解决途径（包括仲裁与民事诉讼）。本书具有较强的实践性和前沿性。

本书适合高职高专经济、管理类等非法学专业的学生使用，还可以作为参加经济类职业资格考试人员的参考书。

图书在版编目（CIP）数据

经济法概论/陈新玲，齐晋主编．—4版．—北京：科学出版社，2022.2
（“十二五”职业教育国家规划教材・高等职业教育经济管理类专业基础课系列教材）

ISBN 978-7-03-067668-9

Ⅰ．①经…　Ⅱ．①陈…　②齐…　Ⅲ．①经济法-中国-职业教育-教材
Ⅳ．①D922.29

中国版本图书馆 CIP 数据核字（2020）第 269784 号

责任编辑：薛飞丽　王　琳 / 责任校对：王　颖
责任印制：吕春珉 / 封面设计：东方人华平面设计部

科学出版社 出版
北京东黄城根北街 16 号
邮政编码：100717
http://www.sciencep.com

天津翔远印刷有限公司印刷
科学出版社发行　各地新华书店经销
*

2007 年 9 月第　一　版　2024 年 1 月第十七次印刷
2011 年 6 月第　二　版　开本：787×1092　1/16
2015 年 6 月第　三　版　印张：17 3/4
2022 年 2 月第　四　版　字数：420 000

定价：59.00 元

（如有印装质量问题，我社负责调换〈翔远〉）
销售部电话 010-62136230　编辑部电话 010-62135397-2030

第四版前言

本书是编者在总结多年高校非法学专业经济法课程教学经验基础上，以培养应用型人才为目标而精心编写的。自 2007 年出版以来，本书入选教育部“十二五”职业教育国家规划教材，与本书配套的教学资源库获得了山西省高等教育教学成果一等奖。本书是在前三版教材的基础上，依据最新颁布的《中华人民共和国民法典》等法律法规进行修订，注意吸收了民商法理论的最新研究成果，强调理论与实践的结合，注重分析和解决问题能力的培养，体现了应用型大学的培养特色。

本次修订最大的特点是深入挖掘了经济法课程中蕴含的思想政治教育资源，通过对相关法律基础知识、商事法律制度（内资企业法律制度、公司法律制度）、民事法律制度（物权法律制度、合同法律制度、知识产权法律制度）、社会法律制度（劳动合同与社会保险法律制度）、经济纠纷的解决途径（仲裁与民事诉讼）五部分内容的学习，教育引导学习者牢固树立法治观念，坚定走中国特色社会主义法治道路的理想和信念，深化对法治理念、法治原则、重要法律概念的认知，提高运用法治思维和法治方式维护自身权利、化解矛盾纠纷的意识和能力。引导学习者深入社会实践、关注现实问题，培育其经世济民、诚信服务、德法兼修的职业素养。

本次修订的编写体例更加新颖合理，充分体现了经济法所特有的理论性、时效性、实用性特点。在每一节中指明了学习目标（素质目标、知识目标、技能目标、思政目标）和所需了解的背景知识，每章课前有引导案例，在课后配有案例讨论、习题及习题答案等线上教学资料，学习者扫描二维码即可获得，强化了应用性、实践性和可操作性。本书继续体现了边问、边教、边学、边练的特色，增强了学生学习的兴趣，具有较强的实践性和前沿性。

本书由陈新玲、齐晋担任主编。具体编写分工如下：第一章由申世明编写；第二章、第四章由齐晋编写；第三章由陈新玲编写；第五章由冯冲编写；第六章由李桂红编写；第七章由罗静编写；第八章由张月编写。

编者在编写本书的过程中参阅了许多国内外学者的著作资料，借鉴和吸收了他们的研究成果，也得到了山西华炬律师事务所陈曦律师对实务问题的具体指导，在此一并表示衷心的感谢。

由于编者水平有限，书中难免有不足之处，敬请广大读者批评指正。

第一版前言

经济法是调整国家在干预社会经济活动中所发生的经济关系的法律规范总称。作为从事经济、管理、服务工作的人员都必须认真学习和掌握与本专业工作有关的经济法律知识，以适应我国市场经济建设和进入国际大市场的需要。

本书针对高职高专院校学生的特点和企业的实际需要，遵循培养应用型高级人才的教学规律和要求，突出法律所具有的实用性、应用性及操作性的特点，深入浅出地介绍了经济法基本理论，系统而又突出地介绍了微观层面的法律制度，力求在有限的时间内使学生掌握与企业经营管理相关的法律知识，掌握交易规则，防范交易风险，具备追求交易稳定的知识和技能。

本书具有以下三方面特色：第一，内容新。本教材根据最新修订的《中华人民共和国公司法》《中华人民共和国合伙企业法》《中华人民共和国破产法》《中华人民共和国证券法》和其他法律法规调整了相应的内容，采用的案例更具有现实性、针对性和新颖性。第二，形式新。通过对学科知识的整合，以高职院校学生的“必需、够用、实用”为度，全书分为四篇内容：经济法基础，市场主体法，市场运行法，市场管理法。每章由“学习目标”“引导案例”“知识介绍”“本章小结”“思考题”等组成。整本书体现了边问，边教，边学，边练的特色，增强了学生学习的兴趣，突出了高职高专院校培养实用型和技能型人才的特点。第三，实用性。注重与国家经济类，会计类专业技术资格考试教材的衔接，培养学生分析解决实际问题的能力。该书章节内容涵盖了相关资格考试大纲所要求的内容，为高职高专院校学生取得双证书打下了基础。因此本书也是参加国家经济类专业技术资格考试学员极富参考价值的学习资料。

本书根据基础知识、主体法、行为法、管理法四部分安排教材内容，其中经济主体法包括个人独资企业法、合伙企业法、公司法、外商投资企业法、破产法；行为法包括合同法；管理法包括票据法、证券法、知识产权法。全书分为十章内容。

本教材主要集中了山西省高职院校从事经济法教学实践多年的教师的力量，认真严谨，数易其稿完成的。由太原大学陈新玲担任主编。具体分工如下：第一章由申世明编写；第二章、第三章、第七章、第九章由陈新玲编写；第四章由郑晓红编写；第五章、第六章由刘春圆编写；第八章由雷中平编写；第十章由武静编写。

由于受限于学识、时间，书中难免疏漏之处，恳请广大读者批评指正。

目　录

第一篇　法 律 基 础

第二篇　商事法律制度

第三篇　民事法律制度

第五篇　经济纠纷的解决途径

第一篇

法律基础

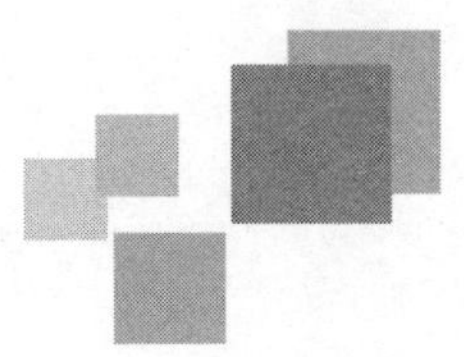

第一章　法律基础知识

引导案例

案情回顾

瞿某某在其经营的网上店铺中出售两款贴画，一款印有“董存瑞舍身炸碉堡”形象并配有侮辱性文字，另一款印有“黄继光舍身堵机枪口”形象并配有侮辱性文字。杭州市某居民在该店购买了上述印有董存瑞、黄继光宣传形象及配文的贴画后，认为网店经营者侵害了董存瑞、黄继光的名誉权并伤害了其爱国情感，遂向杭州市西湖区检察院举报。

西湖区检察院发布公告通知董存瑞、黄继光近亲属提起民事诉讼。公告期满后，无符合条件的原告起诉，西湖区检察院遂向杭州互联网法院提起民事公益诉讼。

裁判结果

杭州互联网法院认为，英雄烈士是国家的精神坐标，是民族的不朽脊梁。英雄烈士董存瑞舍身炸碉堡，黄继光舍身堵枪眼，用鲜血和生命谱写了惊天动地的壮歌，体现了崇高的革命气节和伟大的爱国精神，是社会主义核心价值观的重要体现。任何人都不得歪曲、丑化、亵渎、否定英雄烈士的事迹和精神。被告瞿某某作为中华人民共和国公民，应当崇尚、铭记、学习、捍卫英雄烈士，不得侮辱、诽谤英雄烈士的名誉。瞿某某通过网络平台销售亵渎英雄烈士形象贴画的行为，已对英雄烈士名誉造成贬损，且主观上属明知，构成对董存瑞、黄继光的名誉侵权。同时，被告瞿某某多年从事网店销售活动，应知图片一经发布即可能被不特定人群查看，商品一经上线便可能扩散到全国各地，但其仍然在网络平台发布、销售上述贴画，造成了恶劣的社会影响，损害了社会公共利益，依法应当承担民事法律责任。该院判决瞿某某立即停止侵害英雄烈士董存瑞、黄继光名誉权的行为，即销毁库存、不得再继续销售案涉贴画，并于判决生效之日起十日内在国家级媒体公开赔礼道歉、消除影响。

典型意义

董存瑞、黄继光等英雄烈士的事迹和精神是中华民族共同的历史记忆和宝贵的精神财富。对英烈事迹的亵渎，不仅侵害了英烈本人的名誉权，给英烈亲属造成精神痛苦，也伤害了社会公众的民族和历史感情，损害了社会公共利益。互联网名誉侵权案件具有传播速度快、社会影响大等特点，该案系全国首次通过互联网审理涉英烈保护民事公益诉讼案件，明确侵权结果发生地法院对互联网民事公益诉讼案件具有管辖权，有利于高效、精准打击利用互联网侵害英雄烈士权益不法行为，为网络空间注入尊崇英雄、热爱英雄、景仰英雄的法治能量。

（资料来源：最高人民法院，2020.董存瑞、黄继光英雄烈士名誉权纠纷公益诉讼案：杭州市西湖区人民检察院诉瞿某某侵害烈士名誉权公益诉讼案[EB/OL].(2020-05-13）[2020-08-06].https://www.chinacourt.org/article/detail/2020/05/id/5214644.shtml.）

第一节　法的一般理论

学习目标

素质目标：要求学习者具有高尚的法律人格、坚定的法律信念、良好的法学素养，随时关注国家法制动态。

知识目标：要求学习者全面了解法律的特征、法律的渊源，掌握两大法系的不同特点、法律关系的构成要素、法律责任的承担方式。

技能目标：要求学习者能够分析遇到的法律问题归属于哪个法律部门，并能寻找相关法律依据去解决实务问题。

思政目标：要求学习者通过对法律基础知识的学习，弘扬社会主义依法治国理念，传承“以人为本”的法律人文关怀，自觉维护社会主义法治权威，树立权利享有和责任担当相统一的意识。

关键术语

法律的特征；法律渊源；法系；法律体系；法律关系；法律责任

背景知识

法是随着私有制和国家的产生而产生的。作为社会生活的调整器，法在规范法律主体的行为、维护社会秩序方面发挥着不可替代的作用。由于制定主体的不同，法有多种表现形式和不同的效力等级。我国的法律部门包括宪法及相关法、刑法、民法、经济法、行政法、社会法、诉讼及非诉讼程序法，这些法律部门相互作用，共同构成了中国特色社会主义法律体系，为依法治国构筑了坚实的法律基础。法律关系的主体通过享有法定权利承担法定义务，使法律上的权利和义务从抽象状态变成了现实状态。“徒法不足以自行”，社会主体违反了法律，就要受到国家的否定性评价，承担相应的法律责任。民事责任、行政责任、刑事责任三大法律责任是法律有效实施，实现法律调整功能的最终保障。

一、法和法律

法不是从来就有的，是人类社会发展到一定阶段的产物。法是国家制定或认可，并由国家强制力保障实施，规定社会主体享有权利和承担义务的社会规范的总称。

法律是法的表现形式，法律有广义和狭义之分。广义的法律是指整体的法，狭义的法律仅指由全国人民代表大会及其常委会制定的规范性文件。

二、法律的特征

作为一种特殊的社会规范，法律具有如下特征。

（一）国家意志性

法律是国家制定或认可的行为规范，具有国家意志性。法是统治阶级整体意志的体现，但统治阶级的整体意志并不能直接形成法律，只有通过规范的立法程序，即通过国家制定或认可，才能形成法律。

（二）国家强制性

法律是凭借国家强制力保证实施的行为规范，具有国家强制性。法律的强制性是由国家提供和保证的，因而与一般社会规范的强制性不同。例如，道德规范靠社会舆论去维系。国家强制力以国家的强制机构（如公安部门、法庭、监狱）为后盾，违反了法律，社会主体就要承担相应的法律责任。

（三）法律是确定人们在社会关系中权利与义务的行为规范

法律是调整人们行为的一种社会规范，法律规定具体法律关系中行为主体享有的权利和承担的义务，能够为行为主体提供一个行为模式。行为主体会根据法律的规定调整自己的行为，趋利避害，从而达到维持社会秩序的目的。

（四）法律是明确而普遍适用的社会规范

作为一种社会规范，法律具有明确的内容，能使人们预知自己或者他人一定行为的法律后果。法律对在效力范围内的所有社会成员都普遍适用。

三、法律渊源

法律渊源又称“法源”或“法律形式”，是指法律的具体表现形态。法律渊源主要解决的问题是：法是由何种机关创立的，表现为何种形式。我国是成文法国家，法律渊源包括宪法、法律、行政法规、地方性法规、自治条例和单行条例、行政规章、司法解释及国际条约、协定等。

（一）宪法

宪法是国家的根本大法，是由最高权力机关全国人民代表大会制定的，具有最高的法律效力。宪法规定了国家的基本制度和根本任务、公民的基本权利与义务、国家机构、国旗、国歌、国徽、首都，是制定其他法律规范的基础。其他法律文件都不能同宪法相抵触。现行《中华人民共和国宪法》（以下简称宪法）是 1982 年制定的，后来经过 1988 年、1993 年、1999 年、2004 年、2018 年五次修正。

（二）法律

法律由全国人民代表大会及其常务委员会制定、修改，规定和调整国家和社会生活中某一方面带有根本性的社会关系或基本问题。

全国人民代表大会制定和修改刑事、民事、国家机构的和其他的基本法律。全国人民代表大会常务委员会制定和修改除应当由全国人民代表大会制定的法律以外的其他法律。法律的效力低于宪法而高于其他法律规范。

（三）行政法规

行政法规是由国务院依据宪法和法律制定、修改的规范性文件的总称。行政法规的效力低于宪法、法律而高于地方性法规。在名称上，行政法规通常冠以条例等。行政法规在我国法律渊源中起到了承上启下的作用。

（四）地方性法规

地方性法规是由地方人民代表大会及其常务委员会根据本行政区域的具体情况和实际需要，在同宪法、法律、行政法规不相抵触的前提下制定的规范性文件。有权制定地方性法规的地方权力机构包括：省、自治区、直辖市的人民代表大会及其常务委员会；设区的市的人民代表大会及其常务委员会；自治州的人民代表大会及其常务委员会。

（五）自治条例和单行条例

民族自治地方的人民代表大会有权依照当地民族的政治、经济和文化的特点，制定自治条例和单行条例。自治区的自治条例和单行条例，报全国人民代表大会常务委员会批准后生效。自治州、自治县的自治条例和单行条例，报省、自治区、直辖市的人民代表大会常务委员会批准后生效。自治条例是综合性法律文件。单行条例是调整某一方面事项的规范性文件。自治条例和单行条例可作为民族自治地方的司法依据。

（六）行政规章

行政规章是有关行政机关依法制定的规范性文件的总称，包括部门规章与地方政府规章。部门规章是国务院各部、委员会、中国人民银行、审计署和具有行政管理职能的直属机构，根据法律和行政法规，在本部门权限内所发布的规范性法律文件的总称。部门规章的地位低于宪法、法律、行政法规。

地方政府规章是指省、自治区、直辖市和设区的市、自治州的人民政府，可以根据法律、行政法规和本省、自治区、直辖市的地方性法规，制定的规范性法律文件的总称。

（七）司法解释

司法解释是最高人民法院、最高人民检察院作出的属于审判、检察工作中具体应用法律的解释。它包括最高人民法院对审判工作中具体应用法律问题的解释、最高人民检察院对检察工作中具体应用法律问题的解释。

（八）国际条约、协定

国际条约、协定是由两个或两个以上国家或国际组织间缔结的确定其相互关系中权利和义务的各种协议。它不仅包括以条约为名称的协议，也包括国际法主体间形成的宪章、公约、盟约、规约、专约、公报和联合宣言等双边、多边及其他具有条约、协定性质的文件。只有我国加入的国际条约、协定才能成为我国的法律渊源。

四、法系

法系是根据各国法律的历史传统和特点对各国法律所进行的分类。凡属同一传统，具有相同特点的法律就构成一个法系。各国的法律体系可以分为大陆法系和英美法系。

大陆法系，又称罗马法系，指以古代罗马法为基础发展起来的各国法律的统称。由于这些国家主要是在欧洲大陆，故称大陆法系。属于大陆法系的国家主要有法国、德国、意大利、奥地利、比利时、荷兰、西班牙、葡萄牙、日本、泰国、土耳其等。我国也属于大陆法系。大陆法系以 1804 年《法国民法典》和 1896 年《德国民法典》为代表，形成两大支流。前者以自由资本主义发展为背景，强调的是个人利益；后者以垄断资本主义发展为背景，强调的是社会利益。大陆法系法律的主要形式是制定法，体系完整严密，内容严明，诉讼采取纠问式，法官是诉讼的中心。

英美法系，又称普通法系，是以英国普通法为基础发展起来的法律总称。普通法系源于英国，进而扩至曾作为英国殖民地、附属国的许多国家和地区，有美国、澳大利亚、新西兰、加拿大、印度、巴基斯坦、缅甸、马来西亚、新加坡等。英美法系的基本特征是“遵循先例”，其含义是寓于先前司法判例中的法律原则，只要不违反“正义”，以后处理类似案件，就必须遵循这些法律原则。

大陆法系与英美法系的区别主要表现在：①法的渊源不同。大陆法系的法律渊源是制定法，判例在法律上不被认为是具有正式意义上的渊源；英美法系主要的法律渊源是判例法，也包括制定法。②诉讼程序不同。大陆法系的诉讼程序，以法官为中心，具有纠问的特点；英美法系的诉讼程序，以当事人为中心，采用对抗制，法官充当消极的、中立的角色。③法官权限不同。在大陆法系，法官审理案件，首先考虑制定法如何规定，然后按照案情作出判决，法官只能适用法律，不能创设法律。英美法系的法官则首先考虑以前类似的判例，遵循先例，也可以援引制定法来审判案件，法官甚至可以用法律推理和解释创造新的法律原则。法官既适用法律，也可在一定范围内创设法律。

随着国际交往日益加深，两大法系也呈融合之势，相互借鉴对方法律制度中的一些先进做法。大陆法系国家也开始重视判例的作用，在诉讼程序中引入对抗式；英美法系的国家也开始重视体系化制定法的作用。

五、法律体系

法律体系是指由一国不同的法律部门相互作用而形成的有机整体。目前，我国的法律体系可以划分为宪法及宪法相关法、刑法、民法、行政法、经济法、社会法、诉讼与非诉讼程序法七个法律部门。

（一）宪法及宪法相关法

宪法是我国的根本大法，是国家活动的总章程，规定了国家的根本制度、公民的基本权利和义务等内容。宪法相关法是与宪法相配套、直接保障宪法实施和国家政权运作等方面的法律规范的总和，包括：①有关国家机构的产生、组织、职权和基本工作制度的法律，如《中华人民共和国国务院组织法》；②有关民族区域自治制度、特别行政区制度、基层群众自治制度的法律，如《中华人民共和国民族区域自治法》；③有关维护国家主权、领土完整和国家安全的法律，如《反分裂国家法》；④有关保障公民基本政治权利的法律，如《中华人民共和国全国人民代表大会和地方各级人民代表大会选举法》。

（二）刑法

刑法是规定有关犯罪和刑罚的法律规范的总称。刑法与其他门类相比具有广泛性与严厉性。广泛性是指其所调整的社会关系极其广泛，即在任何社会关系中只要行为构成犯罪就会受到刑法调整。严厉性是刑事责任的承担方式非常严厉，最重可以剥夺犯罪分子的生命。

（三）民法

民法是调整平等主体的自然人、法人和非法人组织之间的人身关系和财产关系的法律规范的总和。人身关系主要包括人格权关系、收养关系。财产关系主要包括物权关系、合同关系。婚姻、遗产继承关系兼具财产性和人身性，也由民法来调整。

（四）行政法

行政法是指行政主体在行使行政职权和接受行政法制监督过程中而与行政相对人、行政法监督主体之间发生的各种关系，以及行政主体内部发生的各种关系的法律规范总称。行政法由行政组织法、行政行为法、行政程序法、行政监督法和行政救济法等部分组成。其重心是控制和规范行政权，保护行政相对人的合法权益。

（五）经济法

经济法是调整政府代表国家对市场经济活动实行宏观调控和规制所产生的法律关系的法律规范的总称。经济法是在政府干预市场活动过程中逐渐发展起来的一个法律部门，它与行政法、民法的联系非常密切。经济法既有调整纵向关系的法律规范，又有调整横向关系的法律规范，具有综合性。

（六）社会法

社会法是规范劳动关系、社会保障、社会福利和特殊群体权益保障方面法律关系的法律规范的总称。社会法包括两个方面：一是有关劳动关系、劳动保障和社会保障方面的法律，如《中华人民共和国劳动法》（以下简称《劳动法》）、《中华人民共和国劳动合同法》（以下简称《劳动合同法》）、《中华人民共和国工会法》《中华人民共和国社会保险法》（以下简称《社会保险法》）等。二是有关特殊社会群体权益保障方面的法律，如《中华人民共和国未成年人保护法》《中华人民共和国妇女权益保障法》等。

（七）诉讼与非诉讼程序法

诉讼与非诉讼程序法是规范解决社会纠纷的诉讼活动与非诉讼活动的法律规范的总称。诉讼法主要包括《中华人民共和国刑事诉讼法》、《中华人民共和国民事诉讼法》（以下简称《民事诉讼法》）、《中华人民共和国行政诉讼法》。非讼程序法主要包括《中华人民共和国仲裁法》（以下简称《仲裁法》）和《中华人民共和国劳动争议调解仲裁法》等。

六、法律关系

（一）法律关系的含义及特征

人类社会存在着各种各样的社会关系，如经济、政治、法律、思想、道德、宗教、家庭、婚姻、友谊等。法律关系是根据法律规范产生的，以主体间的权利与义务关系为内容表现的社会关系。法律关系有不同的种类：以调整平等主体之间的财产关系和人身关系而形成的法律关系，称为民事法律关系；以调整行政管理关系而形成的法律关系，称为行政法律关系；以调整刑事犯罪与刑罚关系而形成的法律关系，称为刑事法律关系；以调整宏观调控和市场规制关系而形成的法律关系，称为经济法律关系等。与其他社会关系相比，法律关系具有以下特征。

1. 法律关系是一种意志关系，属上层建筑范畴

这里的意志是指国家的意志（即统治者的意志）和行为人的意志。法律关系是反映

统治者意志和行为人意志而形成的关系，因而不属于经济基础范畴。

2. 法律关系是根据法律规范建立并得到法律保护的社会关系

法律关系是社会关系的一种，但是并非所有的社会关系均属于法律关系，有些社会关系不属于法律关系，如友谊关系、爱情关系等。在法律规范中，关于一个人可以做什么、不得做什么和必须做什么的规定，是国家意志的体现。人们之间一旦依法结成了法律关系，这种关系对各方参加者都有约束力。例如，合同一经订立即具有法律效力，任何一方都无权擅自变更、解除。凡是超越法律关系中权利的界限或者规避义务造成危害后果的，都会受到国家法律的制裁。

3. 法律关系是以权利义务为内容的具体的社会关系

法律关系是具体的权利义务关系，它使法律规范规定的权利义务具体化。法律规范规定的主体权利义务只是一种可能性，是主体能做和应该做的行为，并不是现实的行为；而在法律关系中，主体的权利与义务是一种现实的权利义务。这些权利与义务关系的形成，要以法律所确定的某种事实的产生为前提。例如，如果发生了保险法规所列举的自然灾害，那么肯定引起投保人和保险人之间的保险赔偿权利与义务关系的形成。在法律关系中，参加者所享受的权利与承担的义务，都是法律规定的，都具有法律效力，任何人都不得违反和侵犯。

（二）法律关系的要素

一般认为，法律关系由主体、内容、客体三个要素组成。

1. 法律关系的主体

法律关系的主体是法律关系的参加者，即在法律关系中一定权利的享有者和一定义务的承担者。享有权利的一方称为权利人，承担义务的一方称为义务人。

（1）法律关系主体的种类

1）自然人。这里的自然人既包括中国公民，也包括居住在我国境内或在境内活动的外国公民和无国籍人。

2）法人。法人包括营利法人（有限责任公司、股份有限公司和其他企业法人等）、非营利法人（包括事业单位、社会团体、基金会、社会服务机构等）、特别法人（包括机关法人、农村集体经济组织法人、城镇农村的合作经济组织法人、基层群众性自治组织法人）。

3）非法人组织。非法人组织是不具有法人资格，但是能够依法以自己的名义从事民事活动的组织。非法人组织包括个人独资企业、合伙企业、不具有法人资格的专业服务机构等。

（2）法律关系主体构成的资格

自然人、法人、非法人组织要成为法律关系的主体、享有权利和承担义务，必须具备权利能力和行为能力，即具有法律关系主体构成的资格。

1）权利能力。权利能力是权利主体享有权利和承担义务的资格，它反映了权利主体享有权利和承担义务的可能性。各种具体权利的产生必须以主体的权利能力为前提。在不同的法律关系中对其参加者的要求不同，所需要的权利能力也不同。权利能力既包括一般的权利能力（即民事权利能力），也包括特殊的权利能力（即政治权利能力、劳动权利能力等）。根据《中华人民共和国民法典》（以下简称《民法典》）的规定，自然人从出生时起到死亡时止，具有民事权利能力，依法享有民事权利、承担民事义务。自然人的民事权利能力一律平等。

2）行为能力。行为能力是指权利主体能够通过自己的行为取得权利和承担义务的能力。行为能力必须以权利能力为前提，无权利能力就谈不上行为能力。对自然人来讲，有权利能力不一定有行为能力。《民法典》规定，自然人分为完全民事行为能力人、限制民事行为能力人和无民事行为能力人。

① 完全民事行为能力人。十八周岁以上的自然人是成年人，具有完全民事行为能力，可以独立进行民事活动，是完全民事行为能力人。十六周岁以上的未成年人，以自己的劳动收入为主要生活来源的，视为完全民事行为能力人。

② 限制民事行为能力人。八周岁以上的未成年人和不能完全辨认自己行为的成年人为限制民事行为能力人，实施民事法律行为由其法定代理人代理或者经其法定代理人同意、追认；但是，可以独立实施纯获利益的民事法律行为或者与其年龄、智力相适应的民事法律行为。

③ 无民事行为能力人。无民事行为能力人包括：不满八周岁的未成年人、不能辨认自己行为的成年人、八周岁以上不能辨认自己行为的未成年人。无民事行为能力人由其法定代理人代理实施民事法律行为。

社会组织作为法律关系的主体也应当具有权利能力和行为能力，但其权利能力和行为能力不同于自然人。以法人为例，法人的权利能力、行为能力在法人成立时产生，到法人终止时消灭。自然人的行为能力一般通过自身实现，而法人的行为能力则通过法定代表人或者其他代理人实现。

2. 法律关系的内容

法律关系的内容是法律关系主体享有的权利与承担的义务。权利是法律允许权利人为了满足自己的利益可以作为或不作为，或者要求他人为一定行为或不为一定行为的自由。义务则是法律规定的义务人所承担的作出一定行为或不为一定行为的负担和约束。

权利与义务相辅相成，联系密切：①没有无义务的权利，也没有无权利的义务；②权利人行使权利依赖于义务人承担义务；③权利的行使有一定的界限，不能滥用权利而损害义务人的利益。

3. 法律关系的客体

法律关系的客体，是指法律关系主体的权利义务所指向的对象。法律关系的客体可以分为以下几大类。

（1）物

法律意义上的物是指法律关系主体支配的、在生产上和生活上所需要的客观实体。它可以是自然物，如森林、土地，也可以是人的劳动创造物，如建筑物、机器。

（2）行为

一定的行为结果可以满足权利人的利益和需要，可以成为法律关系的客体。例如，旅客运输合同的客体是运送旅客的行为。

（3）智力成果

智力成果是人们通过脑力劳动创造的精神财富，如作品、发明、实用新型、外观设计、商标、商业秘密等。

（4）人身利益

人身利益包括人格利益和身份利益，是人格权和身份权的客体，如公民和组织的姓名或名称，公民的肖像、名誉、荣誉、隐私、尊严和身份等。

七、法律责任

法律责任是法律关系的主体因为实施违法行为而承担的不利后果。法律责任是国家对违法行为的负面评价，使违法行为得到制裁，社会秩序得以维护。

法律责任可以分为民事责任、行政责任、刑事责任。

（一）民事责任

民事责任是民事主体违反了约定或法定义务所应承担的不利后果。

1. 民事责任承担的方式

承担民事责任的方式主要有：①停止侵害；②排除妨碍；③消除危险；④返还财产；⑤恢复原状；⑥修理、重作、更换；⑦继续履行；⑧赔偿损失；⑨支付违约金；⑩消除影响、恢复名誉；⑪赔礼道歉。法律规定惩罚性赔偿的，依照其规定。以上承担民事责任的方式，可以单独适用，也可以合并适用。

2. 民事责任承担的特殊情形

《民法典》规定，承担民事责任有如下特殊情形：①因不可抗力不能履行民事义务的，不承担民事责任。法律另有规定的，依照其规定不可抗力是指不能预见、不能避免且不能克服的客观情况。②因正当防卫造成损害的，不承担民事责任。正当防卫超过必要的限度，造成不应有的损害的，正当防卫人应当承担适当的民事责任。③因紧急避险造成损害的，由引起险情发生的人承担民事责任。危险由自然原因引起的，紧急避险人不承担民事责任，可以给予适当补偿。紧急避险采取措施不当或者超过必要的限度，造成不应有的损害的，紧急避险人应当承担适当的民事责任。④因保护他人民事权益使自己受到损害的，由侵权人承担民事责任，受益人可以给予适当补偿。没有侵权人、侵权人逃逸或者无力承担民事责任，受害人请求补偿的，受益人应当给予适当补偿。⑤因自愿实施紧急救助行为造成受助人损害的，救助人不承担民事责任。⑥侵害英雄烈士等的姓名、肖像、名誉、荣誉，损害社会公共利益的，应当承担民事责任。⑦因当事人一方的违约行为，损害对方人身权益、财产权益的，受损害方有权选择请求其承担违约责任或者侵权责任。⑧民事主体因同一行为应当承担民事责任、行政责任和刑事责任的，承担行政责任或者刑事责任不影响承担民事责任；民事主体的财产不足以支付的，优先用于承担民事责任。

（二）行政责任

行政责任指违反法律规定的单位和个人所应承受的由国家行政机关或国家授权单位对其依行政程序所给予的制裁。行政责任包括行政处罚和行政处分。

1. 行政处罚

行政处罚是行政机关对违反行政法律法规的行政相对人采取的制裁措施。

行政处罚的种类：①警告；②罚款；③没收违法所得、没收非法财物；④责令停产停业；⑤暂扣或者吊销许可证、暂扣或者吊销执照；⑥行政拘留；⑦法律、行政法规规定的其他行政处罚。

2. 行政处分

行政处分是指国家行政机关对于违反行政法律规范的国家机关工作人员或被授权、委托的执法人员所给予的一种惩罚措施。

行政处分包括警告、记过、记大过、降级、撤职、开除。

（三）刑事责任

刑事责任指行为人实施犯罪行为所必须承担的法律后果。刑事责任通过刑罚来实现，刑罚分为主刑和附加刑。

1. 主刑

主刑包括：①管制；②拘役；③有期徒刑；④无期徒刑；⑤死刑。

2. 附加刑

附加刑包括：①罚金；②剥夺政治权利；③没收财产。对于犯罪的外国人，可以适用驱逐出境。

主刑只能单独适用，附加刑可以单独适用，也可以附加适用。

第二节 法律行为与代理制度

学习目标

素质目标：要求学习者具备将内心意愿通过合法的方式表达于外的基本素养，培养忠实勤勉、审慎严谨的职业习惯。

知识目标：要求学习者了解民事法律行为的有效要件、代理权滥用的表现、区分委托代理和法定代理。

技能目标：要求学习者能够合理利用撤销权、追认权和表见代理制度维护自己的合法权益。

思政目标：要求学习者通过学习民事法律行为和代理制度，传承“受人之托，忠人之事”的文化传统，树立遵纪守法、诚实守信的理念，维护公共秩序、善良风俗。

关键术语

意思表示；无效民事法律行为；可撤销民事法律行为；法定代理；委托代理；无权代理；表见代理

背景知识

意思表示，是指行为人将内心意欲设立、变更、终止民事法律关系的意思表达于外部。它是使法律行为区别于事实行为的关键所在。以意思表示为要素的民事法律行为，使私法自治的理念得到贯彻，能够使社会主体更加合理地安排自己的事务。民事法律行为成立不一定生效，只有满足意思表示真实、行为人具有相应民事行为能力、不违背法律行政法规强制性、不违背公序良俗才能生效。

代理制度补充和扩张了民事主体的民事行为能力。民事主体中的无民事行为能力人，限制民事行为能力人都不能独立实施民事法律行为或超出其行为能力范围的民事法律行为。有了法定代理制度，就使无民事行为能力人或限制民事行为能力人的民事行为能力通过代理得到弥补。完全民事行为能力人，虽有民事行为能力，但受时间、精力、专业知识、地域的限制，也不能凡事都亲自去处理，委托代理制度则给他以分身之术，使其民事行为能力得以扩张。同时，由于法人业务的广泛性和复杂性，此时如果能运用代理制度可将部分业务委托代理人进行，那么就可以提高法人的经营效率。代理制度提高了社会整体的经济效益。

一、民事法律行为

（一）民事法律行为的含义

民事法律行为是指民事主体通过意思表示设立、变更、终止民事法律关系的行为。

民事法律行为可以基于双方或者多方的意思表示一致成立，也可以基于单方的意思表示成立。法人组织、非法人组织依照法律或者章程规定的议事方式和表决程序作出决议的，该决议行为成立。

（二）民事法律行为的特征

民事法律行为具有如下特征。

1. 以意思表示为要素

意思表示是指行为人将进行法律行为，达到某种预期法律后果的内在意思表现于外的行为。

（1）意思表示生效的时间

《民法典》规定，以对话方式作出的意思表示，相对人知道其内容时生效。以非对话方式作出的意思表示，到达相对人时生效。以非对话方式作出的采用数据电文形式的意思表示，相对人指定特定系统接收数据电文的，该数据电文进入该特定系统时生效；未指定特定系统的，相对人知道或者应当知道该数据电文进入其系统时生效。当事人对采用数据电文形式的意思表示的生效时间另有约定的，按照其约定。无相对人的意思表示，表示完成时生效；法律另有规定的，依照其规定。以公告方式作出的意思表示，公告发布时生效。

（2）意思表示作出的方式

行为人可以明示或者默示作出意思表示。沉默只有在有法律规定、当事人约定或者符合当事人之间的交易习惯时，才可以视为意思表示。行为人可以撤回意思表示。撤回意思表示的通知应当在意思表示到达相对人前或者与意思表示同时到达相对人。

（3）意思表示的解释

有相对人的意思表示的解释，应当按照所使用的词句，结合相关条款、行为的性质和目的、习惯及诚信原则，确定意思表示的含义。无相对人的意思表示的解释，不能完全拘泥于所使用的词句，而应当结合相关条款、行为的性质和目的、习惯及诚信原则，确定行为人的真实意思。

2. 以设立、变更或终止权利义务为目的

以设立、变更或终止权利义务为目的这一特征表明民事法律行为是行为人的自觉自愿行为，而非受胁迫、受欺诈的行为。否则，该行为就达不到行为人的目的。这也是衡量法律行为和法律效果的基本依据，如侵权行为往往会导致一定的法律后果。这一法律后果却是与行为人的预期目的相悖的。

（三）民事法律行为的分类

1. 单方法律行为和多方法律行为

按照法律行为的成立仅需一方意思表示还是需要多方意思表示进行分类，可以分为单方法律行为和多方法律行为。单方法律行为是根据一方当事人的意思表示而成立的法律行为。该法律行为仅有一方当事人的意思表示而无须他方的同意即可发生法律效力，如委托代理的撤销、债务的免除、无权代理的追认等。多方法律行为是两个以上的当事人意思表示一致而成立的法律行为。该法律行为的当事人有两个以上，不仅各自需要进行意思表示，而且意思表示还需一致，如合同行为等。区分单方法律行为与多方法律行为的意义在于法律对两者成立的要求不同。单方法律行为只要求当事人一方作出意思表示即可成立，而多方法律行为则强调行为人意思表示一致或者多数表决才能成立。

2. 有偿法律行为和无偿法律行为

按照法律行为是否存在对待的给付进行分类，可以分为有偿法律行为和无偿法律行为。有偿法律行为是指当事人互为给付一定代价（包括金钱、财产、劳务）的法律行为，如买方为获得对方的货物而支付价款、承揽人为获得对方的报酬而提供劳务等。无偿法律行为是指一方当事人承担给付一定代价的义务，而他方当事人不承担相应给付义务的法律行为，如赠与行为、无偿委托、无偿消费借贷等。区分有偿法律行为与无偿法律行为的意义在于便于确立当事人权利义务的范围及其责任后果的承担。一般而言，有偿法律行为的义务人的法律责任比无偿法律行为义务人的法律责任要重。

3. 要式法律行为和不要式法律行为

按照法律行为的成立是否需要具备法律规定的形式进行分类，可以分为要式法律行为和不要式法律行为。

要式法律行为是指法律规定必须采取一定的形式或者履行一定的程序才能成立的法律行为。例如，《民法典》第七百三十六条规定：“融资租赁合同应当采用书面形式。”

不要式法律行为是指法律不要求采取一定形式，当事人自由选择一种形式即可成立的法律行为。该类法律行为的形式可由当事人协商确定。

区分要式法律行为与不要式法律行为的意义在于：不要式法律行为可以由当事人自由选择法律行为的形式，而要式法律行为要求当事人必须采用法定形式，否则法律行为不能成立。

4. 主法律行为和从法律行为

主法律行为是指不需要有其他法律行为的存在就可以独立成立的法律行为。从法律行为是指从属于其他法律行为而存在的法律行为。例如，当事人之间订立一项借款合同，为保证该合同的履行，又订立一项担保合同。其中，借款合同是主合同，担保合同为从合同。从法律行为的效力依附于主法律行为：主法律行为不成立，从法律行为则不能成立；主法律行为无效，则从法律行为亦当然不能生效。区分主法律行为和从法律行为的意义在于便于明确主从法律行为的效力关系。从法律行为的存在由主法律行为决定，主法律行为不存在，从法律行为也就不存在。

（四）民事法律行为的生效要件

民事法律行为生效是指已经成立的民事法律行为因为符合法律规定的有效要件而取得法律认可的效力。民事法律行为的成立是民事法律行为有效的前提，但是，已成立的民事法律行为不一定必然发生法律效力，只有具备一定有效要件的民事法律行为，才能产生预期的法律效果。法律行为的有效要件分为实质有效要件和形式有效要件。

1. 民事法律行为的实质有效要件

民事法律行为的实质有效要件，是指任何一个民事行为能够发生意思表示内容所追求的民事法律效果所应具备的条件。实质有效要件又称为民事法律行为的一般生效条件。

（1）行为人具有相应的民事行为能力

只有具有相应的民事行为能力的人才能进行民事法律行为。

对于自然人而言，无民事行为能力人进行的行为不具有法律效力；限制行为能力人可以独立实施纯获利益的民事法律行为或者与其智力、精神健康状况相适应的民事法律行为，其他民事法律行为由其法定代理人代理或者经其法定代理人同意、追认；完全行为能力人也只有在其权利能力范围内，才具有相应的行为能力。

对于法人来说，只有具有与其权利能力范围相适应的行为能力，其进行的法律行为方才有效。法人的权利能力范围一般以核准登记的生产经营和业务范围为准。

（2）意思表示真实

意思表示真实是指当事人在自愿的基础上作出的意思表示与其内心的真实意愿是一致的。如果行为人的意思表示是基于胁迫、欺诈、重大误解的原因而作出的，则不能反映行为人的真实意志，会导致民事法律行为无效或可撤销。

（3）不违反法律行政法规的强制性规定，不违背公序良俗

不违反法律行政法规的强制性规定是指法律行为的内容不得与法律行政法规的强制性规定相抵触。不违背公序良俗是指法律行为的内容不得违背社会公共秩序和善良风俗。

2. 民事法律行为的形式有效要件

民事法律行为的形式有效要件是指行为人的意思表示的形式必须符合法律的规定。《民法典》第一百三十五条规定："民事法律行为可以采用书面形式、口头形式或者其他形式；法律、行政法规规定或者当事人约定采用特定形式的，应当采用特定形式。"

书面形式有一般书面形式和特殊书面形式。特殊书面形式主要指公证形式、审核批准形式、登记形式、公告形式等。一般而言，一般书面形式优于口头形式，特殊书面形式优于一般书面形式。在实践中，还有一种不通过文字或语言，而以沉默的方式进行意思表示的形式，该形式只有在法律有规定或当事人有约定的情况下才能产生法律效力。

（五）民事法律行为的附条件和附期限

1. 民事法律行为的附条件

民事法律行为可以附条件，把该条件的成就（或发生）或不成就（或不发生）作为民事法律行为效力的发生或终止的根据。

民事法律行为中所附的条件必须具备以下要件：①将来发生的事实，已发生的事实不能作为条件；②不确定的事实，即条件是否必然发生，当事人不能肯定；③当事人任意选择的事实，而非法定的事实；④合法的事实，不得以违法或违背道德的事实作为所附条件；⑤所限制的是法律行为效力的发生或消灭，而不涉及法律行为的内容，即不与行为的内容相矛盾。

附条件的民事法律行为，当事人为自己的利益不正当地阻止条件成就的，视为条件已经成就；不正当地促成条件成就的，视为条件不成就。

2. 民事法律行为的附期限

民事法律行为可以附期限，把期限的到来作为民事法律行为生效或终止的依据。期限是必然到来的事实，这与附条件的民事法律行为所附的条件不同。民事法律行为所附期限可以是明确的期限，如×年×月×日，也可以是不确定的期限，如“××死亡之日”“果实成熟之时”等。

附生效期限的民事法律行为，自期限届至时生效。附终止期限的民事法律行为，自期限届满时失效。

（六）民事法律行为的效力状态

1. 无效民事法律行为

（1）无效民事法律行为的概念和种类

无效民事法律行为是指欠缺法律行为的有效要件，行为人设立、变更和终止权利义务的内容不发生法律效力的行为。

《民法典》规定，无效民事法律行为包括：①无民事行为能力人实施的民事法律行为无效。②行为人与相对人以虚假的意思表示实施的民事法律行为无效。③违反法律、行政法规的强制性规定的民事法律行为无效，但是该强制性规定不导致该民事法律行为无效的除外。违背公序良俗的民事法律行为无效。④行为人与相对人恶意串通，损害他人合法权益的民事法律行为无效。

（2）无效民事法律行为的法律后果

无效民事行为从行为开始起就没有法律约束力。其在法律上产生以下法律后果：①返还财产，行为人因该行为取得的财产，应当予以返还；不能返还或者没有必要返还的，应当折价补偿。②赔偿损失，即有过错的一方应当赔偿对方因此所受的损失，但如果双方都有过错的，应当各自承担相应的责任。

（3）部分无效民事法律行为

《民法典》第一百五十六条规定："民事法律行为部分无效，不影响其他部分效力的，其他部分仍然有效。"

2. 可撤销民事法律行为

（1）可撤销民事法律行为的概念

可撤销民事法律行为，是指依照法律的规定，可以因行为人自愿的撤销行为而自始归于无效的民事法律行为。

（2）可撤销民事法律行为的种类

可撤销民事法律行为主要包括：①重大误解的民事法律行为。当事人在作出意思表示时，对涉及行为法律效果的重要事项存在认识上的显著缺陷。该显著缺陷包括对行为的性质、标的物、当事人、价格、数量、包装、运输方式、履行地点、履行期限等存在误解，并且该误解是重大的。②显失公平的民事法律行为。一方利用对方处于危困状态、缺乏判断能力等情形，致使民事法律行为成立时显失公平的，受损害方有权请求人民法院或者仲裁机构予以撤销。③受到欺诈的民事法律行为。一方以欺诈手段，使对方在违背真实意思的情况下实施的民事法律行为，受欺诈方有权请求人民法院或者仲裁机构予以撤销。第三人实施欺诈行为，使一方在违背真实意思的情况下实施的民事法律行为，对方知道或者应当知道该欺诈行为的，受欺诈方有权请求人民法院或者仲裁机构予以撤销。④受到胁迫的民事法律行为。一方或者第三人以胁迫手段，使对方在违背真实意思的情况下实施的民事法律行为，受胁迫方有权请求人民法院或者仲裁机构予以撤销。

（3）撤销权的消灭

有下列情形之一的，撤销权消灭：①当事人自知道或者应当知道撤销事由之日起一年内、重大误解的当事人自知道或者应当知道撤销事由之日起九十日内没有行使撤销权；②当事人受胁迫，自胁迫行为终止之日起一年内没有行使撤销权；③当事人知道撤销事由后明确表示或者以自己的行为表明放弃撤销权。

当事人自民事法律行为发生之日起五年内没有行使撤销权的，撤销权消灭。

（4）可撤销民事法律行为的法律后果

如果享有撤销权的当事人未在法定的期间内行使撤销权，则可撤销民事法律行为对当事人具有约束力。如果可撤销的民事法律行为被依法撤销，则具有与无效民事法律行为相同的法律后果。

二、代理

（一）代理的概念和特征

1. 代理的概念

代理是指代理人在代理权限内，以被代理人的名义与第三人实施法律行为，由此产生的法律后果直接由被代理人承担的一种法律制度。代理关系的主体包括代理人、被代理人（也称本人）和第三人（也称相对人）。

2. 代理的特征

（1）代理人以被代理人的名义实施法律行为

非以被代理人的名义而以自己的名义代替他人实施法律行为，不属代理行为，如行纪、寄售等受托处分财产的行为。

（2）代理人直接向第三人进行意思表示

代理行为的目的在于与第三人设立、变更或终止权利义务关系。因此，只有代理人直接向第三人进行意思表示，才能实现代理的目的。这使代理行为与其他委托行为，如代人保管物品等行为区别开来。

（3）代理人在代理权限内独立地进行意思表示

代理人在代理权限内，有权根据情况，独立地进行判断，并进行意思表示。非独立进行意思表示的行为不属代理行为，如传递信息、居间行为等均不属代理行为。

（4）代理行为的法律效果直接归属于被代理人

尽管代理行为是在代理人与第三人之间进行的，但在被代理人与第三人之间设立、变更或终止某种权利义务关系。因此，其法律后果当然也应由被代理人承担。该法律后果既包括对被代理人有利的法律后果，也包括对被代理人不利的法律后果。这使代理行为与无效代理行为、冒名欺诈等行为区别开来。

（二）代理的适用范围

代理适用于民事主体之间设立、变更或终止权利义务的法律行为，也适用于法律行为之外的其他行为，如申请行为、申报行为、诉讼行为等。但是，依照法律规定、当事人约定或者民事法律行为的性质，应当由本人亲自实施的民事法律行为，不得代理，如遗嘱、婚姻登记、收养子女等。约稿、预约绘画、演出等具有严格人身性质的行为，也不适用代理。

（三）代理的种类

《民法典》规定，代理可分为委托代理和法定代理。

1. 委托代理

委托代理是基于被代理人的委托而发生的代理。被代理人的委托可以基于授权行为发生，也可依据合伙关系、职务关系等发生。委托代理中的授权行为一般以代理证书（亦称授权委托书）的形式表现。《民法典》第一百六十五条规定：“委托代理授权采用书面形式的，授权委托书应当载明代理人的姓名或者名称、代理事项、权限和期限，并由被代理人签名或者盖章。”

2. 法定代理

法定代理是基于法律的直接规定而发生的代理。法定代理通常适用于被代理人是无行为能力人、限制行为能力人的情况。

（四）代理权的行使

1. 代理权行使的一般要求

代理人行使代理权必须符合被代理人的利益，不得利用代理权为自己牟取私利，必须做到勤勉尽责、审慎周到，以实现和保护被代理人的利益。

2. 代理人不得滥用代理权

常见的代理权滥用的情况有以下几种。

（1）自己代理

代理人不得以被代理人的名义与自己实施民事法律行为，但是被代理人同意或者追认的除外。

（2）双方代理

代理人不得以被代理人的名义与自己同时代理的其他人实施民事法律行为，但是被代理的双方同意或者追认的除外。

（3）恶意串通代理

代理人与第三人恶意串通，损害被代理人的利益。代理人和相对人恶意串通，损害被代理人合法权益的，代理人和相对人应当承担连带责任。

（五）无权代理

1. 无权代理的概念

无权代理是指没有代理权而以他人名义进行的民事行为。无权代理包括三种情况：一是没有代理权的代理；二是超越代理权的代理；三是代理权终止后而为的代理。

2. 无权代理的法律后果

行为人没有代理权、超越代理权或者代理权终止后，仍然实施代理行为，未经被代理人追认的，对被代理人不发生效力。

相对人可以催告被代理人自收到通知之日起三十日内予以追认。被代理人未作表示的，视为拒绝追认。行为人实施的行为被追认前，善意相对人有撤销的权利。撤销应当以通知的方式作出。

行为人实施的行为未被追认的，善意相对人有权请求行为人履行债务或者就其受到的损害请求行为人赔偿。但是，赔偿的范围不得超过被代理人追认时相对人所能获得的利益。

相对人知道或者应当知道行为人无权代理的，相对人和行为人按照各自的过错承担责任。

3. 无权代理法律后果的特殊情形

（1）追认

被代理人追认的，代理权的效力得到补正，代理行为有效，代理的法律行为的效果归属于被代理人承担。追认的方式，明示和默示均可。同时，相对人享有“催告权”。相对人可以催告被代理人自收到通知之日起一个月内予以追认。被代理人未作追认的，视为拒绝追认。

（2）表见代理

行为人没有代理权、超越代理权或者代理权终止后，仍然实施代理行为，相对人有理由相信行为人有代理权的，代理行为有效。

表见代理的构成要件包括：①代理人以被代理人名义实施代理行为时，无代理权。②存在使相对人相信代理人享有代理权的事实和理由（也称为权利外观）。③相对人善意且无过失。“善意”是指相对人不知道代理人没有代理权。“无过失”是指相对人尽到了交易上的合理注意义务。④该权利外观的形成可归责于被代理人。

表见代理制度是基于交易安全的保护思想，对于无权代理的善意相对人提供积极信赖保护的制度，其目的在于维护人们对于代理制度的信赖，保护善意相对人的交易安全。

（六）代理权的终止

1. 委托代理的终止

有下列情形之一的，委托代理终止：①代理期限届满或者代理事务完成；②被代理人取消委托或者代理人辞去委托；③代理人丧失民事行为能力；④代理人或者被代理人死亡；⑤作为代理人或者被代理人的法人、非法人组织终止。

被代理人死亡后，有下列情形之一的，委托代理人实施的代理行为有效：①代理人不知道并且不应当知道被代理人死亡；②被代理人的继承人予以承认；③授权中明确代理权在代理事务完成时终止；④被代理人死亡前已经实施，为了被代理人的继承人的利益继续代理。作为被代理人的法人、非法人组织终止的，参照前述规定。

2. 法定代理的终止

有下列情形之一的，法定代理终止：①被代理人取得或者恢复完全民事行为能力；②代理人丧失民事行为能力；③代理人或者被代理人死亡；④法律规定的其他情形。

本章小结

本章介绍了法律的特征、法律渊源、法系、法律体系、法律关系、法律责任等法律基础知识。另外，还结合《民法典》介绍了民事法律行为的生效要件、民事法律行为的效力状态、代理的特征、委托代理和法定代理、无权代理的法律后果及表见代理的应用等法律常识，为后面章节的学习奠定了基础。

第一章案例讨论

第一章习题

第一章习题答案

第二篇

商事法律制度

第二章　内资企业法律制度

引导案例

案情回顾

2015 年 4 月 3 日，原告张某某与被告周某某订立租赁合同，租赁原告所有的房屋用于经营瑞昌市环球号网咖，瑞昌市环球号网咖为普通合伙企业，合伙人为被告温某某、李某及周某某，执行事务合伙人为周某某。2016 年 11 月 6 日，被告周某某出具欠条给原告，下欠 587 520 元租金。2017 年 6 月 1 日，原告与被告周某某续订租赁合同。2017 年 6 月 20 日，原告与被告又订立协议，约定被告瑞昌市环球号网咖将利润的 60%支付租金。2017 年 12 月 25 日，被告周某某保证当日支付 50 000 元，到期未支付，原告有权关门。后被告瑞昌市环球号网咖未按时支付，原告将被告瑞昌市环球号网咖的电脑变卖折款 200 000 元，故被告瑞昌市环球号网咖仍欠原告租金 387 520 元。因被告瑞昌市环球号网咖为普通合伙企业，被告周某某、温某某、李某三人对企业的债务承担无限连带责任。

开庭时，被告温某某辩称其和李某在 2016 年 7 月 4 日已经退伙，并提供了退伙协议一份，被告周某某也表示认可，但是未办理工商登记变更。

本案中的争议焦点之一就是被告温某某、李某在 2016 年 7 月是否退伙。根据本案的案情可知，被告瑞昌市环球号网咖系被告周某某、温某某、李某三人合伙成立的普通合伙企业，《中华人民共和国合伙企业法》（以下简称《合伙企业法》）规定，合伙企业对其债务应当以其全部财产进行清偿，当合伙企业的财产不足以偿付到期债务的时候，合伙人对合伙债务承担无限连带责任。被告温某某主张其与李某在 2016 年 7 月 4 日已经退伙，并提供退伙协议，原告主张该退伙协议为内部协议，并未办理工商登记的变更，因此该协议仅在三人内部产生效力，对外不能产生效力。根据相关法律规定，普通合伙人退伙应当依法进行登记和变更企业相关信息，如果未进行相关变更登记，仅有退伙协议，该协议仅在股东内部有效，对外不能产生对抗第三人的效力，据此，法院判决被告温某某、李某仍需对未付的租金承担连带责任。

法官说法

退伙协议系内部约定，对外不能免责。《合伙企业法》第十三条规定："合伙企业登记事项发生变更的，执行合伙事务的合伙人应当自作出变更决定或者发生变更事由之日起十五日内，向企业登记机关申请办理变更登记。"该条的立法本意就是合伙企业在进行变更之后，应当办理工商变更登记，是对登记行为对外公示效力的一种强化，若仅有内部的协议，仅在股东内部有效，对外无法产生公示效力。相关经营者应了解，不管是合伙企业还是个人合伙，合伙人对于合伙债务要负无限连带责任，即不以出资为限。因此在现实生活中，必须走出这样一个误区：合伙企业或者合伙组织退伙时，只要合伙人内部协商好就可以了。实际上，这一认识是与现行法律规定相背离的，即使有退伙协议但未变更工商登记，因为对外未产生公示效力，仅在合伙人内部发生效力，对第三人无约束力，对合伙企业所负债务仍需承担无限连带责任。故再次提醒合伙人，退伙后应及时变更工商登记，否则可能会承担不必要的法律风险，遭受巨大经济损失。

（资料来源：张娅，2020. 退伙未变更登记 退伙人需承担连带责任[EB/OL].(2020-03-05）[2020-08-09]. https://www.chinacourt.org/article/detail/2020/03/id/4832760.shtml. ）

第一节　个人独资企业法

学习目标

素质目标：要求学习者具备分析问题和解决个人独资企业经营的实务问题的素质。

知识目标：要求学习者了解个人独资企业设立程序，掌握个人独资企业投资人的权利及责任等相关知识。

技能目标：要求学习者能够全面了解个人独资企业的原理与实务，树立正确的法律观。

思政目标：要求学习者通过对个人独资企业相关法律知识的学习，激发法律保护意识，传承中华民族勇于创新的精神，树立正确的企业发展思路。

关键术语

个人独资企业；个人独资企业法；个人独资企业管理；个人独资企业清算

背景知识

个人独资企业又称业主制企业，是由一个自然人投资经营，投资人以其个人财产对企业债务承担无限责任的经营实体，具有规模小、内部结构简单、经营灵活等特点，是引导个人投资参与经济建设较理想的企业形式之一。但是在市场经济条件下，个人独资企业受利益驱动，也具有抗拒任何阻碍实现其利己目标的自发倾向。一旦利己目标发生失度膨胀，就有可能使自己走上破坏经济秩序甚至牺牲其他经济组织利益的道路。因此，有效地规范个人独资企业的行为，切实保护个人独资企业投资人和债权人的合法权益，不仅有利于提高个人独资企业素质，引导个人独资企业健康发展，同时，对维护社会经济秩序，促进社会主义市场经济的发展也将产生积极的影响。

一、个人独资企业概述

（一）个人独资企业的概念和特征

个人独资企业是指依法在中国境内设立，由一个自然人投资，财产为投资人个人所有，投资人以其个人财产对企业债务承担无限责任的经营实体。

个人独资企业具有以下特征。

1）个人独资企业是由一个自然人投资的企业，并且自然人仅指中国公民。国家机关授权的机构或者国家授权的部门、企业、事业单位等都不能作为个人独资企业的设立人。法律、行政法规禁止从事营利性活动的人，不得作为投资人申请设立个人独资企业。

2）个人独资企业的投资人对企业的债务承担无限责任。也就是说，当个人独资企业的资产不足以清偿到期债务时，投资人应以自己个人的全部财产用于清偿。投资人在申请企业设立登记时明确以其家庭共有财产作为个人出资的，应当依法以家庭共有财产对企业债务承担无限责任。

3）个人独资企业的内部机构设置简单，经营管理方式灵活。个人独资企业的投资人既是企业的所有者，又是企业的经营者。因此，法律对其内部的设置和经营管理方式的选择不像其他企业那样有严格的规定。

4）个人独资企业是非法人企业。个人独资企业由一个自然人出资，投资人对企业的债务承担无限连带责任。在权利和义务上，企业和个人是融为一体的，企业的责任即是投资人个人的责任，企业的财产即是投资人个人的财产。因此，个人独资企业不具有法人资格，无独立承担民事责任的能力；但它是独立的民事主体，可以以自己的名义从事民事活动。

（二）个人独资企业法的概念

个人独资企业法是调整个人独资企业在组织和活动过程中发生的经济关系的法律规范的总称。个人独资企业法有狭义和广义之分。狭义的个人独资企业法仅指以个人独资企业法命名的单行法律，在我国特指1999年8月30日第九届全国人民代表大会常务委员会第十一次会议通过的于2000年1月1日起实施的《中华人民共和国个人独资企业法》（以下简称《个人独资企业法》）。广义的个人独资企业法，除《个人独资企业法》外，还包括其他所有调整个人独资企业组织和行为的法律规范。

为了规范个人独资企业的行为，保护个人独资企业投资人和债权人的合法权益，维护社会经济秩序，促进社会主义市场经济的发展，根据宪法，制定《个人独资企业法》。《个人独资企业法》规定了下列基本原则：①依法保护个人独资企业的财产和其他合法权益；②个人独资企业从事经营活动必须遵守法律、行政法规，遵守诚实信用原则，不得损害社会公共利益；③个人独资企业应当依法履行纳税义务；④个人独资企业应当依法招用职工，个人独资企业职工的合法权益受法律保护。

二、个人独资企业的设立

（一）个人独资企业的设立条件

1. 投资人为一个自然人，且只能是中国公民

个人独资企业的投资人只能是具有中国国籍的自然人，但法律、行政法规禁止从事营业性活动的人，不得作为投资人。也就是说，国家公务员、党的机关干部、警察、检察官、法官、军职人员、商业银行的工作人员不得作为个人独资企业的投资人。

2. 有合法的企业名称

个人独资企业的名称应当符合国家关于企业名称登记管理的有关规定，企业名称应与其责任形式及从事的营业相符合，名称中不得使用“有限”“有限责任”“公司”字样，可以使用“厂”“店”“部”“中心”“工作室”等字样。

3. 有投资人申报的出资

由于出资者和企业在法律人格上并不区分，投资者承担无限责任。《个人独资企业法》对设立个人独资企业的出资数额未作限制。投资者设立个人独资企业可以用货币出资，也可以用实物、土地使用权、知识产权或者其他财产权利出资。采取实物、土地使用权、知识产权或者其他财产权利出资的，应将其折算成货币数额。投资人申报的出资额应当与企业的生产经营规模相适应。投资人可以个人财产作为出资，也可以家庭共有财产作为出资。以家庭共有财产作为出资的投资人应当在设立（变更）登记申请书上予以注明。

4. 有固定的生产经营场所和必要的生产经营条件

生产经营场所是个人独资企业作为经营实体从事生产经营活动的所在地，也是据以确定其住所的主要因素。个人独资企业以其主要办事机构所在地为住所。从事临时经营、季节性经营、流动经营和没有固定门面的摆摊经营，不得登记为个人独资企业。

5. 有必要的从业人员

个人独资企业要有与其生产经营范围、规模相适应的必要从业人员。

（二）个人独资企业的设立程序

1. 提出申请

《个人独资企业法》规定，申请设立个人独资企业，应当由投资人或者其委托的代理人向个人独资企业所在地的登记机关提出设立申请。投资人申请设立登记，应当向登记机关提交下列文件：①投资人签署的个人独资企业设立申请书。个人独资企业投资人

以个人财产出资或者以其家庭共有财产作为个人出资的，应当在设立申请书上予以明确。②投资人身份证明。投资人身份证明主要是身份证和其他有关证明材料。③企业住所证明和生产经营场所使用证明等文件，如土地使用证明、房屋产权证或租赁合同等。委托代理人申请设立登记的，应当提交投资人的委托书和代理人的身份证明或者资格证明。从事法律、行政法规规定的必须报经有关部门审批的业务的，应当提交有关部门的批准文件。

2. 工商登记

登记机关应当在收到设立申请文件之日起十五日内，对符合《个人独资企业法》规定条件的，予以登记，发给营业执照；对不符合规定条件的，不予登记，并发给企业登记驳回通知书，说明理由。个人独资企业的营业执照是非法人资格的营业执照。

个人独资企业的营业执照签发日期，为个人独资企业成立日期。在营业执照领到之前，投资人不得以个人独资企业名义从事经营活动。个人独资企业存续期间登记事项发生变更的，应当在作出变更决定之日起的十五日内依法向登记机关申请办理变更登记。

（三）个人独资企业分支机构的设立

个人独资企业设立分支机构，应当由投资人或者其委托的代理人向分支机构所在地的登记机关申请登记，领取营业执照。分支机构经核准登记后，应将登记情况报该分支机构隶属的个人独资企业的登记机关备案。分支机构的民事责任由设立该分支机构的个人独资企业承担。

三、个人独资企业的投资人及事务管理

（一）个人独资企业投资人

个人独资企业投资人对本企业的财产依法享有所有权，其有关权利可以依法进行转让和继承。企业的财产不论是投资人的原始投入还是经营所得，均归投资人所有。个人独资企业以其财产清偿债务，当个人独资企业财产不足清偿债务时，投资人应以其个人的其他财产予以清偿。个人独资企业投资人在申请企业设立登记时明确以其家庭共有财产作为出资的，应依法以家庭共有财产对企业债务承担无限责任。

（二）个人独资企业的事务管理

1. 个人独资企业事务管理的内容

《个人独资企业法》规定，个人独资企业事务管理的主要内容有：①财务会计事务，即个人独资企业应当依法设置会计账簿，进行会计核算；②用工事务，即个人独资企业招用职工的，应当依法与职工签订劳动合同，保障职工的劳动安全，按时、足额发放职工工资，禁止雇用童工；③社会保险事务，即个人独资企业应当按照国家规定参加社会

保险，为职工缴纳五种社会保险费，即养老保险、医疗保险、失业保险、工伤保险、企业职工生育保险。

2. 个人独资企业事务管理的方式

个人独资企业的投资人可以自行管理企业，也可以委托或聘用其他具有民事行为能力的人管理企业。

投资人委托或聘用他人管理个人独资企业事务的，应与受托人或被聘用的人员签订书面合同。合同应明确委托的具体内容、授予的权利范围、受托人或者被聘用人员应履行的义务、报酬和责任等。但是，投资人对受托人或者被聘用的人员职权的限制，不得对抗善意第三人。个人独资企业投资人与受托人或者被聘用人员之间有关权利义务的限制只对受托人或者被聘用人员有效，对善意第三人并无约束力，受托人或者被聘用的人员超出投资人的限制与善意第三人的有关业务交往应当有效。所谓第三人，是指受托人或被聘用人员以外与企业发生经济业务关系的人。所谓善意第三人，是指在有关经济业务事项交往中，没有与受托人或者被聘用的人员串通，故意损害投资人利益的第三人。

3. 受托人或被聘用人员的义务

受托人或者被聘用人员应当履行诚信、勤勉义务，按照与投资人签订的书面合同负责个人独资企业的事务管理。

《个人独资企业法》规定，投资人委托或者聘用的管理个人独资企业事务的人员不得从事下列行为：①利用职务上的便利，索取或者收受贿赂；②利用职务或者工作上的便利侵占企业财产；③挪用企业的资金归个人使用或者借贷给他人；④擅自将企业资金以个人名义或者以他人名义开立账户储存；⑤擅自以企业财产提供担保；⑥未经投资人同意，从事与本企业相竞争的业务；⑦未经投资人同意，同本企业订立合同或者进行交易；⑧未经投资人同意，擅自将企业商标或者其他知识产权转让给他人使用；⑨泄露本企业的商业秘密；⑩法律、行政法规禁止的其他行为。

四、个人独资企业的权利与义务

（一）个人独资企业的权利

《个人独资企业法》明确规定，个人独资企业存续期间享有下列权利：①财产所有权。个人独资企业的投资人对本企业的财产依法享有所有权，其有关权利可以依法进行转让或继承。②依法申请贷款。个人独资企业可以依法申请贷款，用于企业的生产经营。③依法取得土地使用权。个人独资企业拥有根据《中华人民共和国土地管理法》（以下简称《土地管理法》）等法律法规的规定取得土地使用权的权利。④拒绝摊派权。任何单位和个人不得违反法律、行政法规的规定，以任何方式强制个人独资企业提供财力、物力、人力；对于违法强制提供财力、物力、人力的行为，个人独资企业有权拒绝。⑤法律、行政法规规定的其他权利。

（二）个人独资企业的义务

《个人独资企业法》明确规定，个人独资企业存续期间需履行以下义务：①个人独资企业从事经营活动必须遵守法律、行政法规，遵守诚实信用原则，不得损害社会公共利益；②依法履行纳税义务；③依法设置会计账簿，进行会计核算；④依法保障职工合法权益。个人独资企业招用职工的，应当依法与职工签订劳动合同，保障职工的劳动安全，按时、足额发放职工工资。同时，个人独资企业应当按照国家规定参加社会保险，为职工缴纳社会保险费。

五、个人独资企业的解散和清算

（一）个人独资企业的解散

个人独资企业的解散是指个人独资企业作为商事组织的经营实体资格的消灭。《个人独资企业法》规定，个人独资企业出现下列情形之一时，应当解散：①投资人决定解散；②投资人死亡或者被宣告死亡，无继承人或者继承人决定放弃继承；③被依法吊销营业执照；④法律、行政法规规定的其他情形。

（二）个人独资企业的清算

个人独资企业的清算是终结个人独资企业的法律关系、消灭个人独资企业作为商事组织的经营实体资格的程序。《个人独资企业法》规定，个人独资企业解散时，应当进行清算，收回债权，清偿债务。具体内容包括以下几个方面。

1. 确定清算人

个人独资企业解散以后，由投资人自行清算或债权人申请人民法院指定清算人进行清算。

2. 通知和公告债权人

投资人自行清算的，应当在清算前十五日内书面通知债权人，无法通知的，应当予以公告。债权人应当在接到通知之日起三十日内，未接到通知的应当自公告之日起六十日内，向投资人申报其债权。

3. 财产清偿顺序

个人独资企业解散的，财产应当按照下列顺序清偿：①所欠职工工资和社会保险费用；②所欠税款；③其他债务。个人独资企业的财产不足以清偿债务的，投资人应当以其个人的其他财产予以清偿。

4. 清算期间对投资人的要求

清算期间，个人独资企业不得开展与清算目的无关的经营活动。在按法律规定的财产清偿顺序清偿债务前，投资人不得转移、隐匿财产。

5. 投资人的持续偿债责任

个人独资企业解散后，原投资人对个人独资企业存续期间的债务仍应承担偿还责任，但债权人在五年内未向债务人提出偿债请求的，该责任消灭。

6. 注销登记

个人独资企业清算结束后，投资人或债权人申请人民法院指定的清算人应当编制清算报告，并于清算结束之日起十五日内到原登记机关办理注销登记。经登记机关注销登记，个人独资企业终止，并应当缴回营业执照。

第二节　合伙企业法

学习目标

素质目标：要求学习者具备分析问题和解决合伙企业设立经营的实务问题的素质。

知识目标：要求学习者了解合伙企业的设立流程；掌握普通合伙企业及有限合伙企业的相关知识。

技能目标：要求学习者能够全面了解合伙企业的原理与实务，树立正确的法律观。

思政目标：要求学习者通过对合伙企业相关法律知识的学习，重视契约精神，体会社会主义核心价值观内涵，感悟合法经营的劳动精神。

关键术语

合伙企业；合伙企业法；普通合伙企业；有限合伙企业；合伙事务执行；合伙企业解散；合伙企业清算

背景知识

合伙企业是一种设立简便、出资灵活、组织结构相对简单、经营管理较为方便的企业组织形式，在发展经济、扩大就业、方便人民生活、满足社会需要等方面具有其他企业组织形式不可替代的作用。在鼓励创新、注重市场配置资源的现代市场经济活动中，有限合伙又成为资本和技术相结合的重要方式。2006 年修订的《合伙企业法》，进一步体现了我国市场经济发展现阶段的实际需要，旨在通过规范合伙企业的组织和行为，保护合伙企业及其有关利害关系人的合法权益，使合伙企业的活动纳入法治轨道，形成良好的社会经济秩序，进一步促进社会主义市场经济的发展。

一、合伙企业与合伙企业法

（一）合伙企业的概念及分类

合伙是指两个以上的人为了实现共同的目的，相互约定共同出资、共同经营、共享收益、共担风险的自愿联合。在我国，合伙企业是指自然人、法人和非法人组织依照《合伙企业法》在中国境内设立的合伙企业。

合伙企业分为普通合伙企业和有限合伙企业两种。普通合伙企业是指由普通合伙人组成的，合伙人对合伙企业债务承担无限连带责任的合伙组织。《合伙企业法》对普通合伙人承担责任的形式有特别规定的，从其规定。有限合伙企业，通常是指由有限合伙人和普通合伙人共同组成的，普通合伙人对合伙企业债务承担无限连带责任，有限合伙人以其认缴的出资额为限对合伙企业债务承担责任的合伙组织。

（二）合伙企业法的概念与适用范围

1. 合伙企业法的概念

合伙企业法是指调整在合伙企业的设立、组织、活动和解散的过程中发生的经济关系的法律规范的总称。一方面，合伙企业法是国家实现其组织和管理经济职能的法律手段之一；另一方面，合伙企业法是合伙企业的组织法和活动法，是合伙企业的设立、合伙企业事务的执行及合伙企业开展经营活动的法律依据。

合伙企业法有狭义和广义之分。狭义的合伙企业法是指1997年2月23日第八届全国人民代表大会常务委员会第二十四次会议通过的、2006年8月27日第十届全国人民代表大会常务委员会第二十三次会议修订的《合伙企业法》，该法分为六章，共一百零九条。广义的合伙企业法是指国家立法机关或者其他权力机关依法制定的、调整合伙企业合伙关系的各种法律规范的总称。《合伙企业法》的颁布与实施，对于规范合伙企业的行为，保护合伙企业及其合伙人、债权人的合法权益，维护社会经济秩序，完善企业法制建设，促进社会主义市场经济的发展具有十分重要的意义。

2. 合伙企业法的适用范围

在理解和掌握我国《合伙企业法》的适用范围时，需要注意以下两个问题。

（1）合伙制的非企业专业服务机构的法律适用问题

《合伙企业法》规定，非企业专业服务机构依据有关法律采取合伙制的，其合伙人承担责任的形式可以适用《合伙企业法》关于特殊的普通合伙企业合伙人承担责任的规定。非企业专业服务机构是指不采取企业形式成立的、不以营利为目的、以自己的专业知识提供特定咨询等方面服务的组织，如律师事务所、会计师事务所等专业服务机构。

（2）外国企业或个人在中国设立合伙企业的管理问题

《合伙企业法》规定，外国企业或者个人在中国境内设立合伙企业的管理办法由国务院规定。《合伙企业法》没有禁止外国企业或者个人在中国境内设立合伙企业，但外国企业或者个人应当遵守《合伙企业法》及其他有关法律、行政法规的规定，符合有关外商投资的产业政策，以及其管理办法需要国务院作出具体的规定。

二、普通合伙企业

（一）普通合伙企业的概念及特点

普通合伙企业是指由普通合伙人组成，合伙人对合伙企业债务承担无限连带责任的一种合伙企业。普通合伙企业具有以下特点。

（1）普通合伙企业由普通合伙人组成

普通合伙人是指在合伙企业中对合伙企业的债务依法承担无限连带责任的自然人、法人和其他组织。《合伙企业法》规定，国有独资公司、国有企业、上市公司，以及公益性的事业单位、社会团体不得成为普通合伙人。

（2）合伙人对合伙企业债务依法承担无限连带责任，法律另有规定的除外

无限连带责任包括两个方面：一是连带责任，即所有的合伙人对合伙企业的债务都有责任向债权人偿还，不管自己在合伙协议中所确定的承担比例。一个合伙人不能清偿对外债务的，其他合伙人有清偿的责任。但是，当某一合伙人偿还合伙企业的债务超过自己所应承担的数额时，有权向其他合伙人追偿。二是无限责任，即所有的合伙人不仅以自己投入合伙企业的资金和合伙企业的其他资金对债权人承担清偿责任，而且在不够清偿时还要以合伙人自己所有的财产对债权人承担清偿责任。

（3）在特殊情况下，合伙人可以不承担无限连带责任

按照《合伙企业法》中关于“特殊的普通合伙企业”的规定，在这种特殊的普通合伙企业中，对合伙人本人执业行为中因故意或者重大过失引起的合伙企业债务，其他合伙人以其在合伙企业中的财产份额为限承担责任；执业行为中因故意或者重大过失引起合伙企业债务的合伙人，应当承担无限连带责任；对合伙人本人执业行为中非故意或者重大过失引起的合伙企业的债务和合伙企业的其他债务，全体合伙人承担无限连带责任。对合伙人执业行为中因故意或者重大过失引起的企业债务，以合伙企业财产对外承担责任后，该合伙人应当按照合伙协议的约定对合伙企业造成的损失承担赔偿责任。

（二）普通合伙企业设立的条件

1. 有两个以上的合伙人

至少有两个合伙人是合伙企业得以成立必须具备的人的要素。对于合伙企业合伙人

数的最高限额，《合伙企业法》未作规定，完全由设立人根据所设企业的具体情况决定。关于合伙人的资格，《合伙企业法》作了以下限定：①合伙人可以是自然人，也可以是法人或者其他组织。合伙人为自然人的，应当为具有完全民事行为能力的人。②国有独资公司、国有企业、上市公司及公益性的事业单位、社会团体不得成为普通合伙人。

2. 有书面的合伙协议

合伙协议是指由各合伙人通过协商，共同决定相互间的权利义务，达成的具有法律约束力的协议。无论对于合伙人还是对于合伙企业，合伙协议都是非常重要的法律文件。合伙协议应当依法由全体合伙人协商一致，以书面形式订立。合伙协议经全体合伙人签名、盖章后生效。合伙人依照合伙协议享有权利，履行义务。订立合伙协议，设立合伙企业，应当遵循自愿、平等、公平、诚信原则。

合伙协议应当载明下列事项：①合伙企业的名称和主要经营场所的地点；②合伙目的和合伙经营范围；③合伙人的姓名或者名称、住所；④合伙人的出资方式、数额和缴付期限；⑤利润分配、亏损分担方式；⑥合伙事务的执行；⑦入伙与退伙；⑧争议解决办法；⑨合伙企业的解散与清算；⑩违约责任等。经全体合伙人一致同意，可以修改或补充合伙协议，合伙协议另有约定的除外。合伙协议未约定或者约定不明确的事项，由合伙人协商决定；协商不成的，依照《合伙企业法》和其他有关法律、行政法规的规定处理。合伙人违反合伙协议的，应当依法承担违约责任。

3. 有合伙人认缴或者实际缴付的出资

合伙人的出资是合伙企业得以成立的物的要素。合伙协议生效后，合伙人应当按照合伙协议的规定缴纳出资。合伙企业由各合伙人认缴或者实际缴付出资，合伙人可以实际一次性缴付出资，也可以“认缴”的形式分期出资。《合伙企业法》还规定，合伙人可以用货币、实物、知识产权、土地使用权或者其他财产权利出资，也可以用劳务出资。合伙人以实物、知识产权、土地使用权或者其他财产权利出资，需要评估作价的，可以由全体合伙人协商确定，也可以由全体合伙人委托法定评估机构评估。合伙人以劳务出资的，其评估办法由全体合伙人协商确定，并在合伙协议中载明。合伙人应当按照合伙协议约定的出资方式、数额和缴付期限，履行出资义务。以非货币财产出资的，依照法律、行政法规的规定，需要办理财产权转移手续的，应当依法办理。

4. 有合伙企业的名称和生产经营场所

作为企业的文字符号，企业的名称应当真实地表现企业的组织形式特征。就合伙企业而言，其名称不仅应当与其他合伙企业区别开来，而且应当与公司企业和独资企业区别开来。因此，合伙企业的名称应当与其责任形式及所从事的营业相符合。合伙企业在其名称中应标明“普通合伙”或者“特殊普通合伙”字样，合伙企业的名称必须和“合伙”联系起来，名称中必须有“合伙”二字。

合伙企业要进行生产经营活动，就必须有自己的经营场所，经营场所是保证正常生产经营活动的进行、维系合伙组织的重要条件。同时，合伙企业拥有经营场所会便于其他市场主体同其进行正常的业务往来，更便于执法机关依法对其进行监督管理。

此外，普通合伙企业的设立还应遵循法律、行政法规规定的其他条件。

（三）合伙企业的设立程序

1. 申请人向企业登记机关提交相关文件

申请设立合伙企业，应当向企业登记机关提交全体合伙人签署的设立登记申请书、合伙协议书、合伙人身份证明、全体合伙人指定的代表或者共同委托代理人的委托书、全体合伙人对各合伙人认缴或者实际缴付出资的确认书、经营场所证明和其他法定的证明等文件。经企业登记机关登记的合伙企业主要经营场所只能有一个，并且应当在其企业登记机关登记管辖区域内。合伙企业的经营范围中有属于法律、行政法规规定在登记前须经批准的项目的，该项经营业务依法经过批准，并在登记时提交批准文件。合伙协议约定或者全体合伙人决定，委托一个或者数个合伙人执行合伙事务的，还应当提交全体合伙人的委托书。

2. 企业登记机关核发营业执照

申请人提交的登记申请材料齐全、符合法定形式，企业登记机关能够当场登记的，应予当场登记，发给营业执照；除以上情形外，企业登记机关应当自受理申请之日起二十日内，作出是否登记的决定。予以登记的，发给营业执照；不予登记的，应当给予书面答复，并说明理由。

合伙企业的营业执照签发日期，为合伙企业的成立日期。合伙企业领取营业执照前，合伙人不得以合伙企业的名义从事合伙业务。

合伙企业设立分支机构，应当向分支机构所在地的企业登记机关申请登记，领取营业执照。违反规定，未领取营业执照，而以合伙企业或者合伙企业分支机构名义从事合伙业务的，由企业登记机关责令停止，处以五千元以上五万元以下的罚款。提交虚假文件或者采取其他欺骗手段，取得合伙企业登记的，由企业登记机关责令改正，处以五千元以上五万元以下的罚款；情节严重的，撤销企业登记，并处以五万元以上二十万元以下的罚款。

合伙企业登记事项发生变更的，执行合伙事务的合伙人应当自作出变更决定或者发生变更事由之日起十五日内，向企业登记机关申请办理变更登记。合伙企业登记事项发生变更时，未按照《合伙企业法》规定办理变更登记的，由企业登记机关责令限期登记；逾期不登记的，处以二千元以上二万元以下的罚款。合伙企业登记事项发生变更，执行合伙事务的合伙人未按期申请办理变更登记的，应当赔偿由此给合伙企业、其他合伙人或者善意第三人造成的损失。

（四）合伙企业财产

1. 合伙企业财产的构成

《合伙企业法》规定，合伙人的出资、以合伙企业名义取得的收益和依法取得的其他财产，均为合伙企业的财产。由此可见，合伙企业财产由三部分构成：第一部分是合伙人的出资，即构成合伙企业的原始财产。需要注意的是，合伙企业的原始财产是全体合伙人“认缴”的财产，而非各合伙人“实际缴纳”的财产。第二部分则是以合伙企业名义取得的收益，即合伙人以合伙企业的名义从事经营活动的营业性收入，主要包括合伙企业的公共积累资金、未分配的盈余、合伙企业债权、合伙企业取得的工业产权和非专利技术等财产权利。第三部分是依法取得的其他财产，即根据法律、行政法规等的规定合法取得的其他财产。

2. 合伙企业财产的分割、转让及出质

（1）合伙企业财产的分割

合伙人在合伙企业清算前，不得请求分割合伙企业的财产；但是，《合伙企业法》另有规定的除外。合伙人在合伙企业清算前私自转移或者处分合伙企业财产的，合伙企业不得以此对抗善意第三人。

合伙企业的财产由合伙人依约定或者依规定管理和使用，任何合伙人都无权在合伙企业清算前私自转移和处分合伙企业的财产。当合伙人违背约定或者规定，擅自出让其无权处分的合伙企业财产时，《合伙企业法》的规定是保护善意第三人。

（2）合伙企业财产的转让

合伙企业财产的转让是指合伙人将自己在合伙企业中的财产份额部分或者全部转让给他人的法律行为。《合伙企业法》对普通合伙企业财产的转让作了以下限制性规定。

1）合伙人之间转让在合伙企业中的全部或者部分财产份额时，应当通知其他合伙人。合伙人财产份额的内部转让是指合伙人将其在合伙企业中的全部或者部分财产份额转让给其他合伙人的行为。合伙人财产份额的内部转让因不涉及合伙人以外的人参加，合伙企业存续的基础没有发生实质性变更，因此不需要经过其他合伙人的一致同意，只需要通知其他合伙人即可发生法律效力。

2）除合伙协议另有约定外，合伙人向合伙人以外的人转让其在合伙企业中的全部或者部分财产份额时，须经其他合伙人一致同意。合伙人财产份额的外部转让是指合伙人将其在合伙企业中的全部或者部分财产份额转让给合伙人以外的第三人的行为。合伙人财产份额的外部转让，只有经其他合伙人一致同意，才表明其他合伙人同意与受让人共同维持原合伙企业，合伙企业才能继续存续下去。

3）合伙人向合伙人以外的人转让其在合伙企业中的财产份额的，在同等条件下，其他合伙人有优先购买权；但是，合伙协议另有约定的除外。优先购买权是指在合伙人转让其财产份额时，在多数人接受转让的情况下，其他合伙人基于同等条件可优先于其

他非合伙人购买的权利。这一规定的目的在于维护合伙企业现有合伙人的利益，维护合伙企业在现有基础上的稳定。

合伙人以外的人依法受让合伙人在合伙企业中的财产份额的，经修改合伙协议即成为合伙企业的合伙人，依照《合伙企业法》和修改后的合伙协议享有权利，履行义务。

（3）合伙企业财产的出质

合伙人财产份额的出质，是指合伙人将其在合伙企业中的财产份额作为质押物，用来担保债权人债权实现的行为。《合伙企业法》规定，合伙人以其在合伙企业中的财产份额出质的，须经其他合伙人一致同意；未经其他合伙人一致同意，其行为无效，由此给善意第三人造成损失的，由行为人依法承担赔偿责任。

（五）合伙事务执行

1. 合伙事务的执行方式

《合伙企业法》规定，可供选择的合伙企业事务执行的具体方式有以下两种：①全体合伙人共同执行合伙事务。根据《合伙企业法》的规定和合伙协议的约定，合伙人共同执行合伙事务的，各个合伙人都直接参与经营，合伙企业的事务由全体合伙人共同决定，对外代表合伙企业并相互监督。②委托一个或数个合伙人执行合伙事务。按照合伙协议的约定或者全体合伙人决定，可以委托一个或者数个合伙人执行合伙事务，作为合伙人的法人、其他组织执行合伙事务的，由其委派的代表执行。委托一个或者数个合伙人执行合伙事务的，其他合伙人不再执行合伙企业事务，受委托的合伙人对外代表合伙企业。

不执行合伙事务的合伙人有权监督执行事务合伙人执行合伙事务的情况。受委托执行合伙事务的合伙人不按照合伙协议或者全体合伙人的决定执行事务的，其他合伙人可以决定撤销该委托。

由一个或者数个合伙人执行合伙事务的，执行合伙事务的合伙人应当定期向其他合伙人报告事务执行情况及合伙企业的经营状况和财务状况。其执行合伙事务所产生的收益归合伙企业，所产生的费用和亏损由合伙企业承担。合伙人为了解合伙企业的经营状况和财务状况，有权查阅合伙企业会计账簿等财务资料。

合伙人分别执行合伙事务的，执行事务合伙人可以对其他合伙人执行的事务提出异议。提出异议时，应当暂停该项事务的执行。不具有事务执行权的合伙人擅自执行合伙事务，给合伙企业或者其他合伙人造成损失的，依法承担赔偿责任。

2. 应当经全体合伙人一致同意的事项

并非所有的合伙事务都可以委托给部分合伙人决定，《合伙企业法》规定，除合伙协议另有约定外，合伙企业的下列事项应当经全体合伙人一致同意：①改变合伙企业的名称；②改变合伙企业的经营范围、主要经营场所的地点；③处分合伙企业的不动产；

④转让或者处分合伙企业的知识产权和其他财产权利；⑤以合伙企业名义为他人提供担保；⑥聘任合伙人以外的人担任合伙企业的经营管理人员。

3. 合伙人在执行合伙事务中的权利和义务

合伙人在执行合伙事务中的权利主要有：①合伙人对执行合伙事务享有同等的权利；②执行合伙事务的合伙人对外代表合伙企业；③不参加执行事务的合伙人有权监督执行事务的合伙人执行合伙事务的情况；④各合伙人有权查阅合伙企业的账簿和其他有关文件；⑤合伙人有提出异议权和撤销委托执行事务权。

合伙人在执行合伙事务中的义务主要有：①合伙事务执行人向不参加执行事务的合伙人报告企业经营状况和财务状况；②合伙人不得自营或者同他人合作经营与本合伙企业相竞争的业务；③除合伙协议另有约定或者经全体合伙人一致同意外，合伙人不得同本合伙企业进行交易；④合伙人不得从事损害本合伙企业利益的活动。合伙人违反本法规定或者合伙协议的约定，从事与本合伙企业相竞争的业务或者与本合伙企业进行交易，该收益归合伙企业所有；给合伙企业或者其他合伙人造成损失的，依法承担赔偿责任。合伙人执行合伙事务，将应当归合伙企业的利益据为己有的，或者采取其他手段侵占合伙企业财产的，应当将该利益和财产退还合伙企业；给合伙企业或者其他合伙人造成损失的，依法承担赔偿责任。

4. 非合伙人参与经营管理

《合伙企业法》规定，除合伙协议另有规定外，经全体合伙人一致同意，可以聘任合伙人以外的人担任合伙企业的经营管理人员。被聘任的经营管理人员，仅是合伙企业的经营管理人员，不是合伙企业的合伙人，因而不具有合伙人的资格。

被聘任的合伙企业的经营管理人员应当在合伙企业授权范围内履行职务；被聘任的合伙企业的经营管理人员，超越合伙企业授权范围履行职务，或者在履行职务过程中因故意或者重大过失给合伙企业造成损失的，依法承担赔偿责任。

合伙企业从业人员利用职务上的便利，将应当归合伙企业的利益据为己有的，或者采取其他手段侵占合伙企业财产的，应当将该利益和财产退还合伙企业；给合伙企业或者其他合伙人造成损失的，依法承担赔偿责任。

5. 合伙企业的决议表决

合伙人对合伙企业有关事项作出决议，按照合伙协议约定的表决办法办理。合伙协议未约定或者约定不明确的，合伙人可以采用一人一票并经全体合伙人过半数通过的表决办法。《合伙企业法》对合伙企业的表决办法另有规定的，从其规定。这一规定确定了合伙事务执行决议的三种办法：①由合伙协议对决议办法作出约定。②实行合伙人一人一票并经全体合伙人过半数通过的表决办法。此办法的适用前提是合伙协议未约定或者约定不明确。③依照《合伙企业法》的规定作出决议。

6. 合伙企业的损益分配

合伙损益分配包括合伙企业的利润分配与亏损分担两个方面。对合伙企业的损益分配，《合伙企业法》作了原则性规定，主要内容有：①合伙企业的利润分配、亏损分担，按照合伙协议的约定办理。②合伙协议未约定或者约定不明确的，由合伙人协商决定；协商不成的，由合伙人按照实缴出资比例分配、分担；无法确定出资比例的，由合伙人平均分配、分担。③合伙协议不得约定将全部利润分配给部分合伙人或者由部分合伙人承担全部亏损。

（六）合伙企业与第三人的关系

合伙企业与第三人关系，是指合伙企业的外部关系，即合伙企业与合伙企业以外的第三人的关系。

1. 合伙企业对外代表权的效力

在处理合伙企业与善意第三人的关系时，应当遵循自愿、公平和诚实信用的原则。合伙企业对合伙人执行合伙事务及对外代表合伙企业权利的限制，不得对抗善意第三人。

2. 合伙企业与其债权人的关系

合伙企业对其债务，应先以全部财产进行清偿。合伙企业的债务是指在合伙企业存续期间产生的债务。合伙企业不能清偿到期债务的，各普通合伙人承担无限连带清偿责任。合伙人由于承担无限连带责任，清偿数额超过规定的其亏损分担比例的，有权向其他合伙人追偿。合伙企业的亏损分担，按照合伙协议的约定办理；合伙协议未约定或者约定不明确的，由普通合伙人协商决定；协商不成的，由合伙人按其实缴出资比例分担；无法确定出资比例的，由普通合伙人平均分担清偿责任。

3. 合伙企业与合伙人个人的债权人之间的关系

合伙人发生与合伙企业无关的债务，相关债权人不得以其债权抵销其对合伙企业的债务；也不得代位行使合伙人在合伙企业中的权利。

合伙人的自有财产不足清偿其与合伙企业无关的债务的，该合伙人可以以其从合伙企业中分取的收益用于清偿；债权人也可以依法请求人民法院强制执行该合伙人在合伙企业中的财产份额用于清偿。

人民法院强制执行合伙人的财产份额时，应当通知全体合伙人，其他合伙人有优先购买权；其他合伙人未购买，又不同意将该财产份额转让给他人的，应依法为该合伙人办理退伙结算，或者办理削减该合伙人相应财产份额的结算。

（七）合伙企业的入伙、退伙

1. 入伙

入伙是指在合伙企业存续期间，非合伙人申请加入合伙企业并被合伙企业接纳，从而取得合伙人身份的法律行为。

（1）入伙的条件和程序

《合伙企业法》规定，新合伙人入伙，除合伙协议另有约定外，应当经全体合伙人一致同意，并依法订立书面入伙协议。订立入伙协议时，原合伙人应当向新合伙人如实告知原合伙企业的经营状况和财务状况。合伙企业登记事项因入伙、合伙协议修改等发生变更或者需要重新登记的，应当于作出变更决定或者发生变更事由之日起十五日内，向企业登记机关办理变更登记。

（2）新合伙人的权利和责任

新合伙人入伙后，即取得合伙人身份。《合伙企业法》规定，入伙的新合伙人与原合伙人享有同等权利，承担同等责任。入伙协议另有约定的，从其约定。新合伙人对入伙前合伙企业的债务承担无限连带责任。

2. 退伙

（1）退伙的概念和形式

退伙是指在合伙企业存续期间，合伙人退出合伙企业，丧失合伙人资格的法律事实或法律行为。基于退伙的原因不同，退伙可以分为自愿退伙、法定退伙、除名退伙。

自愿退伙，又称声明退伙，是指合伙人基于自愿的意思表示而退伙。自愿退伙可以分为协议退伙和通知退伙两种类型。协议退伙，是指退伙人与其他合伙人就退伙问题通过协商达成一致意见，从而使退伙人的合伙人资格归于消灭的事实。《合伙企业法》规定，合伙协议约定合伙期限的，在合伙企业存续期间，有下列情形之一的，合伙人可以退伙：①合伙协议约定的退伙事由出现；②经全体合伙人一致同意；③发生合伙人难以继续参加合伙的事由；④其他合伙人严重违反合伙协议约定的义务。合伙协议未约定合伙期限的，合伙人在不给合伙企业事务执行造成不利影响的情况下，可以退伙，但应当提前三十日通知其他合伙人。合伙人不符合以上两种自愿退伙条件退伙的，应当赔偿由此给合伙企业造成的损失。

法定退伙，是指基于法律的直接规定而发生的退伙，即在合伙企业存续期间，一旦某个合伙人的行为符合法律规定的条件或者出现了法律规定的某种特殊情况，该合伙人自然丧失合伙人资格而退出合伙。法定退伙是非基于合伙人的主观意愿产生的，所以又称为非自愿退伙或当然退伙。《合伙企业法》规定，合伙人有下列情形之一的，当然退伙：①作为合伙人的自然人死亡或者被依法宣告死亡；②个人丧失偿债能力；③作为合伙人的法人或者其他组织依法被吊销营业执照、责令关闭、撤销，或者被宣告破产；

④法律规定或者合伙协议约定合伙人必须具有相关资格而丧失该资格；⑤合伙人在合伙企业中的全部财产份额被人民法院强制执行。

此外，合伙人被依法认定为无民事行为能力人或者限制民事行为能力人的，经其他合伙人一致同意，可以依法转为有限合伙人，普通合伙企业依法转为有限合伙企业。其他合伙人未能一致同意的，该无民事行为能力或者限制民事行为能力的合伙人退伙。当发生上述情形时，当然退伙以退伙事由实际发生之日为退伙生效日。

除名退伙，又称开除退伙，是指在合伙企业存续期间，当某一合伙人出现法定事由或者合伙协议约定的事由时，其他合伙人一致同意将该合伙人开除出合伙企业，而使其丧失合伙人资格。《合伙企业法》规定，合伙人有下列情形之一的，经其他合伙人一致同意，可以决议将其除名：①未履行出资义务；②因故意或者重大过失给合伙企业造成损失；③执行合伙事务时有不正当行为；④发生合伙协议约定的事由。对合伙人的除名决议应当书面通知被除名人。被除名人接到除名通知之日，除名生效，被除名人退伙。被除名人对除名决议有异议的，可以自接到除名通知之日起三十日内，向人民法院起诉。

（2）退伙的法律后果

退伙的法律后果是指退伙时退伙人在合伙企业中的财产份额和民事责任的归属变动。退伙的法律后果分为两类情况：一是财产继承；二是退伙结算。

财产继承。合伙人死亡或者被依法宣告死亡的，对该合伙人在合伙企业中的财产份额享有合法继承权的继承人，按照合伙协议的约定或者经全体合伙人一致同意，从继承开始之日起，取得该合伙企业的合伙人资格。有下列情形之一的，合伙企业应当向合伙人的继承人退还被继承合伙人的财产份额：①继承人不愿意成为合伙人；②法律规定或者合伙协议约定合伙人必须具有相关资格，而该继承人未取得该资格；③合伙协议约定不能成为合伙人的其他情形。合伙人的继承人为无民事行为能力人或者限制民事行为能力人的，经全体合伙人一致同意，可以依法成为有限合伙人，普通合伙企业依法转为有限合伙企业。全体合伙人未能一致同意的，合伙企业应当将被继承合伙人的财产份额退还该继承人。

退伙结算。除合伙人死亡或者被依法宣告死亡的情形外，《合伙企业法》对退伙结算作了以下规定：①合伙人退伙，其他合伙人应当与该退伙人按照退伙时的合伙企业的财产状况进行结算，退还退伙人的财产份额。退伙人对合伙企业造成的损失负有赔偿责任的，相应扣减其应当赔偿的数额。退伙时有未了结的合伙企业事务的，待该事务了结后进行结算。②退伙人在合伙企业中财产份额的退还办法，由合伙协议约定或者由全体合伙人决定，可以退还货币，也可以退还实物。③退伙人对基于其退伙前的原因发生的合伙企业债务，承担无限连带责任。④合伙人退伙时，合伙企业财产少于合伙企业债务的，如果合伙协议约定亏损分担办法，则退伙人应当按照合伙协议的约定分担亏损，如果合伙协议未约定或者约定不明确，则由合伙人协商确定；协商不成的，由合伙人按照实缴出资比例分担；无法确定出资比例的，退伙人应当与其他合伙人平均分担亏损。

合伙人退伙以后，并不能解除对于合伙企业既往债务的连带责任。《合伙企业法》规定，退伙人对基于其退伙前的原因发生的合伙企业债务，承担无限连带责任。

（八）特殊的普通合伙企业

1. 特殊的普通合伙企业的概念

特殊的普通合伙企业，是指在中国境内设立的，以专业知识和专门技能为客户提供有偿服务的专业机构性质的合伙公司。《合伙企业法》规定，以专业知识和专门技能为客户提供有偿服务的专业服务机构，可以设立为特殊的普通合伙企业。例如，合伙开办的会计师事务所、律师事务所等。特殊的普通合伙企业名称中应当标明“特殊普通合伙”字样。

2. 特殊的普通合伙企业的责任形式

（1）责任承担

特殊的普通合伙企业对其债务的承担形式有：①有限责任与无限连带责任相结合，即一个合伙人或者数个合伙人在执业活动中因故意或者重大过失造成合伙企业债务的，应当承担无限责任或者无限连带责任，其他合伙人以其在合伙企业中的财产份额为限承担责任；②无限连带责任，即合伙人在执业活动中非因故意或者重大过失造成的合伙企业债务及合伙企业的其他债务，由全体合伙人承担无限连带责任。重大过失是指明知道可能造成损失而轻率地作为或者不作为。这种责任形式的前提是，合伙人在执业过程中不存在重大过错，即既没有故意，也不存在重大过失。

（2）责任追偿

合伙人执业活动中因故意或者重大过失造成的合伙企业债务，以合伙企业财产对外承担责任后，该合伙人应当按照合伙协议的约定对合伙企业造成的损失承担赔偿责任。

（3）特殊的普通合伙企业的执业风险防范

特殊的普通合伙企业应当建立执业风险基金、办理职业保险。执业风险基金用于偿付合伙人执业活动造成的债务。执业风险基金应当单独立户管理，具体管理办法由国务院规定。

三、有限合伙企业

（一）有限合伙企业的概念及法律适用

1. 有限合伙企业的概念

有限合伙企业是指由有限合伙人和普通合伙人共同组成，普通合伙人对合伙企业债务承担无限连带责任，有限合伙人以其认缴的出资额为限对合伙企业债务承担责任的合伙组织。

有限合伙企业与普通合伙企业相比较，具有以下显著特征：①合伙人类型不同。有限合伙企业必须包括有限合伙人和普通合伙人两部分。②合伙事务执行人不同。有限合伙人不执行合伙事务，由普通合伙人从事具体的经营管理。③风险承担不同。有限合伙人以其各自的出资额为限承担有限责任，普通合伙人之间承担无限连带责任。

2. 有限合伙企业的法律适用

《合伙企业法》规定了两种类型的企业，即普通合伙企业和有限合伙企业。在法律适用中，凡是《合伙企业法》中对有限合伙企业有特殊规定的，应当适用有关特殊规定；无特殊规定的，适用有关普通合伙企业及其合伙人的一般规定。

（二）有限合伙企业设立的特殊规定

1. 有限合伙企业人数

有限合伙企业由两个以上五十个以下的合伙人设立。有限合伙企业至少应当有一个普通合伙人。按照规定，自然人、法人和其他组织可以依照法律规定设立有限合伙企业，但国有独资公司、国有企业、上市公司及公益性事业单位、社会团体不得成为有限合伙企业的普通合伙人。

有限合伙企业存续期间，有限合伙人的人数可能发生变化。无论如何变化，有限合伙企业中都必须包括有限合伙人和普通合伙人两部分，否则，有限合伙企业应当进行组织形式变化。《合伙企业法》规定，有限合伙企业仅剩有限合伙人的，应当解散；有限合伙企业仅剩普通合伙人的，应当转为普通合伙企业。

2. 有限合伙企业名称

《合伙企业法》规定，有限合伙企业名称中应当标明“有限合伙”字样。按照企业名称登记管理的有关规定，企业名称中应当含有企业的组织形式。为了便于社会公众及交易相对人对有限合伙企业的了解，有限合伙企业名称中应当标明“有限合伙”字样，而不能标明“普通合伙”“特殊普通合伙”“有限公司”“有限责任公司”等字样。

3. 有限合伙企业合伙协议

有限合伙企业合伙协议是有限合伙企业生产经营的重要法律文件。有限合伙企业合伙协议除符合普通合伙企业合伙协议的规定外，还应当载明下列事项：①普通合伙人和有限合伙人的姓名或者名称、住所；②执行事务合伙人应具备的条件和选择程序；③执行事务合伙人权限与违约处理办法；④执行事务合伙人的除名条件和更换程序；⑤有限合伙人入伙、退伙的条件、程序及相关责任；⑥有限合伙人和普通合伙人相互转变程序。

4. 有限合伙人出资

有限合伙人可以用货币、实物、知识产权、土地使用权或者其他财产权利作价出资，其评估作价办法与普通合伙企业相同。有限合伙人不得以劳务出资。

有限合伙人应当按照合伙协议的约定按期足额缴纳出资；未按期足额缴纳的，应当承担补缴义务，并对其他合伙人承担违约责任。有限合伙企业登记事项中应当载明有限合伙人的姓名或者名称及认缴的出资数额。

（三）有限合伙企业事务执行的特殊规定

1. 有限合伙企业事务执行人

有限合伙企业由普通合伙人执行合伙事务，对外代表合伙企业。执行事务合伙人可以要求在合伙协议中确定执行事务的报酬及报酬提取方式。如合伙协议约定由数个普通合伙人执行合伙事务，则数个普通合伙人均为合伙事务执行人；如合伙协议无约定，则全体普通合伙人为合伙事务的共同执行人。执行事务合伙人较不执行事务合伙人对有限合伙企业要多付出劳动，因此，执行事务合伙人可以就执行事务的劳动付出要求企业支付报酬。对于报酬的支付方式及其数额，应由合伙协议规定或全体合伙人讨论决定。

2. 禁止有限合伙人执行合伙事务

有限合伙人不执行合伙事务，不得对外代表有限合伙企业。有限合伙人的下列行为，不视为执行合伙事务：①参与决定普通合伙人入伙、退伙；②对企业的经营管理提出建议；③参与选择承办有限合伙企业审计业务的会计师事务所；④获取经审计的有限合伙企业财务会计报告；⑤对涉及自身利益的情况，查阅有限合伙企业财务会计账簿等财务资料；⑥在有限合伙企业中的利益受到侵害时，向有责任的合伙人主张权利或者提起诉讼；⑦执行事务合伙人怠于行使权利时，督促其行使权利或者为了本企业的利益以自己的名义提起诉讼；⑧依法为本企业提供担保。

第三人有理由相信有限合伙人为普通合伙人并与其交易的，该有限合伙人对该笔交易承担与普通合伙人同样的责任；有限合伙人未经授权以有限合伙企业名义与他人进行交易，给有限合伙企业或者其他合伙人造成损失的，该有限合伙人应当承担赔偿责任。

3. 有限合伙人权利

有限合伙人可以同本有限合伙企业进行交易；但是，合伙协议另有约定的除外。

4. 有限合伙企业利润分配

有限合伙企业不得将全部利润分配给部分合伙人；但是，合伙协议另有约定的除外。

（四）有限合伙企业的财产出质与转让的特殊规定

1. 有限合伙人财产份额出质

有限合伙人可以将其在有限合伙企业中的财产份额出质；但是，合伙协议另有约定的除外。有限合伙人将其在有限合伙企业中的财产份额出质，是指有限合伙人以其在合伙企业中的财产份额对外进行权利质押。

2. 有限合伙人财产份额转让

有限合伙人可以按照合伙协议的约定向合伙人以外的人转让其在有限合伙企业中的财产份额，但应当提前三十日通知其他合伙人。有限合伙企业中普通合伙人财产份额的转让办法与普通合伙企业相同。有限合伙人对外转让其在有限合伙企业中的财产份额时，有限合伙企业的其他合伙人享有优先购买权。

（五）有限合伙人自身债务清偿的特殊规定

有限合伙人的自有财产不足清偿其与合伙企业无关的债务的，该合伙人可以以其从有限合伙企业中分取的收益用于清偿；债权人也可以依法请求人民法院强制执行该合伙人在有限合伙企业中的财产份额用于清偿。人民法院强制执行有限合伙人的财产份额时，应当通知全体合伙人。在同等条件下，其他合伙人有优先购买权。

（六）有限合伙企业入伙与退伙的特殊规定

1. 入伙

新入伙的有限合伙人对入伙前有限合伙企业的债务，以其认缴的出资额为限承担责任。需要注意的是，在普通合伙企业中，新入伙的普通合伙人对入伙前合伙企业的债务承担连带责任。

2. 退伙

（1）有限合伙人当然退伙

有限合伙人有下列情形之一的，当然退伙：①作为有限合伙人的自然人死亡或者依法被宣告死亡；②作为有限合伙人的法人或者其他组织依法被吊销营业执照、责令关闭、撤销，或者被宣告破产；③法律规定或者合伙协议约定有限合伙人必须具有相关资格而丧失该资格；④有限合伙人在有限合伙企业中的全部财产份额被人民法院强制执行。

（2）有限合伙人丧失民事行为能力的处理

作为有限合伙人的自然人在有限合伙企业存续期间丧失民事行为能力的，其他合伙人不得因此要求其退伙。

（3）有限合伙人继承人的权利

作为有限合伙人的自然人死亡、被依法宣告死亡或者作为有限合伙人的法人及其他组织终止时，其继承人或者权利承受人可以依法取得该有限合伙人在有限合伙企业中的资格。

（4）有限合伙人退伙后的责任承担

有限合伙人退伙后，对基于其退伙前的原因发生的有限合伙企业债务，以其退伙时从有限合伙企业中取回的财产承担责任。

（七）有限合伙人性质转变的特殊规定

除合伙协议另有约定外，普通合伙人转变为有限合伙人，或者有限合伙人转变为普通合伙人，应当经全体合伙人一致同意。有限合伙人转变为普通合伙人的，对其作为有限合伙人期间有限合伙企业发生的债务承担无限连带责任。普通合伙人转变为有限合伙人的，对其作为普通合伙人期间合伙企业发生的债务承担无限连带责任。

四、合伙企业的解散与清算

（一）合伙企业的解散

合伙企业的解散是指已经依法设立的合伙企业，因合伙协议事由或者法定事由的出现而停止企业的对外积极活动，开始企业的清算，处理未了结事务并使企业消灭（注销）的法律行为。合伙企业有下列情形之一的，应当解散：①合伙期限届满，合伙人决定不再经营；②合伙协议约定的解散事由出现；③全体合伙人决定解散；④合伙人已不具备法定人数满三十天；⑤合伙协议约定的合伙目的已经实现或者无法实现；⑥依法被吊销营业执照、责令关闭或者被撤销；⑦法律、行政法规规定的其他原因。

（二）合伙企业的清算

合伙企业的清算是指合伙企业解散宣告后，为了终结合伙企业现存的各种法律关系，依法清理合伙企业债权债务的法律行为。合伙企业宣告解散后的清算程序有以下规定。

1. 确定清算人

合伙企业解散应当由清算人进行清算。所以，合伙企业应当依法确定清算人。清算人由全体合伙人担任；经全体合伙人过半数同意，可以自合伙企业解散事由出现后十五日内指定一个或者数个合伙人，或者委托第三人，担任清算人。自合伙企业解散事由出现之日起十五日内未确定清算人的，合伙人或者其他利害关系人可以申请人民法院指定清算人。

2. 通知和公告债权人

合伙企业解散应当通知和公告债权人。清算程序事关债权人的切身利益，通知和公告债权人使其应有的权利能够得到维护。《合伙企业法》规定，清算人自被确定之日起十日内将合伙企业解散事项通知债权人，并于六十日内在报纸上公告。债权人应当自接到通知书之日起三十日内，未接到通知书的自公告之日起四十五日内，向清算人申报债权。债权人申报债权，应当说明债权的有关事项，并提供证明材料。清算人应当对债权进行登记。

3. 执行清算事务

清算人在清算期间执行下列事务：①清理合伙企业财产，分别编制资产负债表和财产清单；②处理与清算有关的合伙企业未了结事务；③清缴所欠税款；④清理债权、债务；⑤处理合伙企业清偿债务后的剩余财产；⑥代表合伙企业参加诉讼或者仲裁活动。

清算人执行清算事务，牟取非法收入或者侵占合伙企业财产的，应当将该收入和侵占的财产退还合伙企业；给合伙企业或者其他合伙人造成损失的，依法承担赔偿责任。清算人隐匿、转移合伙企业财产，对资产负债表或者财产清单进行虚伪记载，或者在未清偿债务前分配财产，损害债权人利益的，依法承担赔偿责任。

清算期间，合伙企业存续，但不得开展与清算无关的经营活动。

4. 分配财产

合伙企业财产在支付清算费用后，应按下列顺序清偿：①支付职工工资；②支付社会保险费用、法定补偿金；③缴纳所欠税款；④清偿债务。

合伙企业的财产按上述顺序清偿后仍有剩余的，由各合伙人按照合伙协议的约定分配剩余财产；合伙协议未约定或者约定不明确的，由合伙人协商决定；协商不成的，由合伙人按照实缴出资比例分配、分担；无法确定出资比例的，由合伙人平均分配、分担。合伙企业清算时，其全部财产不足清偿其债务的，对不足的部分，由普通合伙人按照合伙协议的约定，用其在合伙企业出资以外的自有财产承担清偿责任；合伙协议未约定或者约定不明确的事项，由普通合伙人协商决定；协商不成的，由普通合伙人按照实缴出资比例分担；无法确定出资比例的，由普通合伙人平均分担。普通合伙人由于承担无限连带责任，所清偿数额超过其应当承担的数额时，有权向其他普通合伙人追偿。

5. 办理注销登记

合伙企业注销登记是合伙企业解散、消灭其主体资格的法定程序。清算结束，清算人应当编制清算报告，经全体合伙人签名、盖章后，在十五日内向企业登记机关报送清算报告，申请办理合伙企业注销登记。合伙企业办理注销登记，应当提交下列文件：①清算人签署的注销登记申请书；②人民法院的破产裁定，合伙企业依照《合伙企业法》

作出的决定，行政机关责令关闭、合伙企业依法被吊销营业执照或者被撤销的文件；③全体合伙人签名、盖章的清算报告；④国务院工商行政管理部门规定提交的其他文件。合伙企业办理注销登记时，应当缴回营业执照。清算人未按照规定向企业登记机关报送清算报告，或者报送清算报告隐瞒重要事实，或者有重大遗漏的，由企业登记机关责令改正。由此产生的费用和损失，由清算人承担和赔偿。

合伙企业注销后，原普通合伙人对合伙企业存续期间的债务仍应承担无限连带责任。需要特别注意的是，合伙企业不能清偿到期债务的，债权人可以依法向人民法院提出破产清算申请，也可以要求普通合伙人清偿。合伙企业依法被宣告破产的，普通合伙人对合伙企业债务仍应承担无限连带责任。

本章小结

企业是指依法设立的，以营利为目的，从事商品生产经营活动，独立核算、自负盈亏的经济组织。个人独资企业，是在中国境内设立，由一个自然人投资，财产为投资人个人所有，投资人以其个人财产对企业债务承担无限责任的经营实体。合伙企业是指自然人、法人和其他组织依法在中国境内设立的普通合伙企业和有限合伙企业。

第二章案例讨论

第二章习题

第二章习题答案

第三章 公司法律制度

基本案情

原告徐工机械公司诉称：川交工贸公司拖欠其货款未付，而川交机械公司、瑞路公司与川交工贸公司人格混同，三个公司实际控制人王某及川交工贸公司股东等人的个人资产与公司资产混同，均应承担连带清偿责任。请求判令：川交工贸公司支付所欠货款一千余万元及利息；川交机械公司、瑞路公司及王某等个人对上述债务承担连带清偿责任。被告川交工贸公司、川交机械公司、瑞路公司辩称：三个公司虽有关联，但并不混同，川交机械公司、瑞路公司不应对川交工贸公司的债务承担连带清偿责任。王某等人辩称：王某等人的个人财产与川交工贸公司的财产并不混同，不应为川交工贸公司的债务承担连带清偿责任。

法院经审理查明：川交机械公司成立于1999年，股东为四川省公路桥梁工程总公司二公司、王某、倪某、杨某等。2001年，股东变更为王某、李某、倪某。2008年，股东再次变更为王某、倪某。瑞路公司成立于2004年，股东为王某、李某、倪某。2007年，股东变更为王某、倪某。川交工贸公司成立于2005年，股东为吴某、张某等七人，何某2007年入股。2008年，股东变更为张某（占90%股份）、吴某（占10%股份），其中张某系王某之妻。在公司人员方面，三个公司经理均为王某，财务负责人均为凌某，出纳会计均为卢某，工商手续经办人均为张乙；三个公司的管理人员存在交叉任职的情形，如过某兼任川交工贸公司副总经理和川交机械公司销售部经理的职务，且免去过某川交工贸公司副总经理职务的决定系由川交机械公司作出；吴某既是川交工贸公司的法定代表人，又是川交机械公司的综合部行政经理。在公司业务方面，三个公司在工商行政管理部门登记的经营范围均涉及工程机械且部分重合，其中川交工贸公司的经营范围被川交机械公司的经营范围完全覆盖；川交机械公司系徐工机械公司在四川地区（攀枝花除外）的唯一经销商，但三个公司均从事相关业务，且相互之间存在共用统一格式的《销售部业务手册》、《二级经销协议》，以及同一结算账户的情形；三个公司在对外宣传中区分不明，2008年12月4日重庆市公证处出具的《公证书》中记载：通过互联网查询，川交工贸公司、瑞路公司在相关网站上共同招聘员工，所留电话号码、传真号码等联系方式相同；川交工贸公司、瑞路公司的招聘信息，包括大量关于川交机械公司的发展历程、主营业务、企业精神的宣传内容；部分川交工贸公司的招聘信息中，公司简介全部为对瑞路公司的介绍。

在公司财务方面，三个公司共用结算账户，凌某、卢某、汤某、过某的银行卡中曾发生高达亿元的往来，资金的来源包括三个公司的款项，对外支付的依据仅为王某的签字；在川交工贸公司向其客户开具的收据中，有的加盖其财务专用章，有的则加盖瑞路公司财务专用章；在与徐工机械公司均签订合同、均有业务往来的情况下，三个公司于2005年8月共同向徐工机械公司出具说明书，称因川交机械公司业务扩张而注册了另两个公司，要求所有债权债务、销售量均计算在川交工贸公司名下，并表示今后尽量以川交工贸公司名义进行业务往来；2006年12月，川交工贸公司、瑞路公司共同向徐工机械公司出具申请书，以统一核算为由要求将2006年度的业绩、账务均计算至川交工贸公司名下。另查明，2009年5月26日，卢某在徐州市公安局经侦支队对其进行询问时陈述：川交工贸公司目前已经倒闭，但未注销。

裁判结果

江苏省徐州市中级人民法院作出民事判决：①川交工贸公司于判决生效后十日内向徐工机械公司支付货款及逾期付款利息；②川交机械公司、瑞路公司对川交工贸公司的上述债务承担连带清偿责任；③驳回徐工机械公司对王某等人的诉讼请求。宣判后，川交机械公司、瑞路公司提起上诉，江苏省高级人民法院驳回上诉，维持原判。

裁判要点

1）关联公司的人员、业务、财务等方面交叉或混同，导致各自财产无法区分，丧失独立人格的，构成人格混同。

2）关联公司人格混同，严重损害债权人利益的，关联公司相互之间对外部债务承担连带责任。

（资料来源：最高人民法院，2013. 徐工集团工程机械股份有限公司诉成都川交工贸有限责任公司买卖合同纠纷案[EB/OL]. (2013-02-07)[2020-08-06]. https:www.chinacount.org/article/detail/2013/02/id/893723.shtml.）

第一节　公司法概述

学习目标

素质目标：要求学习者能够从法律的角度看待问题、分析问题和解决问题。

知识目标：要求学习者了解我国公司法律制度的变迁与发展。

技能目标：要求学习者能够辨识创业中企业组织形式的优劣与股东的权利。

思政目标：要求学习者培养多角度看问题的思路，感悟企业的社会责任，为学生进入社会做好情感铺垫。

关键术语

公司；公司分类；注册资本；法人财产权；股东权利

背景知识

《民法典》是调整平等民事主体之间人身及财产关系的法律规范，《中华人民共和国公司法》（以下简称《公司法》）是有关公司的组织和行为规范，《民法典》在规定法人及法人的民事权利、民事法律行为时，与《公司法》的相关内容有部分重合，根据《中华人民共和国立法法》规定的新法优于旧法，特殊法优于普通法的法律适用基本原则，《民法典》和《公司法》属于一般法和特别法的关系。对于同一问题，《公司法》有规定的，优先适用《公司法》的规定；《公司法》没有规定的，适用《民法典》的规定。

一、公司的概念与种类

（一）公司的概念

公司是指依法设立的，以营利为目的的，由股东投资形成的企业法人。我国的公司包括有限责任公司和股份有限公司。公司具有以下特征。

1. 依法设立

法人应当依法成立。法人应当有自己的名称、组织机构、住所、财产或者经费。法人成立的具体条件和程序，依照法律、行政法规的规定。设立法人，法律、行政法规规定须经有关机关批准的，依照其规定。营利法人经依法登记成立。公司必须依法定条件、法定程序设立。一方面，公司设立条件、组织机构、活动原则等要合法；另一方面，公司设立要经过法定程序，进行工商登记。

2. 以营利为目的

以取得利润并分配给股东等出资人为目的成立的法人，为营利法人。任何投资者投资设立公司的目的都是获取利润。营利目的不仅要求公司本身为获取利润而活动，而且要求公司有盈利时应当分配给股东等出资人。

3. 具有法人资格

法人是具有民事权利能力和民事行为能力，依法独立享有民事权利和承担民事义务的组织。根据《民法典》规定，法人包括营利法人、非营利法人、特别法人。公司是营利法人，能够独立承担责任，即股东以其出资额或所持股份为限对公司债务承担有限责任，公司以其全部财产为限对其债务承担责任。

（二）公司的种类

当代社会，公司已成为一种居于主导地位的企业组织形式，而且其自身也形态各异，种类繁多。依照不同的标准，可以对公司进行不同的分类。

1. 按公司及股东对公司债务所负责任不同

1）无限责任公司，是指由对公司债务负有无限连带清偿责任的股东所组成的公司。当公司的资本不足以清偿债务时，公司的债权人可以通过公司对公司的全体股东或任何一个股东要求清偿债务。股东不论出资多少都对公司债务负无限清偿责任。

2）有限责任公司，是指由法律规定的一定人数的股东所组成的，股东以其出资额为限对公司债务承担责任的公司，是现代公司的一种基本形式。

3）两合公司，是指由承担无限责任的股东和承担有限责任的股东混合组成的公司。这种公司的股东中必须依约至少有一人承担无限责任，同时也必须至少有一人承担有限责任。

4）股份有限公司，是指由一定人数以上的股东发起成立的，全部资本被划分为若干均等的股份由股东共同持有，所有股东均以其所认购股份对公司债务承担责任的公司。

5）股份两合公司是指由承担无限责任的股东和承担股份有限责任的股东共同组成的公司。与两合公司的主要不同之处是，股份两合公司中承担有限责任的资本部分被划分成了股份，且是用发行股票的方式筹集而来的。

2. 按公司成立基础的不同

1）人合公司，是指主要以股东的个人信用关系作为其成立基础的公司。这种公司的运作主要有赖于股东名望、地位和信用状况，与公司的资本多寡之间并无密切联系，股东相互之间也具有十分强烈的人身信任关系。在人合公司中最为典型的是无限责任公司。

2）资合公司，是指以资本的结合作为其信用基础而成立的公司。作为这种公司的信用来源主要是公司的实有财产，公司信用程度的大小也与公司财产的多少成正比；相反，这种公司对股东的身份、地位及个人财产情况则不太关注。此类公司中以股份公司最为典型。

3）人合兼资合公司，是指公司的运作既取决于股东的个人信用也取决于公司的财产信用的公司。两合公司和股份两合公司就是比较典型的人合兼资合公司。

3. 按公司从属关系的不同

1）母公司，是指因持有其他公司股权而对其经营管理活动有一定控制权的公司。

2）子公司，是指其资本或股份的大部分为另一公司控制，且因其股权被持有而处于依附地位的、经营管理活动要受其制约的公司。

4. 按公司的管辖关系为标准

1）本公司，又称总公司，是指从组织上、业务上管辖其他公司的公司。受管辖公司的业务执行及资金调度均由本公司发号施令。

2）分公司，是指从业务上、组织上接受其他公司管辖的公司。分公司在法律上不具有独立的主体地位和法人资格，不能独立承担责任，其经营活动主要有赖于本公司的意志。

5. 按公司的公开程度不同

1）封闭式公司，又称不公开公司、非上市公司等，是指股份全部由设立该公司的股东所有，股票不能在证券交易所挂牌交易的公司。此类公司的股东有最高人数的限制，且经营规模较小，类似于大陆法系国家的有限责任公司和股票不上市的股份有限公司。

2）开放式公司，又称上市公司、公开公司等，是指可以公开募集股份，股票可以在证券交易所挂牌交易的公司。此类公司，股东没有最高人数的限制，股份可以在证券市场自由转让，类似于大陆法系国家的股票获准上市的股份有限公司。

二、公司法的变迁

（一）公司法的概念

公司法是规定公司法律地位，调整公司组织关系，规范公司在设立、变更与终止过程中组织行为的法律规范的总称。公司法有狭义和广义之分。狭义的公司法仅指专门调整公司问题的法律，即《公司法》；广义的公司法是指国家关于公司的设立、组织与活动的各种法律、法规和规章的总称。本章重点介绍狭义的公司法。

（二）我国公司法的演进

1993 年 12 月 29 日第八届全国人民代表大会常务委员会第五次会议通过，我国正式颁布了《公司法》，并于 1999 年、2004 年、2005 年、2013 年与 2018 年历经五次修正，其中 2005 年修改幅度最大。

1993 年，我国一方面大力推进从计划经济向市场经济的转变；另一方面坚持对外开放，同时提出加入世界贸易组织的请求。《公司法》终于正式颁布，为国有企业改制提供了制度依据，以求引入公司治理的有效规则，提升传统国有企业的效率；也为民营企业的发展奠定了制度基础。然而其规定较为粗疏，被认为是一部缺乏操作性的公司法。为此，2005 年我国对《公司法》进行了大规模的修改。

2005 年的《公司法》是真正意义上的现代公司法。其具体变化主要有：①鼓励投资兴业，方便公司设立。大大降低设立公司的资本门槛；出资形式更具灵活性等。②赋予公司更多的自治权利，大量增加有限公司的章定条款，取消国有企业的个别特权。③完善公司治理，健全公司内部监督机制。④注重多重保护机制，平衡多种利益关系。以强制性规则的方式对控制人施以义务；同时，还完善了股东诉讼机制；也将公司应当承担社会责任明确写入公司法。

2013 年，在配合公司登记制度改革而产生的公司资本制度的变革中，《公司法》的修订给予了投资人创设公司更多的便利，真正实现注册资本认缴制，但也留下了一些法律空白。

2018 年，在中国证券监督管理委员会（以下简称中国证监会）主导下的股份公司回购制度改革中，《公司法》第一百四十二条被修订：①增加股份回购情形；②在股份回购决策程序方面，尝试董事会享有决策权；③建立库存股制度。

（三）我国公司法中注册资本制度的变化

1. 将公司注册资本实缴登记制改为认缴登记制

在《公司法》中，实缴制具有特殊的含义。1993 年版的《公司法》将“债权人本位”放在保障体系的首位。根据规定，股东或者发起人应当足额缴纳公司章程中规定的各自认缴的出资额或者全部股款，即公司章程中确定的出资额或者股本总额是多少，在设立公司登记时必须全部一次性足额缴纳。这是设立公司的实质性条件。在一定程度上防止了公司欺诈、虚假出资等现象的发生，但各种强制性的制度不利于公司的设立，限制了公司自主运营的空间。

2005 年版的《公司法》在设计理念上作出了从“资本信用”转向“资产信用”的突破。在一定程度上放松了对资本缴纳的管制。其规定有限责任公司全体股东的首期出资额不得低于注册资本 20%，也不得低于法定注册资本最低限额，其余部分由股东自公司成立之日起二年内缴足。

无论是 1993 年版的《公司法》还是 2005 年版的《公司法》，均要求股东缴纳出资或者发起人缴纳股款后还须经依法设立的验资机构进行验资。由此可见，实缴制在实质上是法律对资本的缴纳进行直接干预和限制；在形式上则体现为公司登记机关通过验资程序对资本的缴纳实行行政管制。

2013 年版的《公司法》将利益保障体系中的重点由“债权人本位”转移至“股东本位”，脱离了法定资本制的严格束缚，改为认缴制。这意味着股东或者发起人，根据公司章程确定的出资总额或者股本总额自行认缴或者认购各自的出资或者股份，对于其认缴的出资或者认购的股份的缴纳，只需按照公司章程的规定缴纳即可。如果公司章程规定的是一次性足额缴纳，股东或发起人就应该在规定的期限内一次性足额缴纳；如果公司章程规定的是分期缴纳，股东或者发起人就应当根据公司章程规定的期次和数额分期缴纳。由此可见，实缴制与认缴制的区别，在于是否存在法律干预因素。认缴制排除了法律强制干预因素，注册资本如何缴纳由当事人通过公司章程自行决定。认缴制体现了对公司自治的尊重；实缴制体现的是对强制干预的依赖。在实缴制改认缴制后，公司登记机关不再过问出资的缴纳，自然也就无须验资和提交验资证明。至于公司自行验资，则是当事人自主决定的事情。

2013 年版的《公司法》同时明确规定，法律、行政法规及国务院决定对公司注册资本实缴另有规定的，从其规定。根据现行的《中华人民共和国商业银行法》《中华人民共和国保险法》《中华人民共和国外资银行管理条例》等法律、行政法规及国务院的明确规定，目前仍有二十多类行业，暂不实行注册资本认缴登记制，而是继续实行注册资本实缴登记制。

2. 取消最低注册资本限额的限制

注册资本最低限额是法律为公司的注册资本设定的一道底线，这是公司设立的必要条件，传统公司法的立法者以“资本信用”为基础保护债权人利益的理念出发，期望通过这一底线的设置保障公司的最低清偿能力，但极大地提高了公司的设立成本。

2005 年版的《公司法》对不同类型的公司设定了最低注册资本，且要求每个公司实缴、验资，如：①有限责任公司注册资本的最低限额为人民币三万元；②一人有限责任公司注册资本最低限额为十万元，且股东应当一次缴足出资额；③股份有限公司注册资本的最低限额为五百万元。

2013 年版的《公司法》彻底废除了注册资本的法定最低限额。相应地，把《公司法》关于公司注册资本的规定，修正为在公司登记机关登记的全体股东认缴的出资额或者全体发起人认购的股本总额，既包括一人公司在内的有限责任公司，又包括股份有限公司。

2013 年版的《公司法》放弃对注册资本最低限额的管制，仅仅针对的是从事普通业务的商事公司，并不包括从事特殊业务的公司在内。如从事金融业务及从事其他须经特别许可业务的机构，法律仍然设定有最低限额。

三、公司法人财产权及其限制

（一）公司法人财产权及其限制

公司是企业法人，有独立的法人财产，享有法人财产权。由出资人向公司认缴的全部资本金及其在经营活动中的增值再加上负债，所形成的财产就构成了公司法人财产。即公司拥有依法对股东投资形成的财产行使占有、使用、受益、处分的权利。公司以其全部财产对公司的债务承担责任。有限责任公司的股东以其认缴的出资额为限对公司承担责任；股份有限公司的股东以其认购的股份为限对公司承担责任。为保护公司财产及股东的权益，“公司法”对公司法人财产权的行使作了以下限制性规定。

1. 转投资

公司可以向其他企业投资，除法律另有规定外，公司不得成为对所投资企业的债务承担连带责任的出资人。公司向其他企业投资，依照公司章程的规定，由董事会或者股东会、股东大会决议。公司章程对投资的总额及单项投资有限额规定的，不得超过规定的限额。

2. 公司担保

（1）《公司法》的基本规定

公司向他人提供担保，按照公司章程的规定由董事会或者股东会、股东大会决议；公司为公司股东或者实际控制人提供担保的，必须经股东会或者股东大会决议。接受担保的股东或者受实际控制人支配的股东，不得参加上述规定事项的表决。该项表决由出席会议的其他股东所持表决权的过半数通过。

公司章程对担保的总额及担保的数额有限额规定的，不得超过规定的限额。

（2）上市公司担保的特殊规定

上市公司的下列担保行为应当经股东大会审议批准：①本公司及本公司控股子公司的对外担保总额，达到或超过最近一期经审计净资产的50%以后提供的任何担保；②公司的对外担保总额，超过最近一期经审计总资产的30%以后提供的任何担保；③为资产负债率超过70%的担保对象提供的担保；④单笔担保额超过最近一期经审计净资产10%的担保；⑤对股东、实际控制人及其关联方提供的担保；⑥上市公司董事会拟决议公司担保事项，而出席董事会的无关联关系董事人数不足三人，应将该事项提交上市公司股东大会审议；⑦章程规定的其他事项。

（二）法人人格否认制度

股东滥用公司人格独立和股东有限责任的现象日益突出，如抽逃公司资本；虚假出资；母子公司之间人员、财产、业务等严重混同；企业“脱壳”经营；公司“假破产、真逃债”等，违背了股东有限责任的初衷，也违背了基本的法律精神——公平与正义。因此需要一种衡平的法律制度来纠偏、矫正，这就是“公司法人人格否认制度”。

公司法人人格否认制度是指为防止股东有限责任制度和公司独立人格制度被滥用而产生的弊端，以保护公司债权人利益和社会公共利益，基于具体法律关系中的特定事实，在具体个案中否认公司的独立人格及股东的有限责任，从而使公司股东对公司的债权人直接承担责任，以维护社会公平与正义这一法律终极目标的一种法律制度。

《公司法》第二十条是关于法人人格否认的原则性规定，该条第三款规定：“公司股东滥用公司法人独立地位和股东有限责任，逃避债务，严重损害公司债权人利益的，应当对公司债务承担连带责任。”《民法典》第八十三条第二款对营利法人的出资人规定了相同的内容。否认公司法人人格，由股东承担公司债务责任有以下两个条件。

（1）股东滥用权利导致公司人格非独立

关于哪些情形属于股东滥用公司法人独立地位的问题，在司法实践中基本形成共识：①财务、财产混同。公司没有独立的财务账簿，不单独核算利润，公司财产或资金经常被股东占用、挪用，股东与公司财产混放一处，统一管理或调配等。②人员混同。在公司行使决策或管理职权的董事等高级管理人员、财务人员等，与股东自己或者投资并控制的其他单位的人员混同。人员混同，可能导致股东与公司内部混同管理，使公司失去独立的意志和利益。③办公场所混同。通常表现为办公或经营地点相同，股东与公司界限不清，他人很难对股东和公司作彼此区分。④业务混同。股东与公司的业务统一协调安排，对外共同交易，互相代表等。

（2）公司债权人利益受到严重损害

公司未及时履行清偿债务的义务，或者公司资产明显缺乏偿债能力，根据股东与公司人格混同的状态，导致公司财产不当减少。债权人可以请求股东承担责任。

四、股东权利

股东权利，也简称股权或股东权，是指股东基于其股东身份而对公司所享有的权利。根据公司法人独立的基本原理，股东和公司在法律上是两个相互独立的主体，股权就是连接股东和公司这两个主体的桥梁和纽带。股权是股东法律地位的具体化，又是股东具体权利义务的抽象概括。《公司法》第四条规定："股东依法享有资产收益、参与重大决策和选择管理者等权利。"具体来讲，股权主要包括以下具体内容。

（一）股东身份权

1. 股东资格

股东首先是一种身份、资格，出资者将自己的资产投入公司后，资产脱离自己，变成了公司资产，股东换取的是股东资格。股东资格体现在：①公司向股东签发的文件，如向股东签发出资证明书、股东名册等；②公司向国家备案的文件，如公司章程等。

根据《公司法》规定，记载于股东名册的股东，可以依股东名册主张行使股东权利。公司应当将股东的姓名或者名称向公司登记机关登记；登记事项发生变更的，应当办理变更登记。未经登记或者变更登记的，不得对抗第三人。

2. 隐名股东

所谓隐名投资，也称股权代持，是指实际出资人基于某种原因或出于某种考虑，以他人名义出资成立公司或持有公司股份的行为。幕后的实际出资人称之为隐名股东。

（1）隐名投资协议的效力

《关于适用〈中华人民共和国公司法〉若干问题的规定（三）》（以下简称《公司法司法解释（三）》）第二十五条规定，有限责任公司的实际出资人与名义出资人订立合同，约定由实际出资人出资并享有投资权益，以名义出资人为名义股东，实际出资人与名义股东对该合同效力发生争议的，如无《合同法》第五十二条规定的情形[①]，人民法院应当认定该合同有效。实际出资人与名义股东因投资权益的归属发生争议，实际出资人以

① 《民法典》自2021年1月1日起施行，《合同法》同时废止。此处可理解为"如无《民法典》关于无效民事法律行为的情形"。

其实际履行了出资义务为由向名义股东主张权利的，人民法院应予支持。名义股东以公司股东名册记载、公司登记机关登记为由否认实际出资人权利的，人民法院不予支持。简言之，隐名投资人可以根据有效的隐名投资协议向名义股东主张权利。

（2）隐名投资人的股东资格认定

隐名投资人不能依据有效的投资协议直接向公司主张行使股东权利。隐名投资协议的有效，并不意味着隐名投资人就当然取得股东资格。判定有限公司股东的首要形式标准是股东名册，而股东名册并未记载隐名股东的姓名或名称，因此，隐名投资人不能直接根据隐名投资协议向公司主张行使股东权利。隐名投资人向法院起诉请求确认其股东资格的，应当以公司为被告，与案件争议股权有利害关系的人作为第三人参加诉讼。因确认股东资格、股东名册记载、请求变更公司登记等纠纷提起的诉讼，由公司住所地人民法院管辖。

《公司法司法解释（三）》规定，实际出资人未经公司其他股东半数以上同意，请求公司变更股东、签发出资证明书、记载于股东名册、记载于公司章程并办理公司登记机关登记的，人民法院不予支持。

（3）名义股东处分股权的效力

《公司法司法解释（三）》规定，名义股东将登记于其名下的股权转让、质押或者以其他方式处分，实际出资人以其对于股权享有实际权利为由，请求认定处分股权行为无效的，人民法院可以参照《物权法》[①]第一百零六条（《民法典》第三百一十一条）的规定处理。名义股东处分股权造成实际出资人损失，实际出资人请求名义股东承担赔偿责任的，人民法院应予支持。

（二）参与重大决策权（表决权）

股东有权参与股东会，并就股东会审议事项享有投票权、表决权。尤其对公司重大事项有权通过自己的投票来参与公司决策，决策权（尤其是控制权）是最核心的股东权利。对有限公司而言，股东会会议由股东按照出资比例行使表决权，除非章程另有规定。对股份公司而言，则是坚持一股一权原则，也就是每一股份有一个表决权，拥有多少股份就相应拥有多少表决权。但有一个例外，那就是公司持有的本公司的股份没有表决权。根据《公司法》的规定，股份公司在特殊情形下可以因收购而持有自己公司的股份，如果在此期间，公司召开股东大会的话，公司所持有的这部分股份没有表决权。

（三）选择、监督管理者权

股东通过参加股东会，选举和更换非由职工代表担任的董事、监事，决定有关董事、监事的报酬；通过选择的董事组成的董事会聘任或者解聘公司经理；通过选定的监事监督董事、高管人员。

---

① 《民法典》自2021年1月1日起施行，《中华人民共和国物权法》同时废止。

（四）资产收益权

1. 利润分配请求权

利润分配请求权也称股利分配请求权或分红权，是股东对自己的投资期望得到回报的一种权利。公司法规定了在没有特殊约定的情况下，有限责任公司股东按照实缴的出资比例分取红利；股份有限公司按照股东持有的股份比例分配利润。

《关于适用〈中华人民共和国公司法〉若干问题的规定（四）》（以下简称《公司法司法解释（四）》）规定，股东提交载明具体分配方案的股东会或者股东大会的有效决议，请求公司分配利润，公司拒绝分配利润且其关于无法执行决议的抗辩理由不成立的，人民法院应当判决公司按照决议载明的具体分配方案向股东分配利润；股东未提交载明具体分配方案的股东会或者股东大会决议，请求公司分配利润的，人民法院应当驳回其诉讼请求，但违反法律规定滥用股东权利导致公司不分配利润，给其他股东造成损失的除外。

股东请求公司分配利润案件，应当列公司为被告。一审法庭辩论终结前，其他股东基于同一分配方案请求分配利润并申请参加诉讼的，应当列为共同原告。

2. 剩余财产分配请求权

剩余财产分配请求权是指股东在公司清算时，就公司的剩余财产所享有的请求公司分配的权利。公司解散后，在公司不欠债务或者清偿债务后还有剩余财产的话，股东对该剩余财产享有分配请求权。《公司法》第一百八十六条规定，公司财产在分别支付清算费用、职工的工资、社会保险费用和法定补偿金，缴纳所欠税款，清偿公司债务后的剩余财产，有限责任公司按照股东的出资比例分配，股份有限公司按照股东持有的股份比例分配。

（五）知情权

知情权是指股东请求查阅公司档案材料、获取公司信息、了解公司情况的权利，主要表现为股东的查阅、复制权。《公司法》第三十三条规定，有限责任公司的股东有权查阅、复制公司章程、股东会会议记录、董事会会议决议、监事会会议决议和财务会计报告。《公司法》第九十七条规定，股份有限公司的股东有权查阅公司章程、股东名册、公司债券存根、股东大会会议记录、董事会会议决议、监事会会议决议、财务会计报告，对公司的经营提出建议或者质询。

有限责任公司的股东还有权查阅公司会计账簿。股东要求查阅公司会计账簿的，应当向公司提出书面请求，说明目的。公司有合理根据认为股东查阅会计账簿有不正当目的，可能损害公司合法利益的，可以拒绝提供查阅，并应当自股东提出书面请求之日起十五日内书面答复股东并说明理由。根据《公司法司法解释（四）》规定，以下情形可认定为股东有不正当目的：①股东自营或者为他人经营与公司主营业务有实质性竞争关系业务的，但公司章程另有规定或者全体股东另有约定的除外。②股东为了向他人通报有关信息查阅公司会计账簿，可能损害公司合法利益的。③股东在向公司提出查阅请求之日前的三年内，曾通过查阅公司会计账簿，向他人通报有关信息损害公司合法利益的。④股东有不正当目的的其他情形。股份公司特别是上市公司，由于是开放式公司，出于对公司经营和商业秘密的保护，股东无权查阅公司的会计账簿。有限责任公司拒绝提供查阅的，股东可以请求人民法院要求公司提供查阅。

股东提起查阅权之诉时应具备股东资格，否则，原则上就不享有诉权，法院应驳回起诉。对此，《公司法司法解释（四）》规定，公司有证据证明前款规定的原告在起诉时不具有公司股东资格的，人民法院应当驳回起诉，但原告有初步证据证明在持股期间其合法权益受到损害，请求依法查阅或者复制其持股期间的公司特定文件材料的除外。

股东的查阅权属于一项法定的固有权，不得予以剥夺。公司章程、股东之间的协议等实质性剥夺股东依据《公司法》第三十三条、第九十七条规定查阅或者复制公司文件材料的权利，公司以此为由拒绝股东查阅或者复制的，人民法院不予支持。

人民法院审理股东请求查阅或者复制公司特定文件材料的案件，对原告诉讼请求予以支持的，应当在判决中明确查阅或者复制公司特定文件材料的时间、地点和特定文件材料的名录。股东依据人民法院生效判决查阅公司文件材料的，在该股东在场的情况下，可以由会计师、律师等依法或者依据执业行为规范负有保密义务的中介机构执业人员辅助进行。

为了切实保障股东查阅权的实现，《公司法司法解释（四）》还规定了董事、高级管理人员在特定情形下对股东承担的民事赔偿责任。公司董事、高级管理人员等未依法履行职责，导致公司未依法制作或者保存《公司法》第三十三条、第九十七条规定的公司文件材料，给股东造成损失，股东依法请求负有相应责任的公司董事、高级管理人员承担民事赔偿责任的，人民法院应当予以支持。

股东行使知情权后泄露公司商业秘密导致公司合法利益受到损害，公司请求该股东赔偿相关损失的，人民法院应当予以支持。依据规定辅助股东查阅公司文件材料的会计师、律师等泄露公司商业秘密导致公司合法利益受到损害，公司请求其赔偿相关损失的，人民法院应当予以支持。

（六）优先认购权

有限责任公司新增资本时，股东有权优先按照实缴的出资比例认缴出资。公司经营期间，经股东同意转让的股权，在同等条件下，其他股东有优先购买权。两个以上股东主张行使优先购买权的，协商确定各自的购买比例；协商不成的，按照转让时各自的出资比例行使优先购买权。

（七）提议、召集、主持股东会临时会议权

1. 提议召开临时股东会的权利

股东会是公司的权力机构，公司的重大事项都需要由股东会进行决定。股东会分为

定期会议和临时会议。定期会议在公司章程固定的时间召开，在定期会议之外，公司如果有重大事项需要股东会决议就需要召开股东会临时会议。根据《公司法》的规定，代表有限公司十分之一以上表决权的股东，提议召开临时会议的，应当召开临时会议。单独或者合计持有股份公司百分之十以上股份的股东请求召开临时股东大会时，应当在两个月内召开临时股东大会。

2. 股东会召集、主持权

在通常情况下，股东会会议应当由董事会召集，董事长主持。在股东提议召开临时股东会，特别是内部发生矛盾，董事会不召集时，《公司法》规定，董事会或执行董事不能履行或者不履行召集股东会或股东大会会议职责的，监事会应当及时召集和主持；监事会也不召集和主持时：代表十分之一以上表决权的有限公司的股东，连续九十日以上单独或者合计持有百分之十以上股份的股份公司的股东可以自行召集和主持。故在特定情形下，股东拥有召集、主持股东会或股东大会会议的权利。

（八）决议撤销权

股东会、董事会应按照法律和公司章程的规定规范召开，就公司经营事项作出有效决议。这是公司治理的主要方式，也是建立健全协调运转、有效制衡的公司法治理结构的必然要求。如果公司决议在程序或内容上违反法律和公司章程的规定，即公司决议存在瑕疵，那么该公司决议在效力上就会受到法律相应的否定性评价。《公司法司法解释（四）》将决议股东会或者股东大会、董事会瑕疵决议的效力类型分为决议无效、决议可撤销和决议不成立三种。

1. 股东会、董事会决议无效

公司股东会、董事会决议无效的情形，限于决议内容违反法律、行政法规的强制性规定，即决议无效的情形仅限于实质瑕疵，不包括程序瑕疵，且仅仅限于决议内容违反法律、行政法规的规定，不包括决议内容违反公司章程的规定。决议无效应当以诉讼的方式请求法院判决确认。原告可以是公司的股东、董事、监事等，应列公司为被告，对于决议涉及的利害关系人，可以依法列为第三人。

2. 股东会、董事会决议的撤销

股东会、董事会决议的撤销包括以下三种情形：①股东会、董事会的会议召集程序违反法律、行政法规或者公司章程；②股东会、董事会的表决方式违反法律、行政法规或者公司章程；③股东会、董事会决议内容违反公司章程。《公司法司法解释（四）》第四条明确规定了“裁量驳回”制度，即会议召集程序或者表决方式仅有轻微瑕疵，且对决议未产生实质影响的，法院不支持原告股东撤销公司决议的请求。裁量驳回不包括决议内容违反公司章程的情形。

决议撤销之诉的原告只限于公司的股东，并且是在起诉时具有公司股东资格的股东。撤销之诉应列公司为被告，对于决议涉及的利害关系人，可以依法列为第三人。一审法庭辩论终结前，其他有原告资格的人以相同的诉讼请求申请参加前款规定诉讼的，可以列为共同原告。股东的撤销权为形成权，股东应在决议作出之日起六十日内诉请法院撤销。股东提起决议撤销之诉的，法院可以应公司的请求，要求股东提供相应担保。

3. 股东会、董事会决议不成立

根据《公司法司法解释（四）》规定，股东会、董事会决议不成立包括以下情形：①公司未召开会议，但依据《公司法》第三十七条第二款或者公司章程规定可以不召开股东会或者股东大会而直接作出决定，并由全体股东在决定文件上签名、盖章的除外；②会议未对决议事项进行表决；③出席会议的人数或者股东所持表决权不符合公司法或者公司章程规定；④会议的表决结果未达到公司法或者公司章程规定的通过比例；⑤导致决议不成立的其他情形。原告可以是公司的股东、董事、监事等，应列公司为被告，对于决议涉及的利害关系人，可以依法列为第三人。

股东会或者股东大会、董事会决议被人民法院判决确认无效或者撤销的，公司依据该决议与善意相对人形成的民事法律关系不受影响。

（九）异议股东回购请求权

异议股东股份回购请求权，指的是在特定的情形下，对公司股东（大会）会议决议持反对意见的股东所享有的一种“要求公司以合理公平的价格收购自己股份”的权利。

《公司法》第七十四条规定，有限责任公司有下列情形之一的，对股东会该项决议投反对票的股东可以请求公司按照合理的价格收购其股权：①公司连续五年不向股东分配利润，而公司该五年连续盈利，并且符合本法规定的分配利润条件的；②公司合并、分立、转让主要财产的；③公司章程规定的营业期限届满或者章程规定的其他解散事由出现，股东会会议通过决议修改章程使公司存续的。

自股东会会议决议通过之日起六十日内，股东与公司不能达成股权收购协议的，股东可以自股东会会议决议通过之日起九十日内向人民法院提起诉讼。

《公司法》第一百四十二条规定，股份公司股东因对股东大会作出的公司合并、分立决议持异议，可以要求公司收购其股份，并且应当在六个月内转让或者注销。

（十）股东直接诉讼与代表诉讼权

1. 股东直接诉讼

股东直接诉讼是指股东对董事、高级管理人员违反规定损害股东利益的行为提起的诉讼。《公司法》规定，公司董事、高级管理人员违反法律、行政法规或者公司章程的规定，损害股东利益的，股东可以依法直接向人民法院提起诉讼。

2. 股东代表诉讼

股东代表诉讼也称股东间接诉讼，是指当董事、监事、高级管理人员或者他人的违反法律、行政法规或者公司章程的行为给公司造成损失，公司拒绝或者怠于向该违法行为人请求损害赔偿时，具备法定资格的股东有权代表其他股东，代替公司提起诉讼，请求违法行为人赔偿公司损失的行为。股东代表诉讼的目的是保护公司利益和股东整体利益，而不仅仅是个别股东的利益。

《公司法》对股东代表诉讼作了如下规定。

1）公司董事、高级管理人员执行公司职务时违反法律、行政法规或者公司章程的规定的，股东通过监事会或者监事提起诉讼。公司董事、高级管理人员执行公司职务时违反法律、行政法规或者公司章程的规定，给公司造成损失的，有限责任公司的股东、股份有限公司连续一百八十日以上单独或者合计持有公司 1%以上股份的股东，可以书面请求监事会或者不设监事会的有限责任公司的监事向人民法院提起诉讼。一百八十日以上连续持股期间，应为股东向人民法院提起诉讼时，已期满的持股时间；规定的合计持有公司 1%以上股份，是指两个以上股东持股份额的合计。

2）监事执行公司职务时违反法律、行政法规或者公司章程的规定的，股东通过董事会或者董事提起诉讼。监事执行公司职务时违反法律、行政法规或者公司章程的规定，给公司造成损失的，有限责任公司的股东、股份有限公司连续一百八十日以上单独或者合计持有公司 1%以上股份的股东，可以书面请求董事会或者不设董事会的有限责任公司的执行董事向人民法院提起诉讼。

3）股东直接提起诉讼。监事会、不设监事会的有限责任公司的监事，或者董事会、执行董事，收到有限责任公司的股东、股份有限公司连续一百八十日以上单独或者合计持有公司 1%以上股份的股东的书面请求后，拒绝提起诉讼，或者自收到请求之日起三十日内未提起诉讼，或者情况紧急、不立即提起诉讼将会使公司利益受到难以弥补的损害的，有限责任公司的股东、股份有限公司连续一百八十日以上单独或者合计持有公司 1%以上股份的股东，有权为了公司的利益，以自己的名义直接向人民法院提起诉讼。

（十一）司法解散请求权

司法解散请求权，是指符合法定条件的股东在特定条件下，股东请求法院判决公司强制解散的权利。在特定情形下，出于对中小股东利益的保护，符合法定条件的股东可以请求法院把公司强制解散。

《公司法》第一百八十二条规定，公司经营管理发生严重困难，继续存续会使股东利益受到重大损失，通过其他途径不能解决的，持有公司全部股东表决权百分之十以上的股东，可以请求人民法院解散公司。

司法解散权有严格的适用条件。必须是公司经营管理发生严重困难，即“公司僵局”。

《关于适用〈中华人民共和国公司法〉若干问题的规定（二）》规定，下列情形属于公司僵局：①公司持续两年以上无法召开股东会或股东大会，公司经营管理发生严重困难的；②股东表决时无法达到法定或者公司章程规定的比例，持续两年以上不能做出有效的股东会或股东大会决议，公司经营管理发生严重困难的；③公司董事长期冲突，且无法通过股东会或股东大会解决，公司经营管理发生严重困难的；④经营管理发生其他严重困难，公司继续存续会使股东利益受到重大损失的情形。

股东只有在符合法定条件时，才能请求法院解散公司。对于下列情形，股东不享有司法解散请求权，股东以此为由起诉解散公司的，法院不予受理：①知情权、利润分配请求权等权益受到损害；②公司亏损、财产不足以偿还全部债务；③公司被吊销企业法人营业执照未进行清算等。

股东提起解散公司诉讼应当以公司为被告。原告以其他股东为被告一并提起诉讼的，人民法院应当告知原告将其他股东变更为第三人；原告坚持不予变更的，人民法院应当驳回原告对其他股东的起诉。原告提起解散公司诉讼应当告知其他股东，或者由人民法院通知其参加诉讼。其他股东或者有关利害关系人申请以共同原告或者第三人身份参加诉讼的，人民法院应予准许。

第二节　有限责任公司

学习目标

素质目标：要求学习者能够增强法治观念，提升公司治理的法治思维。

知识目标：要求学习者能够准确地理解和掌握有限责任公司的相关制度。

技能目标：要求学习者能够灵活运用法律规范解决有限责任公司运营中的纠纷。

思政目标：要求学习者能够理解我国公司治理制度的基本原理，增强企业规范自身建设的意识。

关键术语

设立；出资；组织机构；一人公司；股权转让

背景知识

美国著名法学家、前哥伦比亚大学校长巴特勒曾指出：“有限责任公司是当代最伟大的发明，其产生的意义甚至超过了蒸汽机和电的发明。”前哈佛大学校长伊洛特则评价说：“有限责任是基于商业的目的而产生的最有效的法律上的发明。”有限责任制度的旨趣在于公司的责任与股东的责任进行了严格区分，无论公司如何亏损，股东仅以出资额为限承担责任。因此这一制度极大地刺激股东的投资热情，促进经济的迅猛发展。

一、有限责任公司的设立

（一）公司设立的条件

1. 股东符合法定人数

有限责任公司由五十个以下股东出资设立。股东可以是自然人，也可以是法人或者其他经济组织。有限责任公司股东人数没有下限规定，允许设立一人有限责任公司和国有独资公司。

2. 有符合公司章程规定的全体股东认缴的出资额

有限责任公司的注册资本为在公司登记机关登记的全体股东认缴的出资额。法律、行政法规及国务院决定对有限责任公司注册资本实缴、注册资本最低限额另有规定的，从其规定。

3. 股东共同制定公司章程

有限责任公司的章程由股东共同制定，股东应当在公司章程上签名、盖章。公司章程对公司、股东、董事、监事、高级管理人员具有约束力。

4. 有公司名称，建立符合有限责任公司要求的组织机构

公司只能使用一个名称。有限责任公司必须在公司的名称中标明“有限责任公司”或者“有限公司”的字样。公司应当设立符合有限责任公司要求的组织机构，即股东会、董事会或执行董事、监事会或监事。

5. 有公司住所

公司住所是指公司登记事项中所明确的公司主要办事机构所在地。它对于确定公司登记机关及公司在民事诉讼中的地域管辖和法律适用有着重要作用。

（二）股东出资

1. 出资的基本规定

股东可以用货币、实物、知识产权、土地使用权等可以用货币估价并可以依法转让的非货币财产作价出资。但是，股东不得以劳务、信用、自然人姓名、商誉、特许经营权或者设定担保的财产等作价出资。

股东应当按期足额缴纳公司章程中规定的各自所认缴的出资额。股东以货币出资的，应当将货币出资足额存入有限责任公司在银行开设的账户；以非货币财产出资的，应当依法办理其财产权的转移手续。

2. 出资瑕疵的情形

出资瑕疵是指股东在对公司出资时，其所出资的财产或财产权利存在瑕疵，或其出资行为存在瑕疵。出资义务是全体股东对公司最基本的义务，是形成公司财产的基础。股东出资义务包括设立时的出资及公司增资时的出资。股东未按照规定缴纳出资的，构成出资义务的不履行或者不完全履行。股东出资瑕疵具体表现为以下三种形式。

（1）出资不足

出资不足是指股东未依照法律和公司章程的规定按期足额缴纳各自所认缴的出资额。出资不足包括两种情形：其一，出资不完全，也即股东已出资，但未达其认缴的出资额；其二，未出资或拒绝出资，也即股东在公司章程上签名或填写认购书后未如期出资，或者根本就拒绝按规定出资。出资不足违反的是公司章程对于出资的时间要求，即在约定期限内，股东出资数量未达到章程规定数。

（2）虚假出资

虚假出资是指股东表面上出资而实际上并未出资的行为。具体表现如下。

1）非货币财产“高估”作价出资的情形。出资人以非货币财产出资，未依法评估作价，公司、其他股东或者公司债权人请求认定出资人未履行出资义务的，人民法院应当委托具有合法资格的评估机构对该财产评估作价。评估确定的价额显著低于公司章程所定价额的，人民法院应当认定出资人未依法全面履行出资义务。

2）土地使用权出资中的权利瑕疵。出资人以划拨土地使用权出资，或者以设定权利负担的土地使用权出资，公司、其他股东或者公司债权人主张认定出资人未履行出资义务的，人民法院应当责令当事人在指定的合理期间内办理土地变更手续或者解除权利负担；逾期未办理或者未解除的，人民法院应当认定出资人未依法全面履行出资义务。

3）其他需办理变更登记的财产出资中的权利瑕疵。出资人以房屋、土地使用权或者需要办理权属登记的知识产权等财产出资，判断股东是否出资到位的标准是“交付主义”。已交付公司使用但未办理权属变更手续的，应当在合理期间内办理；一经办理，其义务履行和股权享有溯及既往；已办理权属变更手续但未交付给公司使用的，在该出资实际交付前，出资人不享有相应股权。

出资人以房屋、土地使用权或者需要办理权属登记的知识产权等财产出资，已经交付公司使用但未办理权属变更手续，公司、其他股东或者公司债权人主张认定出资人未履行出资义务的，人民法院应当责令当事人在指定的合理期间内办理权属变更手续；在前述期间内办理了权属变更手续的，人民法院应当认定其已经履行了出资义务；出资人主张自其实际交付财产给公司使用时享有相应股东权利的，人民法院应予支持。

4）以无权处分财产出资的权利瑕疵。出资人以不享有处分权的财产出资，当事人之间对于出资行为效力产生争议的，人民法院可以参照《物权法》第一百零六条（《民法典》第三百一十一条）的规定予以认定。

以贪污、受贿、侵占、挪用等违法犯罪所得的货币出资后取得股权的，对违法犯罪行为予以追究、处罚时，应当采取拍卖或者变卖的方式处置其股权。

5）股权出资的权利瑕疵包括：①出资的股权不可转让；②出资的股权存在权利瑕疵或者权利负担；③出资的股权欠缺股权转让的法定手续；④出资的股权未依法进行价值评估。对于前述三种情形，公司、其他股东或者公司债权人请求认定出资人未履行出资义务的，人民法院应当责令该出资人在指定的合理期间内采取补正措施，以符合上述条件；逾期未补正的，人民法院应当认定其未依法全面履行出资义务。对于第四种情形，公司、其他股东或者公司债权人请求认定出资人未履行出资义务的，人民法院应当按照未依法评估的规定处理。

6）依法出资后，财产贬值的，不构成出资瑕疵。出资人以符合法定条件的非货币财产出资后，因市场变化或者其他客观因素导致出资财产贬值，公司、其他股东或者公司债权人请求该出资人承担补足出资责任的，人民法院不予支持。但是，当事人另有约定的除外。

（3）抽逃出资

抽逃出资是指股东在验资完成后或者在公司成立后，将所缴纳的出资款暗中撤回，却仍以原出资额享有相应股东权利的行为。

公司成立后，公司、股东或者公司债权人以相关股东的行为符合下列情形之一且损害公司权益为由，请求认定该股东抽逃出资的，法院应予支持：①制作虚假财务会计报表虚增利润进行分配；②通过虚构债权债务关系将其出资转出；③利用关联交易将出资转出；④其他未经法定程序将出资抽回的行为。

股东以土地使用权的部分年限对应价值作价出资，期满后收回土地不构成抽逃出资。

公司股东之间合法借款不属于抽逃出资行为，公司依法享有债权，借款股东负有相应债务。

3. 瑕疵出资的法律后果

（1）在公司内部

1）全面履行。股东未履行或者未全面履行出资义务，“公司或者其他股东”请求其向公司依法全面履行出资义务的，人民法院应予支持。

2）违约责任。股东未履行或者未全面履行出资义务，除应当向公司足额缴纳外，还应当向“已按期足额缴纳出资”的股东承担违约责任；该违约责任除出资部分外，还包括未出资的利息。

3）股东权利。股东未履行或者未全面履行出资义务，公司根据公司章程或者股东会决议对其利润分配请求权、新股优先认购权、剩余财产分配请求权等股东权利作出相应的合理限制，该股东请求认定该限制无效的，人民法院不予支持。

4）股东资格。股东未履行出资义务（不包括未全面履行），经公司催告，在合理期间内仍未缴纳，公司以股东会决议解除该股东的股东资格，该股东请求确认该解除行为无效的，人民法院不予支持。

（2）对债权人

1）瑕疵出资股东。公司债权人请求未履行或者未全面履行出资义务的股东在未出资本息范围内对公司债务不能清偿的部分承担补充赔偿责任的，人民法院应予支持。未履行或者未全面履行出资义务的股东已经承担上述责任，其他债权人提出相同请求的，人民法院不予支持。

2）发起人。股东在公司设立时未履行或者未全面履行出资义务，发起人与被告股东承担连带责任。但是，公司的发起人承担责任后，可以向被告股东追偿。

3）董事、高级管理人员。股东在公司增资时未履行或者未全面履行出资义务，原告请求未尽《公司法》规定的义务而使出资未缴足的董事、高级管理人员承担相应责任的，人民法院应予支持。董事、高级管理人员承担责任后，可以向被告股东追偿。

（3）瑕疵出资股东诉讼时效抗辩

股东未履行或者未全面履行出资义务，公司或者其他股东请求其向公司全面履行出资义务，被告股东以诉讼时效为由进行抗辩的，人民法院不予支持。公司债权人的债权未过诉讼时效期间，其依照规定请求未履行或者未全面履行出资义务的股东承担赔偿责任，被告股东以出资义务超过诉讼时效期间为由进行抗辩的，人民法院不予支持。

（三）公司设立的程序

1. 订立公司章程

股东设立有限责任公司，必须先订立公司章程，将要设立的公司基本情况及各方面的权利义务加以明确规定。

2. 申请名称预先核准

设立有限责任公司，应当由全体股东指定的代表或者共同委托的代理人向公司登记机关申请名称预先核准。公司登记机关决定核准的，应当发给“企业名称预先核准通知书”。预先核准的公司名称保留期为六个月。预先核准的公司名称在保留期内，不得从事经营活动，不得转让。

3. 出资

股东应当按照其在发起人协议及公司章程中认购的出资额出资。这是股东对公司及其他股东应尽的义务。

4. 确立公司组织机构

股东出资缴纳完毕后，根据自己的情况依法确立公司的权力机构、公司的业务执行机构和公司的监督机构等。

5. 设立登记

股东认足公司章程规定的出资后，由全体股东指定的代表或者共同委托的代理人向公司登记机关报送公司登记申请书、公司章程等文件，申请设立登记。公司登记机关核准设立登记的，颁发“企业法人营业执照”，营业执照颁发之日即为公司成立之日。公司登记机关作出不予登记决定的，应当出具“登记驳回通知书”，说明不予登记的理由，并告知申请人享有依法申请行政复议或者提起行政诉讼的权利。

（四）公司设立中发起人的责任

1. 公司设立阶段的合同责任

在公司设立过程中，发起人承担公司筹办事务，需要对外订立合同，那么，该合同责任是由公司承担，还是由发起人承担？《公司法司法解释（三）》对此专门作了明确规定。

发起人为设立公司以自己名义对外签订合同，对相对人而言，合同中载明的主体是发起人，所以原则上应当由发起人承担合同责任。但是，公司成立后，对以发起人名义订立的合同予以确认，或者已经实际享有合同权利或者履行合同义务，合同相对人请求公司承担合同责任的，人民法院应予支持。

发起人以设立中的公司名义对外签订合同，公司成立后合同相对人请求公司承担合同责任的，人民法院应予支持。但是，公司成立后有证据证明发起人是为自己利益而签订该合同，且合同相对人对此是明知的，该合同责任不应当由成立后的公司承担，而应由发起人承担。如果合同相对人不知道发起人是为自己利益而订立合同，即为善意，则仍由公司承担合同责任。

2. 设立公司失败的责任承担

公司不能成立时，发起人对设立行为所产生的费用和债务负连带责任。部分发起人（对外）承担（连带）责任后，请求其他发起人分担的，人民法院应当判令其他发起人按照约定的责任承担比例分担责任；没有约定责任承担比例的，按照约定的出资比例分担责任；没有约定出资比例的，按照均等份额分担责任。因部分发起人的过错导致公司未成立，其他发起人主张其承担设立行为所产生的费用和债务的，人民法院应当根据过错情况，确定过错一方的责任范围。在公司设立过程中，发起人的过失致使公司利益受到损害的，应当对公司承担赔偿责任。发起人因履行公司设立职责造成他人损害，公司成立后受害人请求公司承担侵权赔偿责任的，人民法院应予支持；公司未成立，受害人请求全体发起人承担连带赔偿责任的，人民法院应予支持。公司或者无过错的发起人承担赔偿责任后，可以向有过错的发起人追偿。

二、有限责任公司的组织机构

（一）股东会

1. 股东会的性质和职权

有限责任公司股东会由全体股东组成。股东会是公司的权力机构。但一人有限责任公司和国有独资公司不设股东会。有限责任公司的股东会行使下列职权：①决定公司的经营方针和投资计划；②选举和更换非由职工代表担任的董事、监事，决定有关董事、监事的报酬事项；③审议批准董事会的报告；④审议批准监事会或监事的报告；⑤审议批准公司的年度财务预算方案、决算方案；⑥审议批准公司的利润分配方案和弥补亏损方案；⑦对公司增加或者减少注册资本作出决议；⑧对发行公司债券作出决议；⑨对公司合并、分立、解散、清算或者变更公司形式作出决议；⑩修改公司章程；⑪公司章程规定的其他职权。对上述事项股东以书面形式一致表示同意的，可以不召开股东会会议，直接作出决定，并由全体股东在决定文件上签名、盖章。

2. 股东会的形式

股东会会议分为定期会议和临时会议。定期会议依照公司章程的规定按时召开。临时会议是在公司章程规定的会议时间以外召开的会议。有权提议召开临时会议的人员有代表十分之一以上表决权的股东、三分之一以上的董事、监事会或者不设监事会的公司的监事。

3. 股东会的召开

首次股东会会议由出资最多的股东召集和主持，依照法律规定行使职权。以后的股东会会议，设立董事会的，由董事会召集、董事长主持；公司不设董事会的，股东会会议由执行董事召集和主持。董事长不能或者不履行职务的，由副董事长主持；副董事长不能或者不履行职务的，由半数以上董事共同推举一名董事主持。董事会或执行董事不能履行或者不履行召集职责的，由监事会或不设监事会的公司的监事负责召集和主持；监事会或者监事不召集和主持的，代表十分之一以上表决权的股东可以自行召集和主持。召开股东会会议，应当于会议召开十五日前通知全体股东；但是，公司章程另有规定或者全体股东另有约定的除外。股东会应当对所议事项的决定作成会议记录，出席会议的股东应当在会议记录上签名。

4. 股东会的决议

股东会会议上股东按照出资比例行使表决权，但公司章程另有规定的除外。股东会的议事方式和表决权，除《公司法》有规定的以外，由公司章程规定。股东会会议作出修改公司章程、增加或者减少注册资本的决议，以及公司合并、分立、解散或者变更公司形式的决议，必须经代表三分之二以上表决权的股东通过。

（二）董事会（执行董事）和总经理

1. 董事会的组成

董事会是公司股东会的执行机构，对股东会负责。有限责任公司设董事会，其成员为三人至十三人，两个以上的国有企业或者两个以上的其他国有投资主体投资设立的有限责任公司，其董事会成员中应当有公司职工代表；其他有限责任公司董事会成员中可以有公司职工代表。董事会中的职工代表由公司职工通过职工代表大会、职工大会或者其他形式民主选举产生。董事会设董事长一人，可以设副董事长。董事长、副董事长的产生办法由公司章程规定。股东人数较少或者规模较小的有限责任公司，可以不设董事会，而设一名执行董事。董事任期由公司章程规定，但董事每届任期不得超过三年。董事任期届满，连选可以连任。董事任期届满未及时改选，或者董事在任期内辞职导致董事会成员低于法定人数的情况下，在改选出的董事就任前，原董事仍应当依照法律、行政法规和公司章程的规定，履行董事职务。

2. 董事会的职权

董事会行使下列职权：①召集股东会会议，并向股东会报告工作；②执行股东会的决议；③决定公司的经营计划和投资方案；④制订公司的年度财务预算方案、决算方案；⑤制订公司的利润分配方案和弥补亏损方案；⑥制订公司增加或者减少注册资本及发行公司债券的方案；⑦制订公司合并、分立、解散或者变更公司形式的方案；⑧决定公司内部管理机构的设置；⑨决定聘任或者解聘公司经理及其报酬事项，并根据经理的提名决定聘任或者解聘公司副经理、财务负责人及其报酬事项；⑩制定公司的基本管理制度；⑪公司章程规定的其他职权。

3. 董事会的决议

董事会会议由董事长召集和主持；董事长不能履行职务或者不履行职务的，由副董事长召集和主持；副董事长不能履行职务或者不履行职务的，由半数以上董事共同推举一名董事召集和主持。董事会的议事方式和表决程序，除《公司法》有规定的外，由公司章程规定。董事会决议的表决，实行一人一票。董事会应当对所议事项的决定作成会议记录，出席会议的董事应当在会议记录上签名。

4. 经理

有限责任公司可以设经理，由董事会决定聘任或解聘。经理对董事会负责，行使下列职权：①主持公司的生产经营管理工作，组织实施董事会决议；②组织实施公司的年度经营计划和投资方案；③拟订公司内部管理机构设置方案；④拟订公司的基本管理制度；⑤制定公司的具体规章；⑥提请聘任或者解聘公司的副经理、财务负责人；⑦决定聘任或者解聘除应由董事会决定聘任或者解聘以外的负责管理人员；⑧董事会授予的其他职权。公司章程对经理职权另有规定的，按照其规定。

（三）监事会

1. 监事会的组成

有限责任公司设监事会，其成员不得少于三人。股东人数较少或者规模较小的有限责任公司，可以设一至二名监事，不设监事会。监事会应当包括股东代表和适当比例的公司职工代表，其中职工代表的比例不得低于三分之一，具体比例由公司章程规定。监事会中的职工代表由公司职工通过职工代表大会、职工大会或者其他形式的民主选举产生。董事、高级管理人员不得兼任监事。监事会设主席一人，由全体监事过半数选举产生。监事会主席召集和主持监事会会议；监事会主席不能履行职务或者不履行职务的，由半数以上监事共同推举一名监事召集和主持监事会会议。监事的任期每届为三年。监事任期届满，连选可以连任。监事任期届满未及时改选，或者监事在任期内辞职导致监事会成员低于法定人数的情形下，在改选出的监事就任前，原监事仍应当依照法律、行政法规和公司章程的规定，履行监事职务。

2. 监事会的职权

监事会、不设监事会的公司的监事行使下列职权：①检查公司财务；②对董事、高级管理人员执行公司职务的行为进行监督，对违反法律、行政法规、公司章程或者股东会决议的董事、高级管理人员提出罢免的建议；③当董事、高级管理人员的行为损害公司的利益时，要求董事、高级管理人员予以纠正；④提议召开临时股东会会议，在董事会不履行《公司法》规定的召集和主持股东会会议职责时召集和主持股东会会议；⑤向股东会会议提出提案；⑥依照《公司法》第一百五十一条的规定，对董事、高级管理人员提起诉讼；⑦公司章程规定的其他职权。

3. 监事会的决议

监事会每年度至少召开一次会议，监事可以提议召开临时监事会会议。监事会的议事方式和表决程序，除《公司法》有规定的外，由公司章程规定。监事会决议应当经半数以上监事通过。监事会应当对所议事项的决定作成会议记录，出席会议的监事应当在会议记录上签名。

三、一人有限责任公司的特别规定

一人有限责任公司是指只有一个自然人股东或者一个法人股东的有限责任公司。它是有限责任公司的一种特殊表现形式。一个自然人只能投资设立一个一人有限责任公司。该一人有限责任公司不能投资设立新的一人有限责任公司。一人有限责任公司应当在公司登记中注明自然人独资或者法人独资，并在公司营业执照中载明。一人有限责任公司不设股东会。股东作出《公司法》第三十七条第一款所列决定时，应当采取书面形式，并由股东签名后置备于公司。一人有限责任公司的股东不能证明公司财产独立于股东自己的财产的，应当对公司债务承担连带责任。

四、国有独资公司的特别规定

国有独资公司是指国家单独出资、由国务院或者地方人民政府授权本级人民政府国有资产监督管理机构履行出资人职责的有限责任公司。国有独资公司章程由国有资产监督管理机构制定，或者由董事会制订报国有资产监督管理机构批准。

国有独资公司不设股东会，由国有资产监督管理机构行使股东会职权。国有资产监督管理机构可以授权公司董事会行使股东会的部分职权，决定公司的重大事项，但公司的合并、分立、解散、增加或者减少注册资本和发行公司债券，都必须由国有资产监督管理机构决定。其中，重要的国有独资公司合并、分立、解散、申请破产的，应当由国有资产监督管理机构审核后报本级人民政府批准。

国有独资公司设董事会，董事每届任期不得超过三年。董事会成员中应当有公司职工代表。董事会成员由国有资产监督管理机构委派；但是，董事会成员中的职工代表由公司职工代表大会选举产生。董事会设董事长一人，可以设副董事长。董事长、副董事长由国有资产监督管理机构从董事会成员中指定。国有独资公司设经理，由董事会聘任或者解聘。经国有资产监督管理机构同意，董事会成员可以兼任经理。国有独资公司的董事长、副董事长、董事、高级管理人员，未经国有资产监督管理机构同意，不得在其他有限责任公司、股份有限公司或者其他经济组织兼职。国有独资公司监事会成员不得少于五人，其中职工代表的比例不得低于三分之一，具体比例由公司章程规定。监事会成员由国有资产监督管理机构委派。但是，监事会成员中的职工代表由公司职工代表大会选举产生。监事会主席由国有资产监督管理机构从监事会成员中指定。

五、有限责任公司的股权转让

（一）股权的自愿转让

有限责任公司的股东之间可以相互转让其全部或者部分股权。

股东向股东以外的人转让股权，应当经其他股东过半数同意。股东应就其股权转让事项书面通知其他股东征求其同意，其他股东自接到书面通知之日起满三十日未答复的，视为同意转让。其他股东半数以上不同意转让的，不同意的股东应当购买该转让的股权；不购买的，视为同意转让。经股东同意转让的股权，在同等条件下，其他股东有优先购买权。两个以上股东主张行使优先购买权的，协商解决；协商不成的，按照转让时各自的出资比例行使优先购买权。

（二）股权的强制转让

股权的强制转让，是指人民法院依照《民事诉讼法》等法律规定的执行程序，强制执行生效的法律文书时，以拍卖、变卖或者其他方式转让有限责任公司股东的股权。

人民法院依照法律规定的强制执行程序转让股东的股权时，应当通知公司及全体股东，其他股东在同等条件下有优先购买权。其他股东自人民法院通知之日起满二十日不行使优先购买权的，视为放弃优先购买权。

（三）出资证明书的更替

有限责任公司股东转让股权后，公司应当注销原股东的出资证明书，向新股东签发出资证明书，并相应修改公司章程和股东名册中有关股东及其出资额的记载。对公司章程的该项修改不需再由股东会表决。

第三节　股份有限公司

学习目标

素质目标：要求学习者能够从历史的角度看待我国公司的发展。

知识目标：要求学习者能够准确地理解和掌握我国股份公司的法人治理结构。

技能目标：要求学习者能够应用法律保护中小股东利益。

思政目标：要求学习者能够对中国公司治理体系变化有深刻理解，从而增强对我国经济、制度发展的自豪感。

关键术语

公司三权分立；上市公司；股份发行

背景知识

在现代公司制度中，公司所有权与经营权相分离。权力分立是公司所有权与经营权相分离的具体体现。在实践中，决策权、执行权、监督权“三权”分立，股东会、董事会、监事会“三会”并存是现代公司治理结构的基本架构。权力分立提高了公司的运营效率，同时产生了权力制衡的基础和必要。在分权的基础上，公司各组织机构的权力配置又形成了相互制衡的格局，在公司的各组织机构之间形成一个互相依赖、互相作用并相互制衡的组织系统。公司治理结构中的权力分立与权力制衡平衡了公司内部不同利益主体之间的利益，使独立于股东会、董事会、监事会的公司意志和利益得以形成，最大限度地保证了公司的行为理性，实现了经济利益的最大化。

一、股份有限公司的设立

（一）股份有限公司设立的方式

股份有限公司既可以采取发起设立的方式，也可以采取募集设立的方式。发起设立是指由发起人认购公司应发行的全部股份而设立股份有限公司的方式。募集设立是指由发起人认购公司应发行股份的一部分，其余股份向社会公开募集或者向特定对象募集而设立股份有限公司的方式。

（二）股份有限公司设立的条件

1. 发起人符合法定人数

设立股份有限公司，应当有二人以上二百人以下的发起人，其中须有半数以上的发起人在中国境内有住所。股份有限公司的发起人承担公司筹办事务。发起人应当签订发起人协议，明确各自在公司设立过程中的权利和义务。

股份有限公司的股东与发起人是两个不同的概念。发起人是指依法筹办公司设立事务的人。在公司设立阶段，由于公司尚未成立，股份尚未发行，无所谓股份有限公司的股东。在股份有限公司设立登记后，公司发起人因缴纳股款并经公司登记，自然成为股份有限公司的股东。股东与发起人是股份有限公司设立两个阶段上的不同概念，二者的责任也不同。股东负有限责任，而发起人在公司设立失败时，承担连带责任。

股份有限公司的发起人应当承担下列责任：①公司不能成立时，对设立行为所产生的债务和费用负连带责任；②公司不能成立时，对认股人已缴纳的股款，负返还股款并加算银行同期存款利息的连带责任；③在公司设立过程中，发起人的过失致使公司利益受到损害的，应当对公司承担赔偿责任。

2. 有符合公司章程规定的全体发起人认购的股本总额或募集的实收的股本总额

股份有限公司采取发起设立方式设立的，注册资本为在公司登记机关登记的全体发起人认购的股本总额。在发起人认购的股份缴足前，不得向他人募集股份。股份有限公司采取募集设立方式设立的，注册资本为在公司登记机关登记的实收股本总额。法律、行政法规及国务院决定对股份有限公司注册资本实缴、注册资本最低限额另有规定的，从其规定。以发起设立方式设立股份有限公司的，发起人应当书面认足公司章程规定其认购的股份，并按照公司章程规定缴纳出资。以非货币财产出资的，应当依法办理其财产权的转移手续。发起人不依照法律规定缴纳出资的，应当按照发起人协议承担违约责任。发起人认足公司章程规定的出资后，应当选举董事会和监事会，由董事会向公司登记机关报送公司章程，以及法律、行政法规规定的其他文件，申请设立登记。

3. 股份发行、筹办事项符合法律规定

发起人为设立股份有限公司而发行股份时，以及在进行其他筹办事项时，必须符合法律规定的条件和程序。例如，向社会公开募集股份，应当报国务院证券监督管理机构核准，并公告招股说明书、认股书等。

4. 发起人制订公司章程，采用募集设立方式设立的经创立大会通过

对于以发起设立方式设立的股份有限公司，由全体发起人制定公司章程；对于募集设立方式设立的股份有限公司，发起人制定章程，还应当经创立大会通过。股份有限公司章程应当载明下列事项：①公司名称和住所；②公司经营范围；③公司设立方式；④公司股份总数、每股金额和注册资本；⑤发起人的姓名或者名称、认购的股份数、出资方式和出资时间；⑥董事会的组成、职权和议事规则；⑦公司法定代表人；⑧监事会的组成、职权和议事规则；⑨公司利润分配办法；⑩公司的解散事由与清算办法；⑪公司的通知和公告办法；⑫股东大会会议认为需要规定的其他事项。

5. 有公司名称，建立符合股份有限公司要求的组织机构

公司的名称是公司的标志。公司设立自己的名称时，必须符合法律、行政法规的规定，并应当经过公司登记管理机关进行预先核准登记。公司应当设立符合有限责任公司要求的组织机构，即股东会、董事会或者执行董事、监事会或者监事等。

6. 有公司住所

设立公司必须有住所。没有住所的公司，不得设立。公司以其主要办事机构所在地为住所。

（三）股份有限公司的设立程序

1. 发起设立的方式

发起设立方式的程序：①发起人书面认购公司章程规定的股份。②缴纳出资。按照公司章程规定缴纳出资。③选举董事会和监事会。④申请设立登记。由董事会向公司登记机关申请设立登记。

2. 募集设立的方式

募集设立方式的程序：①发起人认购股份。发起人认购的股份不得少于公司股份总数的百分之三十五；法律另有规定的除外。②向社会公开募集股份。发起人向社会公开募集股份，必须公告招股说明书，并制作认股书。招股说明书应当附有发起人制定的公司章程，并载明下列事项：发起人认购的股份数；每股的票面金额和发行价格；无记名

股票的发行总数；募集资金的用途；认股人的权利、义务；本次募股的起止期限及逾期未募足时认股人可以撤回所认股份的说明。认股书应当由认股人填写认购股数、金额、住所，并签名、盖章。认股人按照所认购股数缴纳股款。发起人向社会公开募集股份，应当由依法设立的证券公司承销，签订承销协议。发起人向社会公开募集股份，应当同银行签订代收股款协议。代收股款的银行应当按照协议代收和保存股款，向缴纳股款的认股人出具收款单据，并负有向有关部门出具收款证明的义务。

股份有限公司的认股人未按期缴纳所认购股份的股款，经公司发起人催缴后在合理期间内仍未缴纳，公司发起人对该股份另行募集的，人民法院应当认定该募集行为有效。认股人延期缴纳股款给公司造成损失，公司请求该认股人承担赔偿责任的，人民法院应予支持。

3. 召开创立大会

发行股份的股款缴足后，必须经依法设立的验资机构验资并出具证明。发起人应当自股款缴足后三十日内主持召开公司创立大会。创立大会成员由发起人、认股人组成。发起人应当在创立大会召开十五日前将会议日期通知各认股人或者予以公告。创立大会应有代表股份总数过半数的发起人、认股人出席，方可举行。

发行的股份超过招股说明书规定的截止期限尚未募足的，或者发行股份的股款缴足后，发起人在三十日内未召开创立大会的，认股人可以按照所缴纳股款并加算银行同期存款利息，要求发起人返还。

创立大会行使下列职权：①审议发起人关于公司筹办情况的报告；②通过公司章程；③选举董事会成员；④选举监事会成员；⑤对公司的设立费用进行审核；⑥对发起人用于抵作股款的财产的作价进行审核；⑦发生不可抗拒力或者经营条件发生重大变化直接影响公司设立的，可以作出不设立公司的决议，作出此项决议时，必须经出席会议的认股人所持表决权过半数通过。

4. 申请设立登记

董事会应于创立大会结束之日起三十日内，向公司登记机关申请设立。股份有限公司成立后，发起人未按照公司章程的规定缴足出资的，应当补缴；其他发起人承担连带责任。股份有限公司成立后，发现作为设立公司出资的非货币财产的实际价额显著低于公司章程所定价额的，应当由交付该出资的发起人补足其差额；其他发起人承担连带责任。发起人、认股人缴纳股款或者交付抵作股款的出资后，除未按期募足股份、发起人未按期召开创立大会或者创立大会决议不设立公司的情形外，不得抽回其股本。有限责任公司变更为股份有限公司时，折合的实收股本总额不得高于公司净资产额。有限责任公司变更为股份有限公司，为增加资本公开发行股份时，应当依法办理。

二、股份有限公司的组织机构

股份有限公司的组织机构由三部分组成：股东大会、董事会及经理、监事会。上市公司还可增设独立董事和董事会秘书。

（一）股东大会

股份有限公司股东大会由全体股东组成。股东大会是公司的权力机构。

1. 股东大会的职权

根据《公司法》及中国证监会发布的《上市公司章程指引》的规定，股东大会行使下列职权：①决定公司的经营方针和投资计划；②选举和更换非由职工代表担任的董事、监事，决定有关董事、监事的报酬事项；③审议批准董事会的报告；④审议批准监事会报告；⑤审议批准公司的年度财务预算方案、决算方案；⑥审议批准公司的利润分配方案和弥补亏损方案；⑦对公司增加或者减少注册资本作出决议；⑧对发行公司债券作出决议；⑨对公司合并、分立、解散、清算或者变更公司形式作出决议；⑩修改本章程；⑪对公司聘用、解聘会计师事务所作出决议；⑫审议批准对外担保事项；⑬审议公司在一年内购买、出售重大资产超过公司最近一期经审计总资产百分之三十的事项；⑭审议批准变更募集资金用途事项；⑮审议股权激励计划；⑯审议法律、行政法规、部门规章或相关规定应当由股东大会决定的其他事项。同时，上述股东大会的职权不得通过授权的形式由董事会或其他机构和个人代为行使。

公司下列对外担保行为，须经股东大会审议通过：①本公司及本公司控股子公司的对外担保总额，达到或超过最近一期经审计净资产的百分之五十以后提供的任何担保；②公司的对外担保总额，达到或超过最近一期经审计总资产的百分之三十以后提供的任何担保；③为资产负债率超过百分之七十的担保对象提供的担保；④单笔担保额超过最近一期经审计净资产百分之十的担保；⑤对股东、实际控制人及其关联方提供的担保。

2. 股东大会的形式

股份有限公司的股东大会分为股东年会和临时股东大会两种。股东大会应当每年召开一次年会。发生下列情形之一的，应当在两个月内召开临时股东大会：①董事会人数不足《公司法》规定人数或者公司章程所定人数的三分之二时；②公司未弥补的亏损达实收股本总额三分之一时；③单独或者合计持有公司百分之十以上股份的股东请求时；④董事会认为必要时；⑤监事会提议召开时；⑥公司章程规定的其他情形。

3. 股东大会会议的召开

股东大会会议由董事会召集，董事长主持；董事长不能履行职务或者不履行职务的，由副董事长主持；副董事长不能履行职务或者不履行职务的，由半数以上董事共同推举一名主持。董事会不能履行或者不履行召集股东大会会议职责的，监事会应当及时召集和主持；监事会不召集和主持的，连续九十日以上单独或者合计持有公司百分之十以上股份的股东可以自行召集和主持。

召开股东大会会议，应当将会议召开的时间、地点和审议的事项于会议召开二十日前通知各股东；临时股东大会应当于会议召开十五日前通知各股东；发行无记名股票的，应当于会议召开三十日前公告会议召开的时间、地点和审议事项。

单独或者合计持有公司百分之三以上的股份的股东，可以在股东大会召开十日前提出临时提案并书面提交董事会；董事会应当在收到提案后二日内通知其他股东，并将该临时提案提交股东大会审议。临时提案的内容应当属于股东大会职权范围，并有明确议题和具体决议事项。

无记名股票持有人出席股东大会会议的，应当于会议召开五日前至股东大会闭会时将股票交存于公司。

4. 股东大会的决议

股东出席股东大会会议，所持每一股份有一表决权。但是，公司持有的本公司股份没有表决权。股东大会作出决议，必须经出席会议的股东所持表决权过半数通过。但是，股东大会作出修改公司章程、增加或者减少注册资本的决议，以及公司合并、分立、解散或者变更公司形式的决议，必须经出席会议的股东所持表决权的三分之二以上通过。

股东大会选举董事、监事，可以依照公司章程的规定或者股东大会的决议，实行累积投票制。累积投票制是指股东大会选举董事或者监事时，每一股份拥有与应选董事或者监事人数相同的表决权，股东拥有的表决权可以集中使用。股东可以委托代理人出席股东大会会议，代理人应当向公司提交股东授权委托书，并在授权范围内行使表决权。股东大会应当将所议事项的决定作成会议记录，主持人、出席会议的董事应当在会议记录上签名。会议记录应当与出席股东的签名册及代理出席的委托书一并保存。

（二）董事会及经理

1. 董事会

（1）董事会的组成

董事会是股东大会的执行机构，对股东大会负责。董事会由五人至十九人组成。董事会成员中可以有公司职工代表。董事会中的职工代表由公司职工通过职工代表大会、职工大会或者其他形式民主选举产生。董事任期由公司章程规定，但每届任期不得超过三年。董事任期届满，连选可以连任。董事任期届满未及时改选，或者董事在任期内辞职导致董事会成员低于法定人数的，在改选出的董事就任前，原董事仍应当依照法律、行政法规和公司章程的规定，履行董事职务。股份有限公司董事会的职权，适用有限责任公司董事会职权的规定。

股份有限公司董事会设董事长一人，可以设副董事长。董事长和副董事长由董事会以全体董事的过半数选举产生。董事长召集和主持董事会会议，检查董事会决议的实施情况。副董事长协助董事长工作，董事长不能履行职务或者不履行职务的，由副董事长履行职务；副董事长不能履行职务或者不履行职务的，由半数以上董事共同推举一名董事履行职务。

（2）董事会的召开

董事会每年度至少召开两次会议，每次会议应当于会议召开前十日通知全体董事和监事。代表十分之一以上表决权的股东、三分之一以上董事或者监事会，可以提议召开董事会临时会议。董事长应当自接到提议之日起十日内，召集和主持董事会会议。董事会召开临时会议，可以另定召集董事会的通知方式和通知时限。

（3）董事会的决议

董事会会议，应当由董事本人出席；董事本人因故不能出席，可以书面委托其他董事代为出席，委托书中应载明授权范围。董事会应当将会议所议事项的决定作成会议记录，出席会议的董事应当在会议记录上签名。董事应当对董事会的决议承担责任。董事会的决议违反法律、行政法规或者公司章程、股东大会决议，致使公司遭受严重损失的，参与决议的董事对公司负责任。但经证明在表决时曾表明异议并记载于会议记录的，该董事可以免除责任。董事会会议应有半数的董事出席方可举行。董事会作出决议，必须经全体董事的过半数通过。董事会决议的表决实行一人一票。

2. 经理

股份有限公司设经理，由董事会决定聘任或者解聘。公司董事会可以决定由董事会成员兼任经理。经理对董事会负责，行使下列职权：①主持公司的生产经营管理工作，组织实施董事会决议；②组织实施公司年度经营计划和投资方案；③拟订公司内部管理机构设置方案；④拟订公司的基本管理制度；⑤制定公司的具体规章；⑥提请聘任或者解聘公司副经理、财务负责人；⑦决定聘任或者解聘除应由董事会决定聘任或者解聘以外的负责管理人员；⑧董事会授予的其他职权。经理列席董事会会议。同时，公司应当根据自身情况，在章程中制定符合公司实际要求的经理的职权和具体实施办法。

（三）监事会

股份有限公司设监事会，其成员不得少于三人。董事、高级管理人员不得兼任监事。监事会应当包括股东代表和适当比例的公司职工代表，其中职工代表的比例不得低于三分之一，具体比例由公司章程规定。监事会设主席一人，可以设副主席。监事会主席和副主席由全体监事过半数选举产生。监事会主席召集和主持监事会会议；监事会主席不能履行职务或者不履行职务的，由监事会副主席召集和主持监事会会议；监事会副主席不能履行职务或者不履行职务的，由半数以上监事共同推举一名监事召集和主持监事会会议。

监事的任期每届为三年。监事任期届满，连选可以连任。股份有限公司监事会的职权适用于有限责任公司监事会职权的规定。监事会每六个月至少召开一次会议。监事可以提议召开临时监事会会议。监事会的议事方式和表决程序，除《公司法》有规定的外，由公司章程规定。监事会决议应当经半数以上监事通过。监事会应当将所议事项的决定作成会议记录，出席会议的监事应当在会议记录上签名。

（四）上市公司组织机构的特别规定

上市公司是指股票在证券交易所上市交易的股份有限公司。

上市公司设董事会秘书，负责公司股东大会和董事会会议的筹备、文件保管及公司股东资料的管理，办理信息披露事务等事宜。

上市公司在一年内购买、出售重大资产或者担保金额超过公司资产总额百分之三十的，应当由股东大会作出决议，并经出席会议的股东所持表决权的三分之二以上通过。

上市公司董事与董事会会议决议事项所涉及的企业有关联关系的，不得对该项决议行使表决权，也不得代理其他董事行使表决权。该董事会会议由过半数的无关联关系董事出席即可举行，董事会会议所作决议须经无关联关系董事过半数通过。出席董事会的无关联关系董事人数不足三人的，应将该事项提交上市公司股东大会审议。

（五）上市公司独立董事制度

上市公司独立董事是指不在公司担任除董事外的其他职务，并与其所受聘的上市公司及其主要股东不存在可能妨碍其进行独立客观判断的关系的董事。独立董事原则上最多在五家上市公司兼任独立董事，并确保有足够的时间和精力有效地履行独立董事的职责。上市公司聘任适当人员担任独立董事，其中至少包括一名会计专业人士（是指具有高级职称或注册会计师资格的人士）。

1. 担任独立董事的基本条件

担任独立董事应当符合下列基本条件：①根据法律、行政法规及其他有关规定，具备担任上市公司董事的资格；②具有《关于在上市公司建立独立董事制度的指导意见》所要求的独立性；③具备上市公司运作的基本知识，熟悉相关法律、行政法规、规章及规则；④具有五年以上法律、经济或者其他履行独立董事职责所必需的工作经验；⑤公司章程规定的其他条件。

2. 不得担任独立董事的情形

下列人员不得担任独立董事：①在上市公司或者其附属企业任职的人员及其直系亲属（是指配偶、父母、子女等）、主要社会关系（是指兄弟姐妹、岳父母、儿媳女婿、兄弟姐妹的配偶、配偶的兄弟姐妹等）；②直接或间接持有上市公司已发行股份百分之一以上或者是上市公司前十名股东中的自然人股东及其直系亲属；③在直接或间接持有上市公司已发行股份百分之五以上的股东单位或者在上市公司前五名股东单位任职的人员及其直系亲属；④最近一年内曾经具有前三项所列举情形的人员；⑤为上市公司或者其附属企业提供财务、法律、咨询等服务的人员；⑥公司章程规定的其他人员；⑦中国证监会认定的其他人员。

3. 上市公司独立董事的特别职权

上市公司独立董事的特别职权：①重大关联交易（指上市公司拟与关联人达成的总额高于三百万元或高于上市公司最近经审计净资产值的百分之五的关联交易）应由独立董事认可后，提交董事会讨论；独立董事作出判断前，可以聘请中介机构出具独立财务顾问报告，作为其判断的依据。②向董事会提议聘用或解聘会计师事务所。③向董事会提请召开临时股东大会。④提议召开董事会。⑤独立聘请外部审计机构和咨询机构。⑥可以在股东大会召开前公开向股东征集投票权。独立董事行使上述职权应当取得全体独立董事的二分之一以上同意。如上述提议未被采纳或上述职权不能正常行使，上市公司应将有关情况予以披露。上市公司董事会下设薪酬委员会、审计委员会、提名委员会等的，独立董事应当在委员会成员中占有二分之一以上的比例。

独立董事除履行上述职责外，还应当对以下事项向董事会或股东大会发表独立意见：①提名、任免董事；②聘任或解聘高级管理人员；③公司董事、高级管理人员的薪酬；④上市公司的股东、实际控制人及其关联企业对上市公司现有或新发生的总额高于三百万元或高于上市公司最近经审计净资产值的百分之五的借款或其他资金往来，以及公司是否采取有效措施回收欠款；⑤独立董事认为可能损害中小股东权益的事项；⑥公司章程规定的其他事项。独立董事应当就上述事项发表以下几类意见之一：同意；保留意见及其理由；反对意见及其理由；无法发表意见及其障碍。如有关事项属于需要披露的事项，上市公司应当将独立董事的意见予以公告，独立董事出现意见分歧无法达成一致时，董事会应将各独立董事的意见分别披露。

三、股份发行和转让

股份是指按相等金额或相同比例，平均划分公司资本的基本计量单位，是公司资本的最小划分单位。股份的表现形式是股票。股票是公司签发的证明股东所持股份的凭证。

（一）股份发行

1. 股份发行的原则

我国股份有限公司股份的发行实行公开、公平、公正的原则；同股同权，同股同利。即同次发行同种股票，每股的发行条件和价格应当相同；任何单位或者个人所认购的股份，每股应当支付相同价款。

2. 股票发行价格

股票发行价格可以按票面金额，也可以超过票面金额，但不得低于票面金额，即股票可以平价和溢价发行，但不能折价发行。公司发行的股票，可以为记名股票，也可以为无记名股票。公司向发起人、法人发行的股票，应当为记名股票，并应当记载该发起人、法人的名称或者姓名，不得另立户名或者以代表人姓名记名。在股份有限公司成立后，即向股东正式交付股票。公司成立之前不能向任何股东交付股票。

（二）股份转让

股份的转让是指股份有限公司股份所有人依法将其持有的股份让与他人的行为。一般而言，股份有限公司的股份可以自由转让，但是股份的自由转让不是绝对的。

1. 对发起人转让股份的限制

根据《公司法》的规定，发起人持有的本公司股份，自公司成立之日起一年内不得转让。公司公开发行股份前已发行的股份，自公司股票在证券交易所上市交易之日起一年内不得转让。

2. 对公司董事、监事、高级管理人员转让股份的限制

根据《公司法》的规定，公司董事、监事、高级管理人员应当向公司申报所持有的本公司的股份及其变动情况，所持本公司股份自公司股票上市交易之日起一年内不得转让。在任职期间每年转让的股份不得超过其所持有本公司股份总数的百分之二十五；上述人员离职后半年内，不得转让其所持有的本公司股份。公司章程可以对公司董事、监事、高级管理人员转让其所持有的本公司股份作出其他限制性规定。

上市公司董事、监事和高级管理人员在任职期间，每年通过集中竞价、大宗交易、协议转让等方式转让的股份不得超过其所持本公司股份总数的百分之二十五，因司法强制执行、继承、遗赠、依法分割财产等导致股份变动的除外。上市公司董事、监事和高级管理人员所持股份不超过一千股的，可一次全部转让，不受前款转让比例的限制。

上市公司董事、监事、高级管理人员在下列期间不得买卖本公司股票：①上市公司定期报告公告前三十日内；②上市公司业绩预告、业绩快报公告前十日内；③自可能对本公司股票交易价格产生重大影响的重大事项发生之日或在决策过程中，至依法披露后二个交易日内；④证券交易所规定的其他期间。

3. 对公司收购自身股票的限制

根据《公司法》的规定，公司不得收购本公司股份。但是，有下列情形之一的除外：①减少公司注册资本；②与持有本公司股份的其他公司合并；③将股份用于员工持股计划或者股权激励；④股东因对股东大会作出的公司合并、分立决议持异议，要求公司收购其股份；⑤将股份用于转换上市公司发行的可转换为股票的公司债券；⑥上市公司为维护公司价值及股东权益所必需。

公司因上述第①项、第②项规定的情形收购本公司股份的，应当经股东大会决议；

公司因上述第③项、第⑤项、第⑥项规定的情形收购本公司股份的，可以依照公司章程的规定或者股东大会的授权，经三分之二以上董事出席的董事会会议决议。

公司依照上述规定收购本公司股份后，属于第①项情形的，应当自收购之日起十日内注销；属于第②项、第④项情形的，应当在六个月内转让或者注销；属于第③项、第⑤项、第⑥项情形的，公司合计持有的本公司股份数不得超过本公司已发行股份总额的百分之十，并应当在三年内转让或者注销。

上市公司收购本公司股份的，应当依照《中华人民共和国证券法》（以下简称《证券法》）的规定履行信息披露义务。上市公司因上述第③项、第⑤项、第⑥项规定的情形收购本公司股份的，应当通过公开的集中交易方式进行。

4. 对公司股票质押的限制

根据《公司法》的规定，公司不得接受本公司的股票作为质押权的标的。

记名股票被盗、遗失或者灭失，股东可以依照《民事诉讼法》规定的公示催告程序，请求人民法院宣告该股票失效。人民法院宣告该股票失效后，股东可以向公司申请补发股票。公示催告的期间，由人民法院根据情况决定，但不得少于六十日。

第四节　公司法定代表人及高管人员法律职责

学习目标

素质目标：要求学习者具有诚实守信，忠实勤勉等公司高管人员的职业品德。

知识目标：要求学习者能够理解和掌握法定代表人等公司高管人员法律职责。

技能目标：要求学习者能够把握公司运营中高管人员的权利义务。

思政目标：要求学习者通过学习公司法定代表人及高管人员的法律职责，提高社会责任感。

关键术语

法定代表人；法人代表；任职资格；高管人员

背景知识

法人性质上属于法律拟制人格，其对外开展民事活动主要是通过其法定代表人进行，公司法定代表人由董事长、执行董事或经理担任。因此，法定代表人首先是公司高管，法定代表人可以是股东，也可以不是股东，具体根据公司章程约定。《公司法》有关高管的权限规定，对法定代表人有当然之约束力，包括：不得挪用公司资金、不得以个人名义开立账户、不得与公司进行交易、不得谋取公司商业机会等。

一、公司法定代表人

（一）法人、法定代表人、法人代表

法人是具有民事权利能力和民事行为能力，依法独立享有民事权利和承担民事义务的组织。其可以成为法律关系的主体，享有权利和承担义务，但所有这些都必须依靠其内设的机关即法人机关，尤其是需要通过其内设的代表机关，否则其权利能力和行为能力就无从实现。法定代表人制，是关于法人对外代表权的一种制度安排。

法定代表人是依照法律或者法人章程的规定，代表法人从事民事活动的负责人。《公司法》第十三条规定，公司法定代表人依照公司章程的规定，由董事长、执行董事或者经理担任，并依法登记。公司法定代表人变更，应当办理变更登记。法定代表人为特定的一个自然人。法定代表人并不是法人的代理人，是直接代表法人对外行使职权的。

法人代表是根据法人或法定代表人授权行使法人权利的自然人。法人代表可以为数人。法人代表对外行使权力时只能在法定代表人授权的范围内进行活动，行为不是法人本身的行为，但对法人发生直接的法律效力。

（二）法定代表人行为规则

《民法典》规定，法定代表人以法人名义从事的民事活动，其法律后果由法人承受。《民法典》第五百零四条规定，法人的法定代表人或者非法人组织的负责人超越权限订立的合同，除相对人知道或者应当知道其超越权限外，该代表行为有效，订立的合同对法人或者非法人组织发生效力。

二、公司董事、监事、高级管理人员的任职资格和义务

（一）公司董事、监事、高级管理人员的任职资格

公司董事、监事、高级管理人员处于公司的重要地位并且具有法定职权，为保障其正确履行职责，《公司法》对其任职资格作了必要的限制。

有下列情形之一的，不得担任公司的董事、监事、高级管理人员：①无民事行为能力或者限制民事行为能力；②因贪污、贿赂、侵占财产、挪用财产或者破坏社会主义市场经济秩序，被判处刑罚，执行期满未逾五年，或者因犯罪被剥夺政治权利，执行期满未逾五年；③担任破产清算的公司、企业的董事或者厂长、经理，对该公司、企业的破产负有个人责任的，自该公司、企业破产清算完结之日起未逾三年；④担任因违法被吊销营业执照、责令关闭的公司、企业的法定代表人，并负有个人责任的，自该公司、企业被吊销营业执照之日起未逾三年；⑤个人所负数额较大的债务到期未清偿。公司违反前款规定选举、委派董事、监事或者聘任高级管理人员的，该选举、委派或者聘任无效。董事、监事、高级管理人员在任职期间出现上述情形的，公司应当解除其职务。

（二）公司董事、监事、高级管理人员的义务

公司董事、监事、高级管理人员应当遵守法律、行政法规和公司章程，对公司负有忠实义务和勤勉义务，不得利用职权收受贿赂或者取得其他非法收入，不得侵占公司的财产。

《公司法》规定，公司董事、高级管理人员不得有下列行为：①挪用公司资金；②将公司资金以其个人名义或者以其他个人名义开立账户存储；③违反公司章程的规定，未经股东会、股东大会或者董事会同意，将公司资金借贷给他人或者以公司财产为他人提供担保；④违反公司章程的规定或者未经股东会、股东大会同意，与本公司订立合同或者进行交易；⑤未经股东会或者股东大会同意，利用职务便利为自己或者他人谋取属于公司的商业机会，自营或者为他人经营与所任职公司同类的业务；⑥接受他人与公司交易的佣金为己有；⑦擅自披露公司秘密；⑧违反对公司忠实义务的其他行为。公司董事、高级管理人员违反上述规定所得的收入应当归公司所有。

第五节　公司债券发行与转让

学习目标

素质目标：要求学习者具有从金融的角度看待公司融资问题。

知识目标：要求学习者能够准确地理解和掌握我国公司债券的发行与转让。

技能目标：要求学习者能够灵活应用债券发行解决公司发展资金问题。

思政目标：要求学习者多角度看问题的思路，体会法律知识植根于社会现实的根本原理。

关键术语

公司债券；公司债券发行；公司债券转让

背景知识

公司债券从诞生以来就成为我国企业重要的直接融资工具，特别是自 2015 年证监会发布《公司债券发行与交易管理办法》，公司债券放开了非上市公司主体限制后，公司债券发行量有了极大提升，为实体经济发展提供了重要支持。以前，公开发行的公司债券由于种种原因，债券期限均为一年以上，缺少一年及一年以内的短期品种。随着 2020 年第二次修订的《证券法》的实施，特别是 2020 年 5 月 21 日上海证券交易所、深圳证券交易所分别发布《关于开展公开发行短期公司债券试点有关事项的通知》（上证发〔2020〕40 号）和《关于开展公开发行短期公司债券业务试点有关事项的通知》（深证上〔2020〕429 号），公开发行公司债券品种和期限结构得到了进一步丰富和拓展。

一、公司债券

公司债券是指公司依照法定程序发行、约定在一定期限还本付息的有价证券。

公司债券按照是否记名，可以分为记名公司债券和无记名公司债券。记名公司债券是指在公司债券上记载债权人姓名或名称的债券。无记名公司债券是指在公司债券上不记载债权人姓名或名称的债券。

公司债券按是否可转换为股票，可以分为可转换公司债券与不可转换公司债券。可转换公司债券是指可以转换成公司股票的公司债券。可转换公司债券在发行时规定了转换为公司股票的条件与办法，当条件具备时，债券持有人拥有将公司债券转换为公司股票的选择权。不可转换公司债券是指不能转换为公司股票的公司债券。凡在发行时未作转换约定的，均为不可转换公司债券。

二、公司债券的发行

公开发行公司债券，应当符合下列条件：①具备健全且运行良好的组织机构；②最近三年平均可分配利润足以支付公司债券一年的利息；③国务院规定的其他条件。

公开发行公司债券筹集的资金，必须按照公司债券募集办法所列资金用途使用；改变资金用途，必须经债券持有人会议作出决议。公开发行公司债券筹集的资金，不得用于弥补亏损和非生产性支出。

上市公司发行可转换为股票的公司债券，除应当符合上面规定的条件外，还应当符合经国务院批准的国务院证券监督管理机构规定的条件。但是，按照公司债券募集办法，上市公司通过收购本公司股份的方式进行公司债券转换的除外。

申请公开发行公司债券，应当向国务院授权的部门或者国务院证券监督管理机构报送下列文件：①公司营业执照；②公司章程；③公司债券募集办法；④国务院授权的部门或者国务院证券监督管理机构规定的其他文件。依法定聘请保荐人的，还应当报送保荐人出具的发行保荐书。

有下列情形之一的，不得再次公开发行公司债券：①对已公开发行的公司债券或者其他债务有违约或者延迟支付本息的事实，仍处于继续状态；②违反规定，改变公开发行公司债券所募资金的用途。

有限责任公司、股份有限公司发行公司债券，应由股东会、股东大会作出决议，并报国务院授权的部门或者国务院证券监督管理机构核准。审批机关受理发行申请文件之日起三个月内，依法作出核准或者不予核准的决定。经核准后，公司应当公告公司债券募集办法。

三、公司债券的转让

公司债券可以转让，转让价格由转让人与受让人约定。公司债券在证券交易所上市交易的，按照证券交易所的交易规则转让。

公司债券种类不同，转让方式不同。记名公司债券的转让，由债券持有人以背书方式或者法律、行政法规规定的其他方式转让；转让后由公司将受让人的姓名或者名称及住所记载于公司债券存根簿。无记名公司债券的转让，由债券持有人将该债券交付给受让人后即发生转让的效力。

第六节　公司财务会计制度

学习目标

素质目标：要求学习者能够从社会的角度看待问题、分析问题和解决问题。

知识目标：要求学习者能够准确地理解和掌握我国公司制度的财务会计制度。

技能目标：要求学习者能够依法分配公司利润。

思政目标：要求学习者能够从社会角度理解公司社会责任。

关键术语

公司财务会计；公司利润分配；审计

背景知识

公司的一切财务活动必须遵守国家法律、法规及制度的规定，严格执行各项财务开支范围和标准，正确处理并如实反映财务状况和经营成果，依法计算并缴纳国家税收，接受股东大会、董事会、监事会及国家有关部门的检查、监督。《公司法》明确了会计师事务所独任公司财务审计的模式，反映出公司不但要接受国家监督，更主要的是对投资人和其他利益相关者负责，建立起具有强制力的公司审计制度。这强化了会计师审计责任，规范了社会审计的秩序，净化了执业环境，保证公司健康有序地发展。

一、公司财务、会计的基本要求

公司应依照法律、行政法规和国务院财政部门的规定，建立本公司的财务、会计制度。

公司应在每一会计年度终了时编制公司财务会计报告，并依法经会计师事务所审计。

股份有限公司的财务会计报告应在召开股东大会的二十日以前置备于本公司，供股东查阅。公开发行股票的股份有限公司必须公告其财务会计报告。有限责任公司应按公司章程规定的期限，将公司财务会计报告及时送交公司的各个股东。

公司聘用、解聘承办公司审计业务的会计师事务所，依照公司章程的规定，由股东会、股东大会或者董事会决定。

公司除法定的会计账簿外，不得另立会计账簿；对公司资产，不得以任何个人名义开立账户存储。

二、公司利润分配

（一）利润

利润是指公司在一定会计期间从事生产经营活动的财务成果。公司应按照下列顺序进行利润分配：①弥补以前年度的亏损，但不得超过税法规定的弥补期（五年）；②按税法规定缴纳企业所得税；③法定公积金不足弥补以前年度亏损的，利润用于弥补亏损；④提取法定公积金；⑤提取任意公积金；⑥向股东分配利润。

公司弥补亏损和提取公积金后所余税后利润，有限责任公司按照股东实缴的出资比例分取红利，但全体股东约定不按照出资比例分取红利的情况除外。股份有限公司按照股东持有的股份比例分配，但股份有限公司章程规定不按持股比例分配的除外。

股东会、股东大会或者董事会违反上述规定，在公司弥补亏损和提取法定公积金之前向股东分配利润的，股东必须将违反规定分配的利润退还公司。公司持有的本公司股份不得分配利润。

（二）公积金的提取与使用

公积金分为盈余公积金和资本公积金两类。

盈余公积金是从公司税后利润中提取的，又分为法定盈余公积金和任意盈余公积金。法定盈余公积金按照税后利润的百分之十提取，当公司法定公积金累计额已达注册资本的百分之五十以上时，可以不再提取。任意盈余公积金根据公司章程规定或者股东会的决议提取。

股份有限公司以超过股票票面金额的发行价格发行股份所得的溢价款及国务院财政部门规定列入资本公积金的其他收入，应当列为公司资本公积金。公司的公积金用于弥补公司的亏损、扩大公司生产经营或者转为增加公司资本。但是，法定公积金转为资本时，所留存的该项公积金不得少于转增前公司注册资本的百分之二十五。资本公积金不得用于弥补公司的亏损。

第七节　公司合并、分立、解散和清算

学习目标

素质目标：要求学习者能够从法律的角度看待问题、分析问题和解决问题。
知识目标：要求学习者能够准确地理解和掌握我国公司变更终止的法律规定。
技能目标：要求学习者能够依法进行公司合并分立，注册资本增减、解散操作。
思政目标：要求学习者能够构建社会责任与担当、创新等多维度的价值体系。

关键术语

公司合并；公司分立；注册资本增减；公司解散；清算

背景知识

《民法典》规定，法人合并的，其权利和义务由合并后的法人享有和承担。法人分立的，其权利和义务由分立后的法人享有连带债权，承担连带债务，但是债权人和债务人另有约定的除外。法人解散的，除合并或者分立的情形外，清算义务人应当及时组成清算组进行清算。法人的董事、理事等执行机构或者决策机构的成员为清算义务人。清算义务人未及时履行清算义务，造成损害的，应当承担民事责任；主管机关或者利害关系人可以申请人民法院指定有关人员组成清算组进行清算。

一、公司合并与分立

（一）公司的合并

公司的合并是指两个或者两个以上的公司依照法定程序变为一个公司的行为。

1. 公司合并的形式

公司合并的形式有吸收合并和新设合并两种。吸收合并是指一个公司吸收其他公司加入本公司，被吸收的公司解散；新设合并是指两个以上公司合并设立一个新的公司，合并各方解散。

2. 公司合并的程序

（1）签订合并协议

公司合并时应当由合并各方签订合并协议。合并协议应当包括以下主要内容：①合并各方的名称、住所；②合并后存续公司的名称、住所；③合并各方的债权债务的处理办法；④合并各方的资产状况及处理办法；⑤合并后公司因合并而增资所发行的股份总额、种类和数量；⑥合并各方认为需要载明的其他内容。

（2）编制资产负债表

资产负债表是反映公司资产及负债状况、股东权益的会计报表。编制资产负债表及财产清单，以表明公司在合并时的资产、负债及各种权益等财务状况和经营状况。

（3）作出合并决议

公司的最高权力机关依法作出合并决议。例如，有限责任公司股东会在对公司合并作出决议时，必须由代表三分之二以上表决权的股东通过。股份有限公司的股东大会在对公司合并作出决议时，必须由出席会议的持三分之二以上表决权的股东通过。

（4）通知债权人

公司应当自作出合并决议之日起十日内通知债权人，并于三十日内在报纸上公告。债权人自接到通知书之日起三十日内，未接到通知书的自公告之日起四十五日内，可以要求公司清偿债务或者提供相应的担保。

（5）依法进行工商变更登记

公司合并后，登记事项发生变更的，应当依法向公司登记机关办理变更登记；公司解散的，应当依法办理公司注销登记；设立新公司的，应当依法办理公司设立登记。

3. 债权、债务的处理

公司合并时合并各方的债权、债务，应当由合并后存续的公司或者新设的公司承继。

（二）公司的分立

公司分立是指一个公司依照法定程序分立为两个以上公司的行为。公司分立的形式有两种：一是公司以其部分财产和业务另设立一个新的公司，原公司存续；二是公司以全部财产分别归入两个以上的新设立的公司，原公司解散。公司分立程序同公司合并程序。公司分立前的债务由分立后的公司承担连带责任。但是，公司在分立前与债权人就债务清偿达成的书面协议另有约定的除外。

二、公司注册资本的减少和增加

公司增加或者减少注册资本，应当依法向公司登记机关办理变更登记。

（一）注册资本的减少

公司需要减少注册资本时，必须编制资产负债表及财产清单。公司应当自作出减少注册资本决议之日起十日内通知债权人，并于三十日内在报纸上公告。债权人自接到通知书之日起三十日内，未接到通知书的自公告之日起四十五日内，有权要求公司清偿债务或者提供相应的担保。

（二）注册资本的增加

有限责任公司增加注册资本时，股东认缴新增资本的出资依照《公司法》设立有限责任公司缴纳出资的有关规定执行。股份有限公司为增加注册资本发行新股时，股东认购新股依照《公司法》设立股份有限公司缴纳股款的有关规定执行。

三、公司解散和清算

（一）公司的解散

公司有下列情形的，应当解散：①公司章程规定的营业期限届满或者公司章程规定

的其他解散事由出现时；②股东会或者股东大会决议解散时；③因公司合并或分立需要解散的；④依法被吊销营业执照、责令关闭或者被撤销的；⑤人民法院依法予以解散的（见本章股东权利部分）。

（二）公司的清算

1. 成立清算组

公司应当在解散事由出现之日起十五日内成立清算组（合并或分立解散除外），进行清算。有下列情形之一，债权人申请人民法院指定清算组进行清算的，人民法院应予受理：①公司解散，逾期不成立清算组进行清算的；②虽然成立清算组但故意拖延清算的；③违法清算可能严重损害债权人或者股东利益的。具有上述情形，而债权人未提起清算申请，公司股东申请人民法院指定清算组对公司进行清算的，人民法院应予受理。

人民法院受理公司清算案件时，应当及时指定有关人员组成清算组。清算组成员可以从下列人员或者机构中产生：①公司股东、董事、监事、高级管理人员；②依法设立的律师事务所、会计师事务所、破产清算事务所等社会中介机构；③依法设立的律师事务所、会计师事务所、破产清算事务所等社会中介机构中具备相关专业知识并取得执业资格的人员。

人民法院指定的清算组成员有下列情形之一的，人民法院可以根据债权人、股东的申请，或者依职权更换清算组成员：①有违反法律或者行政法规的行为；②丧失执业能力或者民事行为能力；③有严重损害公司或者债权人利益的行为。

2. 清算组的职权

清算组在清算期间行使下列职权：①清理公司财产，分别编制资产负债表和财产清单；②通知、公告债权人；③处理与清算有关的公司未了结的业务；④清缴所欠税款及清算过程中产生的税款；⑤清理债权、债务；⑥处理公司清偿债务后的剩余财产；⑦代表公司参与民事诉讼活动。

清算组成员应当忠于职守，依法履行清算义务。清算组成员不得利用职权收受贿赂或者取得其他非法收入，不得侵占公司财产。因故意或者重大过失给公司或者债权人造成损失的，清算组成员应当承担赔偿责任。

3. 清算程序

（1）通知债权人

清算组自成立之日起十日内将公司解散事宜书面通知全体已知债权人，并根据公司规模和营业地域范围于六十日内，在全国或者公司注册登记地省级有影响的报纸上进行公告。

（2）登记债权

债权人应当自接到通知书之日起三十日内，未接到通知书的自公告之日起四十五日内，向清算组申报其债权。债权人申报债权，应当说明债权的有关事项，并提供证明材料。清算组应当对债权进行登记。在申报债权期间，清算组不得对债权人进行清偿。清算组未按照规定履行通知和公告义务，导致债权人未及时申报债权而未获清偿，债权人主张清算组成员对因此造成的损失承担赔偿责任的，人民法院应依法应予支持。公司清算时，债权人对清算组核定的债权有异议的，可以要求清算组重新核定。清算组不予重新核定，或者债权人对重新核定的债权仍有异议，债权人以公司为被告向人民法院提起诉讼请求确认的，人民法院应予受理。

债权人在规定的期限内未申报债权，在公司清算程序终结前补充申报的，清算组应予登记。债权人补充申报的债权，可以在公司尚未分配财产中依法清偿。公司尚未分配财产不能全额清偿，债权人主张股东以其在剩余财产分配中已经取得的财产予以清偿的，人民法院应予支持；但债权人因重大过错未在规定期限内申报债权的除外。公司清算程序终结是指清算报告经股东会、股东大会或者人民法院确认完毕。债权人或者清算组，以公司尚未分配财产和股东在剩余财产分配中已经取得的财产不能全额清偿补充申报的债权为由，向人民法院提出破产清算申请的，人民法院不予受理。

（3）清理公司财产，制订清算方案

清算组应对公司财产进行清理，编制资产负债表和财产清单，制订清算方案，并报股东会、股东大会或者人民法院确认。若清算中发现公司财产不足清偿债务，应当依法向人民法院申请宣告破产。公司经人民法院裁定宣告破产后，清算组应当将清算事务移交给人民法院。

人民法院指定的清算组在清理公司财产、编制资产负债表和财产清单时，发现公司财产不足清偿债务的，可以与债权人协商制作有关债务清偿方案。债务清偿方案经全体债权人确认且不损害其他利害关系人利益的，人民法院可依清算组的申请裁定予以认可。清算组依据该清偿方案清偿债务后，应当向人民法院申请裁定终结清算程序。债权人对债务清偿方案不予确认或者人民法院不予认可的，清算组应当依法向人民法院申请宣告破产。

公司解散时，股东尚未缴纳的出资均应作为清算财产。股东尚未缴纳的出资，包括到期应缴未缴的出资，以及依照《公司法》规定分期缴纳尚未届满缴纳期限的出资。公司财产不足以清偿债务时，债权人主张未缴出资股东，以及公司设立时的其他股东或者发起人在未缴出资范围内对公司债务承担连带清偿责任的，人民法院应依法予以支持。公司自行清算的，清算方案应当报股东会或者股东大会决议确认；人民法院组织清算的，清算方案应当报人民法院确认。未经确认的清算方案，清算组不得执行。清算组成员从事清算事务时，违反法律、行政法规或者公司章程给公司或者债权人造成损失，公司或者债权人主张其承担赔偿责任的，人民法院应依法予以支持。

（4）清偿债务

公司财产在拨付清算费用后，按下列顺序清偿：职工的工资、社会保险费用和法定补偿金；缴纳所欠税款；清偿公司债务。清偿债务后公司的剩余财产，有限责任公司按股东的出资比例进行分配，股份有限公司按股东所持股份比例进行分配。

（5）公告公司终止

公司清算结束后，清算组应当制作清算报告，报股东会、股东大会或者人民法院确认，并报送公司登记机关，申请注销公司登记，公告公司终止。人民法院组织清算的，清算组应当自成立之日起六个月内清算完毕。因特殊情况无法在六个月内完成清算的，清算组应当向人民法院申请延长。

第八节 违反《公司法》的法律责任

学习目标

素质目标：要求学习者能够树立法律责任意识。
知识目标：要求学习者能够准确地掌握违反公司制度的法律责任。
技能目标：要求学习者能够运用法律武器维护自身权利。
思政目标：要求学习者增强责任意识，提高辨识能力。

关键术语

公司登记机关；中介机构；发起人责任；股东责任

背景知识

随着我国市场经济制度不断完善，市场经济重要主体——公司的发展越来越快。为规范公司发展，维护社会经济秩序，制定了《公司法》。公司法律责任包括民事责任、行政责任和刑事责任三种。

一、公司登记中登记机关的法律责任

公司登记机关对不符合法律规定条件的登记申请予以登记，或者对符合法律规定条件的登记申请不予登记的，对直接负责的主管人员和其他直接责任人员，依法给予行政处分。公司登记机关的上级部门强令公司登记机关对不符合法律规定条件的登记申请予以登记，或者对符合法律规定条件的登记申请不予登记的，或者对违法登记进行包庇的，对直接负责的主管人员和其他直接责任人员依法给予行政处分。

二、公司登记中公司的法律责任

（一）发起人、股东的法律责任

虚报注册资本、提交虚假材料或者采取其他欺诈手段隐瞒重要事实取得公司登记的，由公司登记机关责令改正，对虚报注册资本的公司，处以虚报注册资本金额百分之五以上

百分之十五以下的罚款；对提交虚假材料或者采取其他欺诈手段隐瞒重要事实的公司，处以五万元以上五十万元以下的罚款；情节严重的，撤销公司登记或者吊销营业执照。

公司的发起人、股东虚假出资，未交付或者未按期交付作为出资的货币或者非货币财产的，由公司登记机关责令改正，处以虚假出资金额百分之五以上百分之十五以下的罚款。

公司的发起人、股东在公司成立后，抽逃其出资的，由公司登记机关责令改正，处以所抽逃出资金额百分之五以上百分之十五以下的罚款。

（二）登记过程中的法律责任

未依法登记为有限责任公司或者股份有限公司而冒用有限责任公司或者股份有限公司名义的，或者未依法登记为有限责任公司或者股份有限公司的分公司而冒用有限责任公司或者股份有限公司的分公司名义的，由公司登记机关责令改正或者予以取缔，可以并处十万元以下的罚款。

公司成立后无正当理由超过六个月未开业的，或者开业后自行停业连续六个月以上的，可以由公司登记机关吊销营业执照。

公司登记事项发生变更时，未依照法律规定办理有关变更登记的，由公司登记机关责令限期登记；逾期不登记的，处以一万元以上十万元以下的罚款。

外国公司违反法律规定，擅自在中国境内设立分支机构的，由公司登记机关责令改正或者关闭，可以并处五万元以上二十万元以下的罚款。

利用公司名义从事危害国家安全、社会公共利益的严重违法行为的，吊销营业执照。

（三）公司运行中的法律责任

公司违反规定，在法定的会计账簿以外另立会计账簿的，由县级以上人民政府财政部门责令改正，处以五万元以上五十万元以下的罚款。公司在依法向有关主管部门提供的财务会计报告等材料上作虚假记载或者隐瞒重要事实的，由有关主管部门对直接负责的主管人员和其他直接责任人员处以三万元以上三十万元以下的罚款。

公司不依照法律规定提取法定公积金的，由县级以上人民政府财政部门责令如数补足应当提取的金额，可以对公司处以二十万元以下的罚款。公司在合并、分立、减少注册资本或者进行清算时，不依照法律规定通知或者公告债权人的，由公司登记机关责令改正，对公司处以一万元以上十万元以下的罚款。

公司在进行清算时，隐匿财产、对资产负债表或者财产清单作虚假记载或者在未清偿债务前分配公司财产的，由公司登记机关责令改正，对公司处以隐匿财产或者未清偿债务前分配公司财产金额百分之五以上百分之十以下的罚款；对直接负责的主管人员和其他直接责任人员处以一万元以上十万元以下的罚款。

（四）公司清算期间的法律责任

公司在清算期间开展与清算无关的经营活动的，由公司登记机关予以警告，没收违法所得。清算组不依照规定向公司登记机关报送清算报告，或者报送清算报告隐瞒重要事实或者有重大遗漏的，由公司登记机关责令改正。清算组成员利用职权徇私舞弊、谋取非法收入或者侵占公司财产的，由公司登记机关责令退还公司财产，没收违法所得，并可以处以违法所得一倍以上五倍以下的罚款。

三、中介机构的法律责任

承担资产评估、验资或者验证的机构提供虚假材料的，由公司登记机关没收违法所得，处以违法所得一倍以上五倍以下的罚款，并可以由有关主管部门依法责令该机构停业、吊销直接责任人员的资格证书、吊销营业执照。

承担资产评估、验资或者验证的机构因过失提供有重大遗漏的报告的，由公司登记机关责令改正；情节较重的，处以所得收入一倍以上五倍以下的罚款，并可以由有关主管部门依法责令该机构停业、吊销直接责任人员的资格证书、吊销营业执照。

承担资产评估、验资或者验证的机构因其出具的评估结果、验资或者验证证明不实，给公司债权人造成损失的，除能够证明自己没有过错的外，在其评估或者证明不实的金额范围内承担赔偿责任。

违反《公司法》的规定，应当承担民事赔偿责任和缴纳罚款、罚金的，其财产不足以支付时，先承担民事赔偿责任。违反《公司法》的规定，构成犯罪的，依法追究刑事责任。

本章小结

《公司法》是为了规范公司的组织和行为，保护公司、股东和债权人的合法权益，维护社会经济秩序，促进社会主义市场经济的发展而制定的法律。在我国，公司包括有限责任公司和股份有限公司，根据《公司法》的相关规定，两者在设立方式、股权的表现形式、股权转让方式、注册资本最低限额等方面都有不同，其二者成为现代企业制度的基本形式。

第三章案例讨论

第三章习题

第三章习题答案

第三篇

民事法律制度

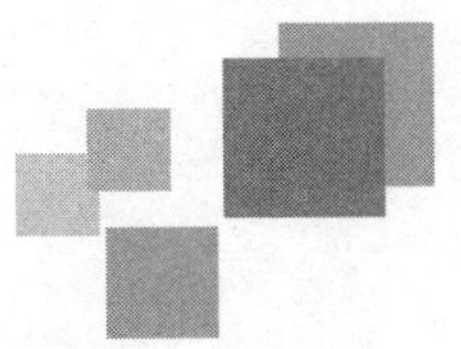

第四章　物权法律制度

引导案例

案情回顾

购买有抵押的二手房一直未办理过户登记，因房主有未支付欠款房屋被强制执行，买受人要求停止强制执行，债权人提起执行异议之诉。近期，河南省许昌市中级人民法院对这起案件作出终审判决，撤销一审判决，改判准许执行案涉房屋。

2015 年 10 月 20 日，商某与张某签订《房屋买卖协议书》，双方约定：张某将其名下分期购买的房屋出售给商某，商某支付首付款 33 万元，并每月足额向张某办理银行按揭贷款的账户支付房屋按揭贷款。后张某将房屋非税收入票据、税票等相关手续交付商某，但一直未办理过户登记。

2017 年 12 月 12 日，因张某未按照法院生效判决支付债权人陶某借款，陶某向法院申请强制执行。执行中，法院依法对张某名下的房屋进行评估、拍卖。商某以其已在法院查封前购买、占有房屋，向法院提出执行异议，要求停止强制执行，并提供了物业费、电费、电梯公摊费等票据予以证实。法院作出执行裁定，中止对案涉房屋的执行。申请执行人陶某不服，提起案外人执行异议之诉。

长葛市人民法院作出一审判决，认为案涉房屋系按揭购买，因尚有按揭款需支付，致使房屋过户登记条件未达成，但房屋未办理产权登记并非商某的过错造成，因此，商某具有排除强制执行的权益，判决驳回申请执行人陶某的诉讼请求。宣判后，陶某提出上诉。

许昌中院经审理认为，物权优先于债权是一般原则，商品房消费者享有物权期待权，交付全部或者大部分款项的商品房消费者的权利优先于抵押权人的抵押权，商品房消费者的概念相对应的是房地产企业，因此二手房并无适用的余地。本案中买受人商某系商品房消费者之外的一般买受人，在购房时明知案涉房产已抵押且未能代为清偿债务消灭抵押权，主观上明显具有过错，其享有的权利仍然属于债权请求权而非物权请求权，不应当优先于抵押权人。因此，商某对房屋不享有足以排除强制执行的民事权益，遂判决撤销一审判决，改判准许执行本案房屋。

法官说法

执行异议之诉的核心审查内容是案外人是否享有阻止执行标的转让、交付的实体权利，涉及同一执行标的物上存在不同性质的权利保护冲突问题，即案外人对执行标的物所享有的实体权利在效力上是否优先于申请执行人的执行请求权。二手房买受人并非商品房消费者，买受人在签订房屋买卖合同时就应当预见到办理房屋过户登记存在障碍。本案中，商某在签订房屋买卖合同时，明知房屋存在抵押按揭贷款，该抵押权具有公示效力和物权的优先效力，商某就应当预见办理房屋过户登记存在障碍，尽到审慎的注意义务，但其仍然放任法律风险推进交易，借用被执行人张某的账户支付按揭贷款，说明商某怠于办理所有权转移登记，在主观上没有办理房产过户登记取得完整产权的积极意愿。因此，法院判决认定房屋买受人商某无法排除强制执行，对其异议请求不予支持。

在二手房交易过程中，买受人应尽到高度的注意义务，申请查阅不动产登记簿，了解拟交易不动产物上权利负担，避免因房屋存在抵押权登记等在先物权而无法办理过户登记；签订房屋买卖合同时，约定合理的过户时间，积极向出卖人提出办理过户登记请求；出卖人迟延履行合同义务时，及时保存主张权利的相关证据，避免因举证不能或怠于行使权利承担不利的法律后果。

（资料来源：徐晓勇，李锐，2020. 购买有抵押的二手房 买受人能否排除执行？[EB/OL].(2020-06-30)[2020-08-06].https://www.chinacourt.org/article/detail/2020/06/id/5325494.shtml.）

第一节　物权法律制度概述

学习目标

素质目标：要求学习者具备分析问题和解决创业者物权的实务问题的能力。

知识目标：要求学习者了解物与物权的分类，掌握《民法典》物权编的基本原则。

技能目标：要求学习者能够全面了解物与物权的基本内涵，树立正确的法律观。

思政目标：要求学习者通过对物权相关法律知识的学习，激发法律保护意识，传承中华民族公平正义精神，树立正确的物权保护思路。

关键术语

物；物权；物权法律；《民法典》物权编；基本原则

背景知识

产权保护是激发和动员全体社会成员创造财富的动力源泉，而物权制度是产权保护的基石。在《民法典》各分编中，物权排在第一编，其重要性不言而喻。法律界人士普遍认为，从物权法修改而来的物权编，有助于强化保护公民财产权利，让有恒产者更有恒心。《民法典》规定，物权法律关系是对物的归属和利用在民事主体之间产生的权利义务关系。物包括不动产和动产。法律规定权利作为物权客体的，依照其规定。物权是权利人依法对特定的物享有直接支配和排他的权利，包括所有权、用益物权和担保物权。

一、物权法律制度概况

物权是直接支配特定物的财产性权利。物权法是调整因物的归属和利用而产生的民事关系的法律。《民法典》于 2021 年 1 月 1 日正式实施，与之规定《中华人民共和国物权法》《中华人民共和国民法总则》同时废止。这一规定标志着我国关于物权的法律规定更加完善。众所周知，我国对于物权法律关系的调整主要通过《中华人民共和国民法总则》（已废止）、《中华人民共和国物权法》（已废止）、《土地管理法》、《中华人民共和国城市房地产管理法》、《中华人民共和国草原法》、《中华人民共和国森林法》、《中华人民共和国矿产资源法》、《中华人民共和国农村土地承包法》等法律来实现。物权法作为民法的重要组成部分，通过确立物权归属和利用的基本规则，规范市场主体因物的归属和利用而产生的财产关系，保障市场主体的权利，维护市场经济秩序，为我国社会主义市场经济服务。因此，维护社会主义市场秩序是物权法的立法目的之一。制定物权法最直接的目的是明确物的归属，发挥物的效用。物权法的作用主要体现在两个方面：定分止争，物尽其用。

二、物的概念与种类

（一）物的概念

物是物权的客体。民法上的物是指人们能够支配的物质实体和自然力。民法上的物具有客观物质性。物必须是客观存在的物质实体或自然力。自身不具质性的财产或财产权利，虽能给权利人带来物质利益，但不是民法上的物，如智力成果。人的活体虽然也是物质实体，但现代立法不允许将人作为客体，但尸体或从活体上分离的物体，如血液、肾脏等，可以作为物。能够被支配的自然力，如电、热、气、磁力等，虽然外表无形，但实际上都有一定质结构或形态，也是物。民法上的物具有可支配性。例如，宇宙中的恒星虽然也具有客观物质性，但因不具备可支配性而不是民法上的物。

（二）物的种类

按照不同分类标准，对物可以进行如下分类。

1. 动产与不动产

动产是能够移动并且不因移动而损害其价值的物，如桌子、电视机等。不动产是指性质上不能移动或虽可移动但移动会损害价值的物，如土地、房屋。区分两者的意义在于：①两者的流通性和范围有区别。不动产中除土地、公路、铁路等为禁止流通物外，其他多为限制流通物，流通物种类很少；动产中大多数是流通物或限制流通物，禁止流通物的比例比较小。②物权变动的法定要件不同。不动产物权的变动，一般以向国家行政主管机关登记为要件；而动产物权的变动，一般以物的交付为要件。③诉讼管辖不同。因不动产发生的纠纷适用专属管辖，即由不动产所在地的人民法院管辖；而因动产发生的纠纷，诉讼管辖的确定较为灵活。

2. 特定物与种类物

特定物是指具有独立特征或被权利人指定而不能以物替代的物，包括独一无二的物和从一类物中指定而特定化的物。前者如一件古董、一幅名人字画等；后者如从一批机器设备中挑选出来的某一台等。种类物是指以品种、质量、规格或度量衡确定，不需具体指定的物，如级别、价格相等的大米等。区分两者的意义在于：①有些法律关系只能以特定物为客体，如所有权法律关系等；而有些法律关系的对象既可以是特定物也可以是种类物，如买卖法律关系等。②意外灭失时的法律后果不同。特定物在交付前意外灭失的，可免除义务人的交付义务，权利人只能请求赔偿损失；种类物在交付前意外灭失的，由于其有可替代性，故不能免除义务人的交付义务，义务人仍应交付同种类物。

3. 主物与从物

主物是指独立存在，与其他独立物结合使用，并在其中起主要效用的物。在两个独立物结合使用中处于附属地位、起辅助和配合作用的为从物。例如，对于杯子和杯盖，杯子是主物，杯盖是从物。在法律或合同没有相反规定，主物所有权转移时，从物所有权也随之移转。需注意的是，从物一定是独立的物，否则就不是从物。房屋的门、窗，不能脱离房屋而存在，因而不是从物而是物的组成部分。

4. 原物与孳息

原物是指依其自然属性或法律规定产生新物的物，如产子的母畜、带来利息的存款等。孳息是指物或者权益而产生的收益，包括天然孳息和法定孳息。天然孳息是原物根据自然规律产生的物，如幼畜。法定孳息是原物根据法律规定由一定法律关系产生的物，如存款利息、股利、租金等。孳息一定是独立于原物的物，树上的果实、母牛身体里的小牛由于属于物的组成部分，因此不属原物的孳息。

《民法典》第三百二十一条规定：“天然孳息，由所有权人取得；既有所有权人又有用益物权人的，由用益物权人取得。当事人另有约定的，按照其约定。法定孳息，当事人有约定的，按照约定取得；没有约定或者约定不明确的，按照交易习惯取得。”另外，孳息所有权的转移时间，根据规定，标的物在交付之前产生的孳息归出卖人所有，交付之后产生的孳息归买受人所有。

三、物权的概念与分类

（一）物权的概念

物权是指权利人依法对特定的物享有直接支配和排他的权利，包括所有权、用益物权和担保物权。物权是和债权对应的一种民事权利，它们共同组成民法最基本的财产权形式。与债权相比，物权是一种绝对权和对世权。权利人以外的任何其他人都负有不得非法干涉和侵害的义务。债权只是发生在债权人和债务人之间，权利主体和义务主体都是特定的。债权人的请求权只对特定的债务人发生效力，因此被称为对人权。物权具有不容他人侵犯的性质。物权内容是直接支配一定的物并排除他人干涉。直接支配是权利人无须借助他人的行为就能够行使自己的权利。权利人可以依据自己的意志直接依法占有、使用其物，或采取其他支配方式。

（二）物权的分类

1. 所有权与他物权

所有权是指所有人依法可以对物进行占有、使用、收益和处分的权利。所有权是物权中最完整、最充分的权利。他物权是指所有权以外的物权，也称限制物权、定限物权。他物权是所有权的部分权能与所有者发生分离，由所有权人以外的主体对物享有一定程度的直接支配权。他物权与所有权一样，具有直接支配物并排斥他人干涉的性质。

2. 用益物权和担保物权

根据设立物权的目的不同，传统民法将他物权分为用益物权和担保物权。用益物权是指以物的使用收益为目的的物权，包括建设用地使用权、土地承包经营权、地役权等。担保物权是指以担保债权为目的即以确保债务的履行为目的的物权，包括抵押权、质权、留置权等。两者的区别表现在：①用益物权注重物的使用价值，担保物权注重物的交换价值。②用益物权一般是在不动产上成立的物权。虽然《民法典》为动产用益物权留下了发展的空间，但《物权法》规定的具体的用益物权只是在不动产上设立。担保物权既可以在不动产上设立，也可以在动产上设立。③用益物权除地役权外，均为主物权。担保物权是从物权，需以主债权的存在为前提。关于担保物权在合同法中具体阐述，本章不再赘述。

3. 动产物权和不动产物权

动产物权是设定在动产之上的物权，如动产所有权、动产质权、留置权等。不动产物权是设定在不动产上的物权，如不动产所有权、土地使用权、不动产抵押权等。用益物权一般存在于不动产之上，担保物权中的抵押权原则上以不动产为客体，但是法律另有规定的除外，质权与留置权则只能以动产为客体，不能设立在不动产上。

四、物权法的基本原则

（一）平等保护原则

平等保护原则是指物权主体在法律地位上是平等的，其享有的所有权和其他物权在受到侵害以后，应当受到法律的平等保护。平等保护原则是民法平等原则在物权法中的具体化。

（二）物权法定原则

物权法定原则是指物权的种类与内容只能由法律来规定，不允许当事人自由创设。物权是支配权，具有排他效力、优先效力和追及效力，为了维护交易安全，故适用法定原则。确立物权法定原则的立法理由：①物权具有绝对性，任意创设物权将会妨碍不特定第三人的自由；②整理物权类型，适应社会发展的需要；③促进物尽其用；④物权法定原则可保障完全的合同自由；⑤物权法定有利于物权的公示，确保交易的安全与便捷。

物权法定包括物权种类法定和物权内容法定，具体如下：①物权种类法定，即当事人不得自由创设法律未规定的新种类物权。例如，我国的担保物权只能是抵押权、质权和留置权三种；②物权内容法定，即物权的方式、效力等内容由法律明文规定，当事人不得在物权中自由创设新的内容。例如，法律规定动产质押必须移转占有，当事人创设不转移占有的动产质押就不能产生物权效力。同时，物权的种类和内容虽然法定，但是当事人之间建立物权法律关系可以意定，即当事人可以自己决定是否建立物权法律关系，以及建立何种物权法律关系。

（三）一物一权原则

一物一权原则是指一个所有权的客体仅为一个独立物；一个独立物上只能存在一个所有权；一物的某一部分不能成立单个的所有权，一物只能在整体上成立一个所有权。但一物之上的所有权人可以为多人（如共有）；一物之上只能设定一个所有权，并非一物之上不能设置多个物权，如在一物之上可以有多个抵押权的存在。也就是说，同一物上两个所有权不行；同一物上既有所有权又有抵押权是可以的。

（四）公示、公信原则

1. 公示原则

公示是指物权的权利状态必须通过一定的公示方法向社会公开，使第三人在物权变动时能够知道权利的实际状态，以维护交易安全。《民法典》规定，不动产物权的设立、变更、转让和消灭，应当依照法律规定登记。动产物权的设立和转让，应当依照法律规定交付。可见不动产的权利状态通过登记制度表示，而动产权利状态的变化则通过交付表示（静态的权利状态通过占有表示）。例如，房屋买卖、建设用地使用权的取得和不动产的抵押必须登记，登记生效；动产质权自出质人交付质押财产时设立。在我国对于特殊的动产，如船舶、航空器和机动车等（特定）动产物权的设立、变更、转让和消灭，未经登记，不得对抗善意第三人。同时，不动产权属证书记载的事项，应当与不动产登记簿一致；记载不一致的，以不动产登记簿为准，有证据证明不动产登记簿确有错误的除外。

2. 公信原则

公信是指当物权依据法律规定进行了公示，即使该公示方法表现出来的物权实际存在瑕疵，为保护交易安全，对信赖该公示的物权从事了物权交易的人，法律也承认物权变动的法律效果。

第二节 物权变动

学习目标

素质目标：要求学习者全面了解物权变动的概念与形态，提升学习者对物权变动的理解。

知识目标：要求学习者了解动产与不动产物权变动形式的区别；掌握物权变动的公示方式。

技能目标：要求学习者具备分析问题和解决不动产物权登记中存在的问题的能力，利用不动产物权的登记程序，以及更正登记、异议登记以及预告登记等理论解决实践中存在的问题。

思政目标：要求学习者通过对物权变动的相关法律知识的学习，明确个人在行使物权和实现个人利益时，必然要遵循社会主义核心价值观的要求才能实现国家、社会和个人的长远发展，实现人和自然的和谐统一。

关键术语

物权变动；动产交付；不动产登记；更正登记；异议登记；预告登记

背景知识

物权变动是指物权的发生、转移、变更和消灭。物权变动是物权法中的一种民事法律效果，和其他民事法律效果一样，物权的变动也是由一定民事法律事实引起的。能够引起物权变动的民事法律事实有两大类，一类是物权法律行为，即物权行为，包括双方物权行为和单方物权行为，双方物权行为又称为物权契约和物权合同；另一类是物权行为以外的法律事实，包括生产、收益、继承、时效、拾得遗失物、发现埋藏物或隐藏物、先占、添附、国家强制、标的物灭失、混同等。根据《民法典》的相关规定，动产物权变动是以交付为前提，而不动产物权变动是以登记为核心。

一、物权变动的概念与形态

物权变动是指物权的发生、转移、变更和消灭。物权变动是物权法上的一种民事法律效果。和其他民事法律效果一样，物权的变动也是由一定民事法律事实引起的。物权变动主要包括物权的取得、物权的变更和物权的消灭三种形态。

1）物权的取得分为原始取得与继受取得。原始取得是指不以他人的权利及意思为依据，而是依据法律直接取得物权，如因先占、添附取得与时效取得一物的所有权。继受取得是指以他人的权利及意思为依据取得物权，如因买卖、赠与取得一物的所有权。继受取得又可分为创设与移转两种方式。房屋所有人在自己的房屋上为他人设定抵押权就是创设，出卖、赠与则是移转。这两种取得方式的根本区别用一句话来概括就是：原始取得是基于法律的直接规定；而继受取得必须有原始所有人和受领人的意思表示，即双方合意。

2）物权的变更有广义和狭义之分。广义的物权的变更，是指物权的主体、内容或客体的变更。但是严格来讲，物权主体的变更是权利人的更迭，应属物权的取得与丧失。狭义的物权的变更，仅指物权的内容或者客体的变更。

3）物权的消灭，从权利人方面而言，即物权的丧失，可以分为绝对的消灭与相对的消灭。绝对的消灭是指物权本身不存在了，即物权的标的物不仅与其主体相分离，而且他人也未取得其权利，如所有权、抵押权因标的物灭失而消灭。相对的消灭则是指原主体权利的丧失和新主体权利的取得。例如，因出卖、赠与等行为，一方丧失所有权而另一方取得所有权。严格地说，物权的相对消灭并非物权消灭的问题，而应当属于物权的继受取得或主体变更的问题。

二、物权变动的原因

物权变动的原因可分为两大类：一是基于法律行为的物权变动；二是非基于法律行为的物权变动。基于法律行为的物权变动，即根据行为人意志发生法律效果，如买卖、赠与、互易等。一般情况下，动产看交付，不动产看登记。非基于法律行为的物权变动主要包括：①基于事实行为。《民法典》第二百三十一条规定："因合法建造、拆除房屋等事实行为设立或者消灭物权的，自事实行为成就时发生效力。"②基于法律规定。《民法典》第二百三十条规定："因继承取得物权的，自继承开始时发生效力。"③基于公法行为。《民法典》第二百二十九条规定："因人民法院、仲裁机构的法律文书或者人民政府的征收决定等，导致物权设立、变更、转让或者消灭的，自法律文书或者征收决定等生效时发生效力。"其中，人民法院、仲裁机构的法律文书包括判决书、裁定书、裁决书及调解书。

三、物权变动的公示方式

（一）动产的物权变动

1. 动产物权变动交付的法律规定

《民法典》第二百二十四条规定："动产物权的设立和转让，自交付时发生效力，但是法律另有规定的除外。"动产物权的类型主要有动产所有权、动产质押权、动产抵押权、留置权等。根据规定，动产物权的变动以交付为标准，故当事人虽然就动产所有权移转达成协议，但在未交付标的物之前，所有权并不发生移转。此处“法律另有规定的除外”情形，主要是指动产抵押权的设立等情形。另外，《民法典》第二百二十五条规定：“船舶、航空器和机动车等物权的设立、变更、转让和消灭，未经登记，不得对抗善意第三人。”也就是说，船舶、航空器和机动车等贵重动产的物权变更采取登记对抗主义。船舶、航空器和机动车等贵重动产以交付为物权变动的要件，但登记具有对抗效力。因此，当事人交付后没有办理登记，虽取得该贵重动产的物权，但该物权不能对抗善意第三人。

2. 动产物权交付替代

交付是指将物或提取标的物的凭证移转给他人占有的行为。交付通常指现实交付，即直接占有的移转。但以下几种交付方式，发生与现实交付同样的法律效果。具体包括：①简易交付，指动产物权设立和转让前，权利人已经先行占有该动产，无须现实交付，物权在法律行为生效时发生变动效力。例如，受让人已经通过租赁、借用等方式实际占有了动产，双方当事人达成的动产物权变动合意生效，标的物同时完成了交付，受让人取得直接占有。②指示交付，又称返还请求权的让与，是指让与动产物权的时候，如果让与动产由第三人占有，让与人可以将其享有的对第三人的返还请求权让与受让人，以代替现实交付。③占有改定，指动产物权的让与人与受让人之间特别约定，标的物由让与人继续占有，受让人取得对标的物的间接占有以代替标的物的现实交付，并在双方达成物权让与合意时，视为已经交付。占有改定中标的物没有发生任何实际移转，物权变动没有任何可以从外部认知的表征。因此，占有改定在几种观念交付中公示效果较弱。

（二）不动产的物权变动

1. 不动产的物权变动登记的法律规定

《民法典》第二百零九条第一款规定：“不动产物权的设立、变更、转让和消灭，经依法登记，发生效力；未经登记，不发生效力，但是法律另有规定的除外。”房屋买卖、建设用地使用权和不动产的抵押必须登记，登记生效。

土地承包经营权自土地承包经营权合同生效时设立，未经登记，不得对抗善意第三人。地役权自地役权合同生效时设立，未经登记，不得对抗善意第三人。已经登记的宅基地使用权转让或者消灭的，应当及时办理变更登记或者注销登记。

因人民法院、仲裁机构的法律文书或者人民政府的征收决定等，导致物权设立、变更、转让或者消灭的，自法律文书或者征收决定生效时发生效力。因继承取得物权的，自继承开始时发生效力（获得权利的时候不需要登记，但是转移不动产物权时需要登记）。因合法建造、拆除房屋等事实行为设立或者消灭物权的，自事实行为成就时发生效力。

《民法典》第二百零九条第二款规定：“依法属于国家所有的自然资源，所有权可以不登记。”但是，如果在自然资源上设定用益物权和担保物权，仍以办理登记为要件。

2. 不动产登记范围

根据《不动产登记暂行条例规定》，国家实行不动产统一登记制度。不动产登记遵循严格管理、稳定连续、方便群众的原则。不动产权利人已经依法享有的不动产权利，不因登记机构和登记程序的改变而受到影响。根据规定，下列不动产权利依照《不动产登记暂行条例规定》的规定办理登记：①集体土地所有权；②房屋等建筑物、构筑物所有权；③森林、林木所有权；④耕地、林地、草地等土地承包经营权；⑤建设用地使用权；⑥宅基地使用权；⑦海域使用权；⑧地役权；⑨抵押权；⑩法律规定需要登记的其他不动产权利。

3. 不动产登记部门

国务院国土资源主管部门负责指导、监督全国不动产登记工作。县级以上地方人民政府应当确定一个部门为本行政区域的不动产登记机构，负责不动产登记工作，并接受上级人民政府不动产登记主管部门的指导、监督。不动产登记由不动产所在地的县级人民政府不动产登记机构办理；直辖市、设区的市人民政府可以确定本级不动产登记机构统一办理所属各区的不动产登记。跨县级行政区域的不动产登记，由所跨县级行政区域的不动产登记机构分别办理。不能分别办理的，由所跨县级行政区域的不动产登记机构协商办理；协商不成的，由共同的上一级人民政府不动产登记主管部门指定办理。国务院确定的重点国有林区的森林、林木和林地，国务院批准项目用海、用岛，中央国家机关使用的国有土地等不动产登记，由国务院国土资源主管部门会同有关部门规定。

4. 不动产登记的程序

申请不动产登记的，申请人应当填写登记申请书，并提交身份证明及相关申请材料。申请材料应当提供原件。因特殊情况不能提供原件的，可以提供复印件，复印件应当与原件保持一致。

处分共有不动产申请登记的，应当经占份额三分之二以上的按份共有人或者全体共同共有人共同申请，但共有人另有约定的除外。按份共有人转让其享有的不动产份额，应当与受让人共同申请转移登记。

无民事行为能力人、限制民事行为能力人申请不动产登记的，应当由其监护人代为申请。监护人代为申请登记的，应当提供监护人与被监护人的身份证或者户口簿、有关监护关系等材料；因处分不动产而申请登记的，还应当提供为被监护人利益的书面保证。父母之外的监护人处分未成年人不动产的，有关监护关系材料可以是人民法院指定监护的法律文书、经过公证的对被监护人享有监护权的材料或者其他材料。

当事人或者其代理人应当向不动产登记机构申请不动产登记。代理申请不动产登记的，代理人应当向不动产登记机构提供被代理人签字或者盖章的授权委托书。自然人处分不动产，委托代理人申请登记的，应当与代理人共同到不动产登记机构现场签订授权委托书，但授权委托书经公证的除外。境外申请人委托他人办理处分不动产登记的，其授权委托书应当按照国家有关规定办理认证或者公证。

不动产登记机构受理不动产登记申请后，还应当对下列内容进行查验：①申请人、委托代理人身份证明材料及授权委托书与申请主体是否一致；②权属来源材料或者登记原因文件与申请登记的内容是否一致；③不动产界址、空间界限、面积等权籍调查成果是否完备，权属是否清楚、界址是否清晰、面积是否准确；④法律、行政法规规定的完税或者缴费凭证是否齐全。

当事人可以持人民法院、仲裁委员会的生效法律文书或者人民政府的生效决定单方申请不动产登记。有下列情形之一的，不动产登记机构直接办理不动产登记：①人民法院持生效法律文书和协助执行通知书要求不动产登记机构办理登记的；②人民检察院、公安机关依据法律规定持协助查封通知书要求办理查封登记的；③人民政府依法作出征收或者收回不动产权利决定生效后，要求不动产登记机构办理注销登记的；④法律、行政法规规定的其他情形。不动产登记机构认为登记事项存在异议的，应当依法向有关机关提出审查建议。

不动产登记机构应当根据不动产登记簿，填写并核发不动产权属证书或者不动产登记证明。除办理抵押权登记、地役权登记、预告登记、异议登记，向申请人核发不动产登记证明外，不动产登记机构应当依法向权利人核发不动产权属证书。不动产权属证书和不动产登记证明，应当加盖不动产登记机构登记专用章。不动产权属证书和不动产登记证明样式，由国家国土资源部门统一规定。申请共有不动产登记的，不动产登记机构向全体共有人合并发放一本不动产权属证书；共有人申请分别持证的，可以为共有人分别发放不动产权属证书。共有不动产权属证书应当注明共有情况，并列明全体共有人。

5. 不动产物权变动的特殊登记

（1）更正登记

权利人、利害关系人认为不动产登记簿记载的事项有错误的，可以申请更正登记。权利人申请更正登记的，应当提交下列材料：①不动产权属证书；②证实登记确有错误的材料；③其他必要材料。利害关系人申请更正登记的，应当提交利害关系材料、证实不动产登记簿记载错误的材料及其他必要材料。

不动产权利人或者利害关系人申请更正登记，不动产登记机构认为不动产登记簿记载确有错误的，应当予以更正；但在错误登记之后已经办理了涉及不动产权利处分的登记、预告登记和查封登记的除外。不动产权属证书或者不动产登记证明填制错误及不动产登记机构在办理更正登记中，需要更正不动产权属证书或者不动产登记证明内容的，应当书面通知权利人换发，并把换发不动产权属证书或者不动产登记证明的事项记载于登记簿。

不动产登记簿记载无误的，不动产登记机构不予更正，并书面通知申请人。不动产登记机构发现不动产登记簿记载的事项错误的，应当通知当事人在三十个工作日内办理更正登记。当事人逾期不办理的，不动产登记机构应当在公告十五个工作日后，依法予以更正；但在错误登记之后已经办理了涉及不动产权利处分的登记、预告登记和查封登记的除外。

（2）异议登记

利害关系人认为不动产登记簿记载的事项错误，权利人不同意更正的，利害关系人可以申请异议登记。利害关系人申请异议登记的，应当提交下列材料：①证实对登记的不动产权利有利害关系的材料；②证实不动产登记簿记载的事项错误的材料；③其他必要材料。

不动产登记机构受理异议登记申请的，应当将异议事项记载于不动产登记簿，并向申请人出具异议登记证明。异议登记申请人应当在异议登记之日起十五日内，提交人民法院受理通知书、仲裁委员会受理通知书等提起诉讼、申请仲裁的材料；逾期不提交的，异议登记失效。异议登记失效后，申请人就同一事项以同一理由再次申请异议登记的，不动产登记机构不予受理。

异议登记期间，不动产登记簿上记载的权利人及第三人因处分权利申请登记的，不动产登记机构应当书面告知申请人该权利已经存在异议登记的有关事项。申请人申请继续办理的，应当予以办理，但申请人应当提供知悉异议登记存在并自担风险的书面承诺。

（3）预告登记

当事人签订买卖房屋或者其他不动产物权的协议时，为保障将来实现物权，按照约定可以向登记机关申请预告登记。《民法典》第二百二十一条规定："当事人签订买卖房屋的协议或者签订其他不动产物权的协议，为保障将来实现物权，按照约定可以向登记机构申请预告登记。预告登记后，未经预告登记的权利人同意，处分该不动产的，不发生物权效力。"

有下列情形之一的，当事人可以按照约定申请不动产预告登记：①商品房等不动产预售的；②不动产买卖、抵押的；③以预购商品房设定抵押权的；④法律、行政法规规定的其他情形。预告登记生效期间，未经预告登记的权利人书面同意，处分该不动产权利申请登记的，不动产登记机构应当不予办理。预告登记后，一方面，未经预告登记的权利人同意处分该不动产的，不发生物权效力；另一方面，债权消灭或者自能够进行不动产登记之日起 3 个月内未申请登记的，预告登记失效。所谓"债权消灭"，除包括债权因得到清偿而消灭的情形外，还包括买卖不动产物权的协议被认定无效、被撤销，或者预告登记的权利人放弃债权等情形。

第三节 所 有 权

学习目标

素质目标：要求学习者具备分析问题和解决所有权存在问题的素质。

知识目标：要求学习者了解共同共有与按份共有等相关规定；掌握先占、孳息、添附、善意取得、拾得遗失物、发现埋藏物等相关法律知识。

技能目标：要求学习者能够全面了解所有权的内涵及实务解决实践中的法律问题。

思政目标：要求学习者通过对所有权相关法律知识的学习，了解国家所有权、集体所有权及私人所有权的关系和内涵，并自觉践行社会主义核心价值观，养成崇德尚法的良好风尚。

关键术语

所有权；国家所有权；集体所有权；私人所有权；按份共有；共同共有；善意取得

背景知识

所有权是民事主体对物的全面的支配权。私法上存在两种含义的所有权，一种是狭义的所有权，它强调的是对有体物的全面支配权；另一种是广义上的所有权，仅表明归属关系。在我国，所有权的种类主要有国家所有权、集体所有权和私人所有权等。《民法典》就所有权取得的特别规定作了相关规定，主要涉及所有权的原始取得制度。原始取得是指根据法律规定，最初取得财产的所有权或不依赖于原所有人的意志而取得财产的所有权。原始取得的方式有劳动生产、先占、孳息、添附、善意取得、拾得遗失物、发现埋藏物等。

一、所有权概述

（一）所有权的概念与特征

所有权是指所有人依法对自己的财产享有的占有、使用、收益和处分的权利。所有权是完整的物权。所有人对财产享有占有、使用、收益和处分的完整权利，而其他物权只是具有所有权的部分权能。但所有权人享有上述四个方面的权利，并不意味着所有人必须实际行使各项权能，他可以将四项权能中的一项或数项权能分离出去由他人享有并行使，从而更好地实现其意志和利益。所有权是一种绝对权，具有排他性、永久性。所有权因标的物的存在而永久存在，不预定其存续期间。

（二）所有权的分类

在我国，所有权的种类主要有国家所有权、集体所有权和私人所有权等。

1. 国家所有权

国家所有权是国家对国有财产的占有、使用、收益和处分的权利。《民法典》第二百四十六条规定：“法律规定属于国家所有的财产，属于国家所有即全民所有。国有财产由国务院代表国家行使所有权。法律另有规定的，依照其规定。”《民法典》规定，国家所有权有最广泛的客体，具体包括：①城市土地、矿藏、水流、海域；②无线电频谱资源；③国防资产；④法律规定属于国家所有的野生动植物资源；⑤森林、山岭、草原、荒地、滩涂等自然资源，但法律规定属于集体所有的除外；⑥法律规定属于国家所有的农村和城市郊区的土地及铁路、公路、电力设施、电信设施和油气管道等基础设施；⑦法律规定属于国家所有的文物；⑧无居民海岛。这些财产有的只能作为国家所有权的客体，如①～③项中的财产。根据《民法典》的规定，法律规定专属于国家所有的不动产和动产，任何组织或者个人不能取得所有权。

2. 集体所有权

集体所有权是指集体占有、使用、收益和处分其财产的权利。劳动群众集体所有权的客体可以是除法律规定只能属于国家所有权客体以外的其他任何财产。例如，集体可以享有土地、森林、山岭、草原、荒地、滩涂等的所有权，但不包括地下的矿产资源。劳动群众集体所有权的各项权能可以由集体组织自己行使，也可以将其所有权的权能转移给个人行使。《民法典》将集体所有区分为农民集体所有和城镇集体所有，其中农民集体所有的不动产和动产，属于本集体成员集体所有。对集体财产的很多处分，需要由集体成员共同决定。根据《民法典》的规定，农村集体经济组织、村民委员会或者其负责人作出的决定侵害集体成员合法权益的，受侵害的集体成员可以请求人民法院予以撤销。

3. 私人所有权

私人所有权是自然人依法享有的占有、使用、收益和处分其生产资料和生活资料的权利。《民法典》规定，私人对其合法的收入、房屋、生活用品、生产工具、原材料等不动产和动产享有所有权。私人的合法财产受法律保护，禁止任何组织或者个人侵占、哄抢、破坏。另外，营利法人、社会团体法人、捐助法人依法所有的不动产和动产，受法律保护。

二、共有

共有是指某项财产由两个或两个以上的权利主体共同享有所有权。

（一）共有的方式

《民法典》确定的共有方式分为按份共有和共同共有。

1. 按份共有

按份共有，又称分别共有，是指两个或两个以上的共有人按照各自的份额分别对共有财产享有权利和承担义务。按份共有人的权利如下。

1）按份共有人按照预先确定的份额分别对共有财产享有占有、使用和收益的权利。但对共有财产的使用，应由全体共有人协商决定。按份共有人死亡以后，其份额可以作为遗产由继承人继承或受遗赠人获得。

2）按份共有人有权自由处分自己的共有份额，无须取得其他共有人的同意。但是共有人将份额出让给共有人以外的第三人时，其他共有人在同等条件下，有优先购买的权利。按份共有人转让其享有的共有的不动产或者动产份额的，应当将转让条件及时通知其他共有人。其他共有人应当在合理期限内行使优先购买权。两个以上其他共有人主张行使优先购买权的，协商确定各自的购买比例；协商不成的，按照转让时各自的共有份额比例行使优先购买权。

2. 共同共有

共同共有是指两个或两个以上的公民或法人，根据某种共同关系而对某项财产不分份额地共同享有权利并承担义务。共同共有基于共同关系产生，以共同关系的存在为前提。共同关系可以表现为夫妻关系、家庭关系等。共同共有中，共有人对共有财产不分份额地享有权利，对共有财产享有平等的占有和使用的权利。对共有财产的收益，不是按比例分配，而是共同享用。对共有财产的处分，必须征得全体共有人的同意。共同共有关系终止，才能确定各个共有人的份额，分割共有财产。因此较前述按份共有，共同共有人之间具有更密切的利害关系。根据《民法典》规定，共有人对共有的不动产或者动产没有约定为按份共有或者共同共有，或者约定不明确的，除共有人具有家庭关系等外，视为按份共有。

（二）共有的法律特征

1）共有的主体是两个或两个以上的公民或法人。但是多数人共有一物，并非有多个所有权，只是一个所有权由多人共同享有。

2）共有物在共有关系存续期间不能分割，不能由各个共有人分别对某一部分共有物享有所有权。每个共有人的权利属于整个共有财产，因此，共有不是分别所有。

3）在内容方面，共有人对共有物按照各自份额享有权利并承担义务，或者平等地享有权利、承担义务。在处分共有财产时，必须由全体共有人协商，按照法律规定的方式决定。

4）共有法律关系的权利内容原则上只能是所有权。用益物权及担保物权的共有，称为准共有，可以参照共有制度的相关规定。

（三）共有物

1. 共有物的处分

《民法典》规定，处分共有的不动产或者动产以及对共有的不动产或者动产作重大修缮、变更性质或者用途的，应当经占份额三分之二以上的按份共有人或者全体共同共有人同意，但是共有人之间另有约定的除外。

2. 共有物费用的承担

对共有物的管理费用及其他负担，有约定的，按照其约定；没有约定或者约定不明确的，按份共有人按照其份额负担，共同共有人共同负担。

3. 共有财产的分割

《民法典》规定，共有人可以协商确定分割方式。达不成协议，共有的不动产或者动产可以分割且不会因分割减损价值的，应当对实物予以分割；难以分割或者因分割会减损价值的，应当对折价或者拍卖、变卖取得的价款予以分割。共有人分割所得的不动产或者动产有瑕疵的，其他共有人应当分担损失。根据这一规定，对共有财产的分割可以采取几种方式：协议分割、实物分割、变价分割或作价补偿。共有财产分割以后，共有关系消灭。不管是就原物进行分割还是变价分割，各共有人就分得财产取得单独的所有权。但要注意一点，共有财产分割后，一个或者数个原共有人出卖自己分得的财产时，如果出卖的财产与其他原共有人分得的财产属于一个整体或者配套使用，其他原共有人可以主张优先购买权。

（四）共有的对外关系

《民法典》规定，因共有的不动产或者动产产生的债权债务，在对外关系上，共有人享有连带债权、承担连带债务，但是法律另有规定或者第三人知道共有人不具有连带债权债务关系的除外。偿还债务超过自己应当承担份额的按份共有人，有权向其他共有人追偿。

三、所有权取得的特别规定

《民法典》就所有权取得的特别规定作了相关规定，主要涉及所有权的原始取得制度。原始取得是指根据法律规定，最初取得财产的所有权或不依赖于原所有人的意志而取得财产的所有权。原始取得的方式有劳动生产、先占、孳息、添附、善意取得、拾得遗失物、发现埋藏物等。

（一）善意取得制度

善意取得制度指动产占有人或者不动产的名义登记人将动产或者不动产不法转让给受让人以后，如果受让人善意取得财产，即可依法取得该财产所有权或其他物权的法律制度。法律规定善意取得制度的目的在于保护占有及登记公信力，保护交易当事人的信赖利益和交易安全，维护交易秩序。

1. 善意取得的构成要件

（1）依法律行为转让所有权

善意取得只能在交易中发生，该交易所借助的手段是法律行为（如买卖合同）。其他非因法律行为而发生的物权变动，无论是基于事实行为、公法行为，还是直接基于法律规定而变动，均不存在善意取得的问题。

（2）转让人无处分权

如果转让人对于所转让的标的物享有处分权，则适用正常的物权变动规则。善意取得制度旨在解决无权处分行为的有效性问题，因此必须以转让人无处分权为前提。

（3）受让人为善意第三人

根据法律规定，是否善意的判断时点以“受让时”为准，如果受让人事后得知转让人无处分权，不影响受让人的善意取得。

（4）以合理的价格转让

受让人不仅需要支付对价，而且所支付的对价在市场交易中属于合理的范围。因此，受让人无偿或者以明显不合理的价格取得财产时，不适用善意取得制度。

（5）动产的善意取得以交付为要件，不动产则以登记为要件

如果双方当事人仅达成合意，但动产尚未交付或者不动产尚未办理产权过户登记，则当事人之间只有债的法律关系，而没有形成物权法律关系，不能发生善意取得的效果。

（6）转让人基于真权利人的意思合法占有标的物

基于真权利人的意思而合法占有之物，称为委托物（如承租人基于和出租人之间的租赁合同合法占有租赁物）。相反，非基于真权利人的意思而占有之物，称为脱手物（如遗失物、盗窃物）。因此，善意取得制度适用于委托物，不适用于遗失物、盗窃物。

2. 善意取得的法律效果

（1）直接法律效果

在原权利人与受让人之间，原权利人丧失标的物的所有权，而受让人基于善意取得制度而获得标的物的所有权。在让与人与受让人之间，让与人与受让人基于有偿法律行为而发生债的法律关系，受让人应承担向让与人支付价款的义务，而不能基于让与人无权处分而拒绝支付价款。

（2）间接法律效果

在原权利人和让与人之间，原权利人可以要求让与人承担赔偿责任，也可以要求让与人返还不当得利，但无权要求让与人返还原物。

3. 善意取得的适用范围

善意取得制度不仅仅适用于所有权的取得，建设用地使用权、抵押权、质权等他物权也可以善意取得。

（二）动产所有权的特殊取得方式

1. 先占

先占的对象应当是无主物，如果是脱手物（遗失物、赃物）不能以先占主张取得其所有权。无主物主要包括：①天然的无主物；②被抛弃的无主物。

2. 拾得遗失物

遗失物是指他人不慎丧失占有的动产。拾得遗失物，是指发现他人遗失物而予以占有的法律事实。《民法典》规定，拾得遗失物，应当返还权利人。拾得人与权利人之间法律关系的处理规则如下。

1）拾得遗失物，应当返还权利人。拾得人应当及时通知权利人领取，或者送交公安等有关部门。

2）拾得人在返还遗失物时，可以要求支付必要费用，但不得要求支付报酬。但遗失人发布悬赏广告，愿意支付一定报酬的，不得反悔。

3）有关部门收到遗失物，知道权利人的，应当及时通知其领取；不知道的，应当及时发布招领公告。自发布招领公告之日起一年内无人认领的，遗失物归国家所有。

4）拾得人在遗失物送交有关部门前，有关部门在遗失物被领取前，应当妥善保管遗失物。因故意或者重大过失致使遗失物毁损、灭失的，应当承担民事责任。

5）拾得人拒不返还遗失物，按侵权行为处理。拾得人不得要求支付必要费用，也无权请求权利人按照承诺履行义务。

如果遗失物通过转让为拾得人以外的第三人占有，权利人可以主张以下权利：①权利人有权向无处分权人请求损害赔偿，或者自知道或者应当知道受让人之日起二年内向受让人请求返还原物。②如果受让人通过拍卖或者向具有经营资格的经营者购得该遗失物，权利人请求返还原物时应当支付受让人所付的费用。权利人向受让人支付所付费用后，有权向无处分权人追偿。拾得漂流物、发现埋藏物或者隐藏物的，同样适用拾得遗失物的处理规则。

3. 添附

添附包括附合、混合、加工。其中，附合既可能发生在动产上，也可能发生在不动产上；但混合和加工仅适用于动产。

附合是指不同所有人的财产密切结合在一起而形成新的财产，对原物虽然尚能辨明，但无法分离或分离后会大大降低新物的价值，如为墙壁刷墙漆。一般情况下，动产附合于不动产之上，所有权归不动产；动产附合于动产，如果能分主次由主物所有权人取得，如果不能划分主次则共同享有所有权。

混合是指不同所有人的动产混杂合并在一起，对原物已经不能识别，且难以分离从而形成新的财产，如牛奶加咖啡。在审判实践中，对混合的处理一般根据原财产价值的大小来决定。混合后的新物一般归原财产价值大的一方所有，原财产价值小的一方可取得与原财产相当的补偿。

加工是指一方使用他人的财产加工改造，形成具有更高价值的新财产，如将木条变成木雕。在加工的情况下，加工人已为加工物的形成提供了自己的劳动。在因加工而发生争议时，加工而成的新物一般应归原财产所有人所有；对加工人的加工劳动给予适当补偿，如果加工价值显然大于原材料价值，新财产也可归加工人所有，对原财产所有人可按其财产的价值给予补偿。

第四节　用益物权

学习目标

素质目标：要求学习者具备分析问题和解决用益物权实务问题的素质。

知识目标：要求学习者了解用益物权概念及特征；掌握土地承包经营权、建设用地使用权、地役权的相关规定。

技能目标：要求学习者能够全面了解用益物权的内涵及特点，提高解决实际问题的能力。

思政目标：要求学习者通过对用益物权相关法律知识的学习，结合《民法典》物权编“定分止争”的立法宗旨，提高学习者社会责任意识。

关键术语

用益物权；土地承包经营权；建设用地使用权；地役权

背景知识

用益物权是人类在社会实践中，为解决物质资料的所有与需求之间的矛盾而产生发展起来的，是所有权与其权能相分离的必然结果。这种分离适应了商品经济要求扩大所有权、扩展财产使用价值的需求，对于满足当事人的需求、充分发挥物质资料的效能、促进社会经济的发展，无不具有重要的作用。因而，不同时期、不同性质的法律都给用益物权以确认和保护。自从《汉穆拉比法典》出现永佃权的萌芽以来，经过罗马法及受罗马法影响的《法国民法典》和《德国民法典》的发展，用益物权已经形成了完备的体系，成为现代物权法的重要支柱之一。《民法典》规定，用益物权是用益物权人对他人所有的不动产或者动产，依法享有占有、使用和收益的权利。我国用益物权包括：①土地承包经营权；②建设用地使用权；③宅基地使用权；④居住权；⑤地役权。

一、用益物权的概念与特征

《民法典》规定，用益物权是用益物权人对他人所有的不动产或者动产，依法享有占有、使用和收益的权利。我国用益物权包括：①土地承包经营权；②建设用地使用权；③宅基地使用权；④居住权；⑤地役权。

在现代社会，人们日趋注重对物的利用，物权观念开始从“所有”向“利用”转变，因此，用益物权的地位也日渐彰显。与所有权、担保物权相比，用益物权有以下特征：①用益物权以对标的物的使用、收益为主要内容，即注重物的使用价值，并以对物的占有为前提；②用益物权除地役权外均为主物权，担保物权为从物权；③用益物权虽然也可以在动产上设立，但是从用益物权的具体类型来看，用益物权主要以不动产为客体，这主要是便于通过登记公示；④用益物权是直接支配他人的物的权利。用益物权人可以直接支配标的物，不需要他人行为的介入。

二、主要用益物权介绍

（一）土地承包经营权

土地承包经营权是指由公民或集体组织，对国家所有或集体所有的土地、山岭、草原、荒地、滩涂、水面等，依照承包合同的规定而享有的占有、使用和收益的权利。土地承包经营权的承包人原则上是土地所属的集体经济组织的成员，其权利客体是农业用地。

土地承包经营权通过订立承包合同的方式确立。《民法典》规定，土地承包经营权自土地承包权合同生效时设立。《民法典》规定，耕地的承包期为三十年；草地的承包期为三十年至五十年；林地的承包期为三十年至七十年。

土地承包经营权自土地承包经营权合同生效时设立。登记机构应当向土地承包经营权人发放土地承包经营权证、林权证等证书，并登记造册，确认土地承包经营权。土地承包经营权人依照法律规定，有权将土地承包经营权互换、转让。未经依法批准，不得将承包地用于非农建设。土地承包经营权互换、转让的，当事人可以向登记机构申请登记；未经登记，不得对抗善意第三人。

承包期内发包人不得调整承包地。因自然灾害严重毁损承包地等特殊情形，需要适当调整承包的耕地和草地的，应当依照农村土地承包的法律规定办理。承包期内发包人不得收回承包地。法律另有规定的，依照其规定。承包地被征收的，土地承包经营权人有权依据《民法典》规定获得相应补偿。

土地承包经营权人可以自主决定依法采取出租、入股或者其他方式向他人流转土地经营权。土地经营权人有权在合同约定的期限内占有农村土地，自主开展农业生产经营并取得收益。流转期限为五年以上的土地经营权，自流转合同生效时设立。当事人可以向登记机构申请土地经营权登记；未经登记，不得对抗善意第三人。通过招标、拍卖、公开协商等方式承包农村土地，经依法登记取得权属证书的，可以依法采取出租、入股、抵押或者其他方式流转土地经营权。

（二）建设用地使用权

建设用地使用权是指建设用地使用权人依法对国家所有的土地，依法享有占有、使用和收益的权利，有权利用该土地建造建筑物、构筑物及其附属设施。

建设用地使用权的取得方式有出让、划拨等方式。其中，划拨是无偿取得使用权的方式，因此法律严格限制以划拨方式设立建设用地使用权。《民法典》规定，工业、商业、旅游、娱乐和商品住宅等经营性用地以及同一土地有两个以上意向用地者的，都应当采取招标、拍卖等公开竞价的方式出让。

建设用地使用权的设立必须向登记机构办理登记，登记是设立、变更、转让、消灭建设用地使用权的生效条件。

权利人取得建设用地的使用权后，除法律另有规定的以外，有权将建设用地使用权转让、互换、出资、赠与或者抵押。在转让、互换、出资或者赠与时，附着于该土地上的建筑物、构筑物及其附属设施一并处分。在建筑物、构筑物及其附属设施转让、互换、出资或者赠与时，该建筑物、构筑物及其附属设施占用范围内的建设用地使用权一并处分。因此，实际上建设用地使用权与附着在上面的建筑物所有权采取“房随地走、地随房走、房地一体”的流转规则。《民法典》规定，住宅建设用地使用权期间届满的，自动续期。续期费用的缴纳或者减免，依照法律、行政法规的规定办理。

（三）地役权

1. 地役权的概念与特征

地役权是指不动产权利人（包括土地所有人、地上权人及土地的承租人），为了自己利用不动产的方便或者不动产利用价值的提高，通过约定得以利用他人不动产的权利。其中为他人不动产利用提供便利的不动产称为供役地，而享有地役权的不动产称为需役地。可以设立地役权的不动产不局限于土地，还包括建筑物和其他工作物。

与其他用益物权不同，地役权具有从属性和不可分性。地役权的从属性是就地役权与需役地的关系而言的。地役权不得与需役地相分离而单独转让；地役权不得与需役地的所有权或使用权相分离，作为其他权利的标的，如不得单独设定抵押。地役权的不可分性是指地役权存在于需役地和供役地的全部，不能分割为各个部分或仅以一部分而单独存在，即需役地及需役地上的土地承包经营权、建设用地使用权、宅基地使用权部分转让时，转让部分涉及地役权的，受让人同时享有地役权；供役地及供役地上的土地承包经营权、建设用地使用权、宅基地使用权部分转让时，转让部分涉及地役权的，地役权对受让人具有约束力。

2. 地役权的设立

《民法典》规定，地役权自地役权合同生效时设立。当事人要求登记的，可以向登记机构申请地役权登记；未经登记，不得对抗善意第三人。可见，我国对地役权的设定采用的是登记对抗主义。

3. 地役权的期限

地役权的期限由当事人约定，但不得超过土地承包经营权、建设用地使用权等用益物权的剩余期限。

4. 地役权的消灭

地役权人违反法律规定或合同约定滥用地役权或者约定的付款期限届满后在合理期限内经两次催告未支付费用的，供役地权利人有权解除合同使地役权消灭。

5. 地役权与其他用益物权的关系

土地所有权人享有地役权或者负担地役权的，设立土地承包经营权、宅基地使用权时，该土地承包经营权人、宅基地使用权人继续享有或者负担已设立的地役权。土地上已经设立土地承包经营权、建设用地使用权、宅基地使用权的，未经上述用益物权人同意，土地所有权人不得设立地役权。

第五节　担 保 物 权

学习目标

素质目标：要求学习者具备分析问题和解决担保物权实务问题的素质。

知识目标：要求学习者了解担保权概念及特征；掌握抵押权、质权、留置权的相关规定。

技能目标：要求学习者能够全面了解担保物权的内涵及特点，提高解决实际问题的能力。

思政目标：要求学习者通过对担保物权相关法律知识的学习，了解国家为了助力营商环境的改善所制定的相关政策，体会《民法典》物权编所蕴含的“富强、民主、文明、和谐”的价值追求。

关键术语

担保物权；抵押权；质权；留置权

背景知识

担保物权，是与用益物权相对应的他物权，指的是债权人（担保物权人）对债务人或第三人（担保人）之特定的财产（担保物）所享有的优先受偿权。随着我国社会主义市场经济的发展，以债的形式发生的公民、法人之间的经济联系日益频繁；保障债尤其是合同之债的履行，对于维护社会主义商品流通秩序，保护公民、法人的合法权益，至关重要。在《民法典》中对担保物权做了规定，明确了担保物权的含义、适用范围、担保范围等共同规则，以及抵押权、质权和留置权的具体规则，进一步完善了担保物权制度，为优化营商环境提供了法治保障。

一、担保物权的概念与特征

（一）担保物权的概念

担保物权，是以担保债权实现为目的的物权。担保物权人在债务人不履行到期债务或者发生当事人约定的实现担保物权的情形，依法享有就担保财产优先受偿的权利。担保物权是他物权。担保物权区别于所有权和用益物权之处在于设立担保物权的目的并不是获取物本身的利益，而是享有处分的权能以保障债权的履行。《民法典》规定了抵押权、质权、留置权三种担保物权。担保物权依照物权发生的原因为标准，可以分为法定担保和意定担保。法定担保是在一定要件下，因法律的规定而发生的担保权，如留置权。意定担保是基于当事人意思设定而发生的担保物权，如抵押权和质权。

（二）担保物权的特征

1. 优先受偿性

担保物权人可以就担保物的价值优于债务人的普通债权人而受偿。当债务人不履行到期债务或发生当事人约定的实现担保物权情形时，担保物权人可就担保物变价之后的价金优先受偿。担保物权以确保债权人的债权得到完全清偿为目的。这是担保物权与其他物权的最大区别。

2. 从属性

担保物权是为担保债权受偿而设定的，从属于所担保的债权。担保物权自身不能独立存在，系从属于债权的从属物权，其从属性体现于担保物权的成立、转让与消灭各个方面。成立上的从属性指的是若无旨在担保的债权，担保物权不能成立；转让上的从属性是指担保物权不能脱离所担保的债权单独转让，所担保的债权转让时，担保物权随之转让；消灭上的从属性则指担保物权随债权的消灭而消灭。

3. 物上代位性

担保期间，担保财产毁损、灭失或者被征收等，担保物权人可以就获得的保险金、赔偿金或者补偿金等优先受偿。损害赔偿金是担保财产因第三人的侵权行为或者其他原因毁损、灭失时，担保人所获得的赔偿。担保财产毁损、灭失或者被征收后担保人所得的损害赔偿金、保险金或者补偿金只是代位物的几种形态，但并不仅仅以此为限。例如，担保财产的残留物也属于代位物的范围。

（三）反担保

反担保是指债务人或第三人向担保人作出保证或设定物的担保，在担保人因清偿债务人的债务而遭受损失时，债务人向担保人作出清偿。《民法典》规定，第三人为债务人向债权人提供担保时，可以要求债务人提供反担保。反担保的方式，既可以是债务人自己担保，也可以是其他第三人担保。反担保也是担保，其实质内容与担保完全一样，设立程序上也无不同，抵押反担保和质押反担保适用《民法典》物权编的规定，保证反担保适用《民法典》合同编的规定。

（四）担保物权的消灭

有下列情形之一的，担保物权消灭：①主债权消灭；②担保物权实现；③债权人放弃担保物权；④法律规定担保物权消灭的其他情形。

二、抵押权

抵押权是指以债务人或第三人的特定财产在不转移占有的前提下，将该财产抵押给债权人，当债务人不履行到期债务或者发生当事人约定的实现抵押权的情形时，债权人有权依照法律规定以该财产折价或拍卖、变卖该财产的价款优先受偿。该债务人或第三人为抵押人，债权人为抵押权人，提供担保的财产为抵押物。

（一）抵押权的设定

1. 抵押合同

当事人应当采用书面形式订立抵押合同。抵押合同一般包括下列条款：①被担保债权的种类和数额；②债务人履行债务的期限；③抵押财产的名称、数量等情况；④担保的范围；⑤当事人认为需要约定的其他事项。抵押权人在债务履行期限届满前，与抵押人约定债务人不履行到期债务时抵押财产归债权人所有的，只能依法就抵押财产优先受偿。当事人在抵押合同中约定，债务履行期届满抵押权人未受清偿时，抵押物的所有权转移为债权人所有的内容无效。该内容的无效不影响抵押合同其他部分内容的效力。

2. 抵押财产

《民法典》规定，债务人或者第三人有权处分的下列财产可以抵押：①建筑物和其他土地附着物；②建设用地使用权；③海域使用权；④生产设备、原材料、半成品、产品；⑤正在建造的建筑物、船舶、航空器；⑥交通运输工具；⑦法律、行政法规未禁止抵押的其他财产。抵押人可以将上述所列财产一并抵押。

《民法典》规定，下列财产不得抵押：①土地所有权；②宅基地、自留地、自留山等集体所有的土地使用权，但法律规定可以抵押的除外；③学校、幼儿园、医疗机构等为公益目的成立的非营利法人的教育设施、医疗卫生设施和其他社会公益设施；④所有权、使用权不明或者有争议的财产；⑤依法被查封、扣押、监管的财产；⑥法律、行政法规规定不得抵押的其他财产，如以法定程序确认为违法、违章的建筑物。

3. 抵押权的登记

（1）登记生效

以建筑物和其他土地附着物、建设用地使用权、海域使用权以及正在建造的建筑物抵押的，抵押权自登记时设立。

（2）登记对抗

以动产抵押的，抵押权自抵押合同生效时设立；未经登记，不得对抗善意第三人。同时，以动产抵押的，不得对抗正常经营活动中已经支付合理价款并取得抵押财产的买受人。

（二）抵押权的效力

1. 抵押物的孳息

债务人不履行到期债务或者发生当事人约定的实现抵押权的情形，致使抵押财产被人民法院依法扣押的，自扣押之日起抵押权人有权收取该抵押财产的天然孳息或者法定孳息。但是抵押权人未通知应当清偿法定孳息的义务人的除外。

2. 抵押期间抵押财产的转让

抵押期间，抵押人可以转让抵押财产，只是在转让时应当及时通知抵押权人。如果当事人对此另有约定的，按照其约定。抵押期间，抵押人将抵押财产转让的，抵押权不受影响，即抵押财产是设有抵押权负担的财产，进行转让，抵押权随着所有权的转让而转让，取得抵押财产的受让人在取得所有权的同时，也负有抵押人所负担的义务，受到抵押权的约束。抵押权人能够证明抵押财产转让可能损害抵押权的，可以请求抵押人将转让所得的价款向抵押权人提前清偿债务或者提存。转让的价款超过债权数额的部分归抵押人所有，不足部分由债务人清偿。

3. 抵押权转移及消灭的从属性

抵押权不得与债权分离而单独转让或者作为其他债权的担保。主债权转让的，担保该债权的抵押权一并转让，但法律另有规定或者当事人另有约定的除外。主债权未受全部清偿的，抵押权人可以就抵押物的全部行使其抵押权。

4. 抵押物价值减少

抵押人的行为足以使抵押财产价值减少的，抵押权人有权请求抵押人停止其行为。抵押财产价值减少的，抵押权人有权请求恢复抵押财产的价值，或者提供与减少的价值相应的担保。抵押人不恢复抵押财产的价值也不提供担保的，抵押权人有权请求债务人提前清偿债务。在抵押物灭失、毁损或者被征用的情况下，抵押权人可以就该抵押物的保险金、赔偿金或者补偿金优先受偿。

（三）抵押权的实现

债务人不履行到期债务或者发生当事人约定的实现抵押权的情形，抵押权人可以与抵押人协议以抵押财产折价或者以拍卖、变卖该抵押财产所得的价款优先受偿。抵押物折价或者拍卖、变卖所得的价款，当事人没有约定的，清偿顺序如下：①实现抵押权的费用；②主债权的利息；③主债权。

同一财产上多个抵押权并存时的清偿顺序：①抵押权已登记的，按照登记的先后顺序确定清偿顺序；顺序相同的，按照债权比例清偿；②抵押权已登记的先于未登记的受偿；③抵押权未登记的，按照债权比例清偿。抵押权人与抵押人可以协议变更抵押权顺位及被担保的债权数额等内容，但抵押权的变更，未经其他抵押权人书面同意，不得对其他抵押权人产生不利影响。债务人以自己的财产设定抵押，抵押权人放弃该抵押权、抵押权顺位或者变更抵押权的，其他担保人在抵押权人丧失优先受偿权益的范围内免除担保责任，但其他担保人承诺仍然提供担保的除外。

同一财产向两个以上债权人抵押的，顺序在先的抵押权与该财产的所有权归属一人时，该财产的所有权人可以以其抵押权对抗顺序在后的抵押权。顺序在后的抵押权所担保的债权先到期的，抵押权人只能就抵押物价值超出顺序在先的抵押担保债权的部分受偿。顺序在先的抵押权所担保的债权先到期的，抵押权实现后的剩余价款应予提存，留待清偿顺序在后的抵押担保债权。

同一财产既设立抵押权又设立质权的，拍卖、变卖该财产所得的价款按照登记、交付的时间先后确定清偿顺序。也就是说不论是抵押权还是质权，不论是登记成立还是交付成立，只要权力设立在先，就优先受清偿。

（四）最高额抵押

最高额抵押是指为担保债务的履行，债务人或者第三人对一定期间内将要连续发生的债权提供担保财产的，债务人不履行到期债务或者发生当事人约定的实现抵押权的情形，抵押权人有权在最高债权额限度内就该担保财产优先受偿。最高额抵押权设立前已经存在的债权，经当事人同意，可以转入最高额抵押担保的债权范围。最高额抵押权所担保的债权范围不包括抵押物因财产保全或者执行程序被查封后或债务人、抵押人破产后发生的债权。

抵押权人的债权在下列情况下确定：①约定的债权确定期间届满；②没有约定债权确定期间或者约定不明确，抵押权人或者抵押人自最高额抵押权设立之日起满二年后请求确定债权；③新的债权不可能发生；④抵押权人知道或者应当知道抵押财产被查封、扣押；⑤债务人、抵押人被宣告破产或者解散；⑥法律规定债权确定的其他情形。

最高额抵押是限额抵押。设定抵押时，抵押人与抵押权人协议约定抵押财产担保的最高债权限额，无论将来实际发生的债权如何增减变动，抵押权人只能在最高债权额范围内对抵押财产享有优先受偿权。实际发生的债权超过最高限额的，以抵押权设定时约定的最高债权额为限优先受偿；不及最高限额的，以实际发生的债权额为限优先受偿。

（五）浮动抵押

浮动抵押是一种特别抵押，是指抵押人以其现在和将来全部财产为债权提供担保，在行使抵押权之前，该抵押财产可以自由流转经营，在约定或法定事由发生时，其价值才能确定的一种抵押。

经当事人书面协议，企业、个体工商户、农业生产经营者可以将现有的及将有的生产设备、原材料、半成品、产品抵押，债务人不履行到期债务或者发生当事人约定的实现抵押权的情形，债权人有权就实现抵押权时的动产优先受偿；但不得对抗正常经营活动中已支付合理价款并取得抵押财产的买受人。

设定浮动抵押，抵押人应当向抵押人住所地的工商行政管理部门办理登记；抵押权自抵押合同生效时设立；未经登记，不得对抗善意第三人。

浮动抵押财产的确定：①债务履行期届满，债权未实现；②抵押人被宣告破产或者被撤销；③当事人约定的实现抵押权的情形；④严重影响债权实现的其他情形。

三、质权

质权是指债务人或第三人将为提供担保而移交的财产或权利，当债务人不履行债务时，债权人有权以该财产或权利价值优先受偿。质权包括动产质权和权利质权。

（一）动产质权

1. 动产质押的设定

设定动产质押，出质人和质权人应当以书面形式订立质押合同。质押合同一般包括下列条款：①被担保债权的种类和数额；②债务人履行债务的期限；③质押财产的名称、数量等情况；④担保的范围；⑤质押财产交付的时间、方式。质押关系的当事人是质权人和出质人。质押担保的范围包括主债权及利息、违约金、损害赔偿金、质物保管费用和实现质权的费用。质押合同另有约定的，按照约定。

和抵押合同一样，质权人在债务履行期限届满前，与出质人约定债务人不履行到期债务时质押财产归债权人所有的，只能依法就质押财产优先受偿。

出质人和质权人可以协议约定最高额质权。最高额质权除适用《民法典》动产质押的有关规定，还需参照《民法典》的相关规定。

2. 动产质押的效力

债务人或者第三人未按质押合同约定的时间移交质物，因此给质权人造成损失的，出质人应当根据其过错承担赔偿责任。

出质人代质权人占有质物的，质押合同不生效；质权人将质物返还于出质人后，以其质权对抗第三人的，人民法院不予支持。因不可归责于质权人的事由而丧失对质物的占有，质权人可以向不当占有人请求停止侵害、恢复原状、返还质物。

出质人以间接占有的财产出质的，质押合同自书面通知送达占有人时视为移交。占有人收到出质通知后，仍接受出质人的指示处分出质财产的，该行为无效。

质押合同中对质押的财产约定不明，或者约定的出质财产与实际移交的财产不一致的，以实际交付占有的财产为准。

质物有隐蔽瑕疵造成质权人其他财产损害的，应由出质人承担赔偿责任。但是，质权人在质物移交时明知质物有瑕疵而予以接受的除外。

债务人以自己的财产出质，质权人放弃该质权的，其他担保人在质权人丧失优先受偿权益的范围内免除担保责任，但是其他担保人承诺仍然提供担保的除外。

3. 动产质押当事人的权利

关于质权人的权利，我国相关法律规定：①占有质物。对质物的占有，既是质权的成立要件，也是质权存续要件，质权人有权在债权受清偿前占有质物，并以质物的全部行使其权利。②收取孳息。质权人有权收取质物所生的孳息。质押合同另有约定的，按照约定。质权人收取的孳息应当先充抵收取孳息的费用。③质权的保全。质物有损坏或者价值明显减少的可能，足以危害质权人权利的，质权人可以要求出质人提供相应的担保。出质人不提供的，质权人可以拍卖或者变卖质物，并与出质人协议将拍卖或者变卖所得的价款用于提前清偿所担保的债权或者向与出质人约定的第三人提存。④优先受偿。债务人履行债务或者出质人提前清偿所担保的债权的，质权人应当返还质押财产。债务人不履行到期债务或者发生当事人约定的实现质权的情形，质权人可以与出质人协议以质押财产折价，也可以就拍卖、变卖质押财产所得的价款优先受偿。质押财产折价或者变卖的，应当参照市场价格。出质人请求质权人及时行使质权，因质权人怠于行使权利造成损害的，由质权人承担赔偿责任。质押财产折价或者拍卖、变卖后，其价款超过债权数额的部分归出质人所有，不足部分由债务人清偿。在质物灭失、毁损或者被征用的情况下，质权人可以就该质物的保险金、赔偿金或者补偿金优先受偿。质物灭失、毁损或者被征用的情况下，质权所担保的债权未届清偿期的，质权人可以请求人民法院对保险金、赔偿金或补偿金等采取保全措施。⑤转质押。质权人在质权存续期间，为担保自己的债务，经出质人同意，以其所占有的质物为第三人设定质权的，应当在原质权所担保的债权范围之内，超过的部分不具有优先受偿的效力。转质权的效力优于原质权。质权人在质权存续期间，未经出质人同意，为担保自己的债务，在其所占有的质物上为第三人设定质权的无效。质权人对因转质而发生的损害承担赔偿责任。⑥放弃质权。质权人可以放弃质权。债务人以自己的财产出质，质权人放弃该质权的，其他担保人在质权人丧失优先受偿权益的范围内免除担保责任，但其他担保人承诺仍然提供担保的除外。

关于出质人的权利，我国相关法律规定：①返还质物。质权人不能妥善保管质物可能致使其灭失或者毁损的，出质人可以要求质权人将质物提存，或者要求提前清偿债权而返还质物。将质物提存的，质物提存费用由质权人负担；出质人提前清偿债权的，应当扣除未到期部分的利息。质权人在质权存续期间，未经出质人同意，擅自使用、出租、处分质物，因此给出质人造成损失的，由质权人承担赔偿责任。债务履行期届满债务人履行债务的，或者出质人提前清偿所担保的债权的，出质人有权要求质权人返还质物。②行使质押权。出质人可以请求质权人在债务履行期届满后及时行使质权；质权人不行使的，出质人可以请求人民法院拍卖、变卖质押财产。③行使追偿权。为债务人质押担保的第三人，在质权人实现质权后，有权向债务人追偿。④提出赔偿权。债务履行期届满，出质人请求质权人及时行使质权，因质权人怠于行使权利造成损害的，由质权人承担赔偿责任。质押财产折价或者拍卖、变卖后，其价款超过债权数额的部分归出质人所有，不足部分由债务人清偿。

（二）权利质权

《民法典》规定，债务人或者第三人有权处分的下列权利可以出质：①汇票、本票、支票；②债券、存款单；③仓单、提单；④可以转让的基金份额、股权；⑤可以转让的注册商标专用权、专利权、著作权等知识产权中的财产权；⑥现有的以及将有的应收账款；⑦法律、行政法规规定可以出质的其他财产权利。

权利质押因为设定质押的权利标的的不同，其生效条件也是不同的。具体包括：①有价证券的质押以汇票、支票、本票、债券、存款单、仓单、提单出质的，质权自权利凭证交付质权人时设立。没有权利凭证的，质权自办理出质登记时设立。法律另有规定的，依照其规定。②可以转让的基金份额、股权的质押。《民法典》规定，以基金份额、股权出质的，质权自办理出质登记时设立。基金份额、股权出质后，不得转让，但是出质人与质权人协商同意的除外。出质人转让基金份额、股权所得的价款，应当向质权人提前清偿债务或者提存。③知识产权的质押。依法可以转让的注册商标专用权、专利权、著作权等知识产权中的财产权可以质押，并且这些财产权应当自办理出质登记后，才能使质权生效。④应收账款的质押。《民法典》规定，以应收账款出质的，质权自办理出质登记时设立。应收账款出质后，不得转让，但是出质人与质权人协商同意的除外。出质人转让应收账款所得的价款，应当向质权人提前清偿债务或者提存。公路桥梁、公路隧道或者公路渡口等不动产收益权实际上就是应收账款的一种。

四、留置权

（一）留置与留置权

留置是指依照《民法典》和其他法律的规定，债权人按照合同约定占有债务人的动产，债务人不按照合同约定的期限履行债务的，债权人有权依法留置该财产，以该财产折价或以拍卖、变卖该财产的价款优先受偿的行为。留置权的设立根据是法律的直接规定，所以又称法定担保物权。留置一般适用于劳务服务性合同，如保管合同、运输合同、承揽合同及法律规定可以留置的其他合同。留置担保的范围包括主债权及利息、违约金、损害赔偿金、留置物保管费用和实现留置权的费用。

留置权是指债权人合法占有债务人的动产，在债务人不履行到期债务时，债权人有权依法留置该财产，并有权就该财产优先受偿的权利。留置权的效力还及于从物、孳息和代位物。《民法典》规定，留置的财产为可分物的，留置物的价值应当相当于债务的金额；留置物为不可分物的，留置权人可以就其留置物的全部行使留置权。

（二）留置权的取得

留置权的取得是基于法律规定，并且当事人没有排除适用。只有在符合法律规定的条件下，债权人才取得留置权。

双方必须存在债权债务关系。留置权是担保物权，担保物权存在的意义在于担保债务的履行，保证债权人实现其债权，因此，留置权以债权债务关系的存在为前提。只有债权合法有效存在，才存在债权人行使留置权的问题。

债权人依合同合法占有债务人的动产。留置权为基于动产占有而发生的法定担保物权，债权人因为合同约定占有债务人的动产，发生留置权。而且，债权人只有按合同约定占有债务人动产的，才可以成立留置权；债权人非以债权成立的合同为基础占有债务人动产的，不得成立留置权，即债权人因不当得利、无因管理或者侵权行为占有债务人的动产的，不得发生留置权。

债权和债权人占有财产之间存在牵连关系，即债权和标的物的占有取得是基于同一合同关系而发生的。正是由于债权和占有取得基于同一合同关系，留置权成为纯粹担保合同债务得以履行的手段。

债权已届清偿期而未受清偿。留置权制度的目的在于维护当事人之间的交易公平，担保债权受偿。因此，只有在债权清偿期届满，债务人不履行债务时，留置权人才可以行使留置权。

（三）留置权人的权利与义务

1. 留置权人的权利

（1）留置物的占有权

留置权人对留置物有占有的权利，在其债权未受偿前，其可以扣留留置物，拒绝一切返还请求。这是留置权的基本效力。留置权人对留置物的占有权受法律的保护，任何人不得侵害留置权人的占有权。在留置物受到不法侵害时，不论侵害人为何人，留置权人均享有物上请求权，可以请求法院保护。

（2）留置物孳息的收取权

留置权人于其占有留置物期间，对于留置物的孳息有收取的权利。留置权人收取留置物的孳息并不直接取得孳息的所有权，而只能以收取的孳息优先受偿。一般来说，留置权人收取的孳息应先充抵收取费用，次充抵利息，最后充抵原债权。

（3）对留置物必要的使用权

由于留置权为担保物权，留置权人虽占有留置物，但原则上对留置物进行使用收益。在留置期间，留置权人未经留置物所有人同意擅自使用、出租、处分留置物，因此给留置物所有人造成损失的，由留置权人承担赔偿责任。

（4）必要费用的返还请求权

由于留置权人对留置物并无用益权，却有妥善保管的义务，因此留置权人为保管留置物所支出的必要费用，是为物的所有人的利益而支出的，自应向物的所有人请求返还。保管的必要费用是指为留置物的保存及管理上所不可缺的费用，如养护费、维修费等。所支出的费用是否为必要，应依支出当时的客观标准而定，而不能以留置权人的主观认识为标准。

（5）就留置物变价优先受偿权

依我国法律的规定，留置权人有优先受偿权，即在一定条件下，留置权人可就留置物变价优先受清偿。

2. 留置权人的义务

（1）留置物的保管义务

留置权人负有妥善保管留置物的义务，因保管不善致使留置物灭失或者毁损的，留置权人应当承担民事责任。留置权人应当妥善保管留置物，如果没有履行妥善保管义务则为保管不善。因此，导致留置物毁损、灭失的，留置权人应承担民事责任。留置权人于占有留置物期间是否尽了必要的注意，其采取的措施是否得当，对留置物的损失是否有过错，应由留置权人负举证责任。留置权人在保管留置物时需债务人予以协助的，其得请求债务人协助。如债务人应留置权人的请求却不予以协助，则对由此而造成的留置物的毁损、灭失，债务人不得向留置权人请求损害赔偿。

（2）不得擅自使用、利用留置物的义务

留置权人原则上并无使用留置物的权利，相反留置权人负有不得擅自使用、利用留置物的义务。除为保管上的必要而使用外，留置权人未经债务人同意的，不仅不得自己使用留置物，还不得将留置物出租或提供担保。

（3）返还留置物的义务

当留置权所担保的债权消灭时，留置权人有义务将留置物返还于债务人。在债权虽未消灭，但债务人另行提供担保而使留置权消灭时，留置权人也有返还留置物的义务。留置权人违反返还留置物的义务的，构成非法占有，应向债务人或所有人承担民事责任。

（四）留置权的实现与消灭

留置权人与债务人应当约定留置财产后的债务履行期限，没有约定或者约定不明确的，留置权人应当给债务人六十日以上履行债务的期间，但是鲜活易腐等不易保管的动产除外。债务人逾期未履行的，留置权人可以与债务人协议以留置财产折价，也可以就拍卖、变卖留置财产所得的价款优先受偿。留置财产折价或者变卖的，应当参照市场价格。留置财产折价或者拍卖、变卖后，其价款超过债权数额的部分归债务人所有，不足部分由债务人清偿。同时，债务人可以请求留置权人在债务履行期限届满后行使留置权。留置权人不行使的，债务人可以请求人民法院拍卖、变卖留置财产。

留置权因下列原因而消灭：①债权消灭的；②债务人另行提供担保并被债权人接受的。

本章小结

物权是直接支配特定物的财产性权利。物权变动是指物权的发生、转移、变更和消灭。所有权是指所有人依法对自己的财产享有的占有、使用、收益和处分的权利。所有权是完整的物权。用益物权是对他人所有的不动产或者动产，依法享有占有、使用和收益的权利。担保物权，是以担保债权实现为目的的物权。《民法典》规定了抵押权、质权、留置权三种担保物权。

第四章案例讨论

第四章习题

第四章习题答案

第五章　合同法律制度

引导案例

案情回顾

紫杉庄园项目又名澜香山项目，由西安闻天公司开发建设。2016年4月25日，李女士与闻天公司签订《紫杉庄园内部认购合同》一份，认购闻天公司开发建设的位于长安区兴隆街办西沣路以西紫杉庄园项目商品房。双方在认购合同中约定的内容包括：认购房源销售面积约200平方米，认购房源销售总价172万元；乙方李女士选择总房价款100%付款比例，根据付款比例，开发商给予总房价款7折优惠，优惠后总价120.4万元。合同还约定，合同签订后，甲方须为乙方保留该房屋至签订正式《商品房买卖合同》时，且不得与第三方签订该房屋的《商品房内部认购合同》或《商品房买卖合同》，并承诺在乙方携本合同与甲方签订《商品房买卖合同》时，甲方将完全履行本合同约定的房屋位置、面积、价款、户型等条款。合同签订当天，李女士即缴纳120.4万元购房款，闻天公司出具了收据。像李女士一样的购房者共有12人，买的都是联排别墅。

2018年2月初，12位购房者不仅没等来办理购房手续的通知，反而相继收到了一份民事起诉状。闻天公司的诉讼请求是确认双方签订的《紫杉庄园内部认购合同》无效，诉讼费用全部由被告即购房者承担。理由是在签订合同时，双方均明知闻天公司开发建设的紫杉庄园项目没有预售许可证，根据《最高人民法院关于审理商品房买卖合同纠纷案件适用法律若干问题的解释》第二条及《城市商品房预售管理办法》第六条的规定，双方签订的合同为无效合同，无效合同自始不发生法律效力。有一不争的事实是签合同时每平方米折后价格多为六七千元，而起诉时该房产售价已涨到2万多元，是原价格的3倍多。

经查，2016年8月3日，长安区房管局对涉案项目进行检查，发现该项目未办理销售手续，涉嫌无证销售，于同年8月9日作出处理决定，责令闻天公司停止一切销售行为及和房屋销售相关的广告宣传活动；立即进行企业经营整改，并对违规销售的房屋逐一清退；尽快办理相关建审手续。后闻天公司仍未办理商品房预售许可证。2018年3月1日，长安区住房保障和房屋管理局因闻天公司在涉案项目未取得《商品房预售许可证》的情况下擅自违规销售之行为，对闻天公司予以行政处罚，即责令停止销售活动，补办许可证，并处罚款72万余元。同年3月5日，闻天公司缴纳罚款。涉案项目闻天公司已取得土地使用权证、建设用地规划许可证、建设工程规划许可证、建筑工程施工许可证。

2018 年 6 月 8 日，西安市长安区人民法院发布一审判决结果，认为闻天科技与购房人李女士签订的《紫杉庄园内部认购合同》无效。长安区法院认为，依法成立的合同，受法律保护。《最高人民法院关于审理商品房买卖合同纠纷案件适用法律若干问题的解释》第二条规定："出卖人未取得商品房预售许可证明，与买受人订立的商品房预售合同，应当认定无效，但是在起诉前取得商品房预售许可证明的，可以认定有效。"第五条规定："商品房的认购、订购、预订等协议具备《商品房销售管理办法》第十六条规定的商品房买卖合同的主要内容，并且出卖人已经按照约定收受购房款的，该协议应当认定为商品房买卖合同。"既然是商品房买卖合同，因原告闻天公司在本案起诉前仍未取得商品房预售许可证，故原、被告双方签订的该合同应为无效合同。在法院判决的当天，闻天公司取得涉案项目的商品房预售许可证。

李女士对一审判决不服，向西安市中级人民法院提出上诉。

法院认定：西安市中级人民法院经审理认为，根据《中华人民共和国合同法》第四十四条第一款和《最高人民法院关于审理商品房买卖合同纠纷案件适用法律若干问题的解释》规定，双方之间形成了商品房预售合同法律关系。闻天公司在自身合同目的已经实现情形下，非但不积极履行应尽的合同义务，面对房地产市场出现价格大幅上涨，反而主张合同无效的做法，违背诚实信用原则。闻天公司签约时未取得商品房预售许可证，虽然违反了有关"商品房预售应当取得商品房预售许可证明"的规定，但是并不必然导致其签订购房合同的民事法律行为无效。闻天公司作为房地产开发企业，对房屋预售所需符合的条件应当是清楚的，对自身不办理商品房预售许可证即预售商品房行为的违法性应当是明知的。现闻天公司以自身原因造成的违法事实为由提起本案诉讼，真正目的在于获取超出合同预期的更大利益，其行为显然与社会价值导向和公众认知相悖。为弘扬社会主义核心价值观，彰显司法公正，人民法院对此种行为不应予以支持。

（笔者根据中国法院网及相关媒体公开报道整理，参考资料来源：https://www.chinacount.org/article/detail/2020/05/id/5215132.shtml，有改动）

第一节　合同法律制度概述

学习目标

素质目标：要求学习者具有法律思维能力与运用能力，并关注社会生活中市场交易中的合同问题。

知识目标：要求学习者能够准确地理解和掌握我国合同制度的基本原理。

技能目标：要求学习者能够准确界定合同，合同的不同分类及其法律意义。

思政目标：要求学习者通过对民事主体从事民事活动应遵循基本原则的学习，树立意思自治、诚实信用、公平正义、绿色环保的理念，激发学习者对人、自然、社会/国家应该相融共进的理解认同。

关键术语

合同；意思自治；合同分类；民事活动的基本原则；法律适用

背景知识

合同与我们每个人的日常生活密切相关。合同无处不在。古人说的“君子一言，驷马难追”就体现了一种朴素、内在的契约或者合同精神。合同制度是市场经济的基本法律制度。《民法典》中的合同编一共分为三个分编（通则、典型合同、准合同），共计五百二十六条，占《民法典》条文总数的40%以上，在《民法典》中具有举足轻重的地位。合同编是在系统总结我国合同立法经验的基础上产生的，它植根于中国大地，坚持维护契约、平等交换、公平竞争，促进商品和要素自由流动，是我国改革开放和市场经济经验的总结，彰显了中国特色，也回应了我国经济生活、交易实践的需要。

一、合同的概念与特征

（一）合同的概念

合同旧称为契约，是随着社会关系的日益复杂化和经济交往的扩大化而产生和发展的，尤其是当商品交换活动从依靠习惯调整上升到依靠法律调整时，才真正形成了现代意义上的合同。《民法典》第四百六十四条规定，合同是民事主体之间设立、变更、终止民事法律关系的协议。

（二）合同的基本特征

1. 合同是一种民事法律行为

合同是民事主体实施民事法律行为的结果，如买卖合同、借款合同、租赁合同等，民事主体依法缔结的合同关系，受国家法律保护。

2. 合同以设立、变更、终止民事法律关系为目的

民事主体订立合同都是为了追求一定的目的。合同关系必然是以设立、变更、终止民事法律关系为目的的。

3. 合同当事人的法律地位平等

在合同关系中，当事人在法律上具有独立、平等的地位，平等地享有权利，平等地

承担义务，平等地受法律保护。法律地位平等是民事主体自由、真实表达自己意志的前提，也是民事主体之间权利义务对等的基础，这是由商品交换关系的本质所决定的，也是合同关系最本质的特征。

4. 合同是民事主体意思表示一致的协议

合同是民事主体就设立、变更、终止民事法律关系，经过协商达成一致意见的结果。合同在本质上就是合意的结果。

二、合同的分类

合同的种类繁多，依据不同的标准可以分为不同的类型。

（一）有偿合同与无偿合同

根据当事人之间的权利义务是否互为对价为标准，合同可分为有偿合同和无偿合同。有偿合同是指一方依照合同规定享有权利时，需向对方支付相应的代价的合同，如买卖合同等。无偿合同是指不支付代价即可享有合同权利的合同，如赠与合同、免费运输合同等。

（二）双务合同与单务合同

根据当事人双方是否互付义务为标准，合同可分为双务合同与单务合同。双务合同是指当事人双方互负给付义务，一方的权利和义务即对应为另一方的义务和权利，如买卖合同、租赁合同等。单务合同则表现为权利和义务的分离，一方主要享受权利而另一方承担主要义务或权利与义务之间不存在对应和依赖关系，如一般的赠与合同。

（三）诺成合同与实践合同

根据是否以交付标的物为成立条件，合同可分为诺成合同与实践合同。诺成合同指仅以当事人意思表示一致为成立要件的合同。诺成合同自当事人双方意思表示一致时即可成立，不以一方交付标的物为合同的成立要件，当事人交付标的物属于履行合同，而与合同的成立无关。买卖合同是典型的诺成合同。实践合同是指除双方当事人意思表示一致以外，尚须交付标的物或完成其他给付才能成立的合同。例如，自然人之间的借贷合同、定金合同、没有特殊约定的保管合同等。

（四）要式合同与非要式合同

按法律要求是否具备形式和手续可以将合同分为要式合同和非要式合同。要式合同，是指根据法律规定应当采取特定方式订立的合同。对于一些重要的交易，法律常要求当事人应当采取特定的方式订立合同。例如，购房合同、担保合同、保理合同必须采取书面形式。只有具备了这种形式合同才能正式成立。非要式合同又称“不要式合同”，是指当事人订立的合同依法并不需要采取特定的形式，当事人可以采取口头方式，也可以采取书面方式或其他方式。不要式合同采取不特定的形式不影响合同的成立和生效。例如，民间借款合同。

（五）有名合同与无名合同

根据法律是否规定了专门名称与规则可以将合同分为有名合同与无名合同。有名合同，是法律对某类合同赋予专门名称，并设定专门规范的合同，如《民法典》合同编典型合同分编列举了买卖合同、赠与合同、借款合同、保证合同、保理合同、物业服务合同、中介合同、合伙合同等 19 种有名合同。无名合同是指法律未对其名称和规则作出明确规定的合同。有名合同与无名合同的区分意义主要在于两者适用的法律规则不同。对于有名合同应当直接适用《民法典》合同编典型合同分编的规定。对于无名合同，《民法典》第四百六十七条规定："本法或者其他法律没有明文规定的合同，适用本编通则的规定，并可以参照适用本编或者其他法律最相类似合同的规定。"

（六）主合同与从合同

根据某一合同是否以其他合同的存在为前提可以将合同分为主合同与从合同。主合同是无须以其他合同存在为前提即可独立存在的合同。这种合同具有独立性。从合同，又称附属合同，是以其他合同的存在为其存在前提的合同。保证合同、定金合同、质押合同等相对于提供担保的借款合同即为从合同。从合同的存在是以主合同的存在为前提的，故主合同的成立与效力直接影响到从合同的成立与效力。例如，甲与乙赌博，丙为乙担保。赌博合同是主合同，是无效合同；担保合同是从合同，也随之无效。一般情况下，主合同决定从合同的命运，但也有例外。例如，甲和乙约定，甲给乙五万元定金，定金交付时，主合同生效，这就是成约定金。成约定金的交付是主合同生效的条件，从合同效力反而决定主合同的效力，因为当事人通过合意使从合同成为主合同的前提。

（七）束己合同和涉他合同

根据合同的履行是否涉及第三人，合同可分为束己合同和涉他合同。束己合同是当事人为自己设立权利义务的合同。涉他合同是当事人为他人设立权利义务的合同。涉他合同又可以分为两种：一是为第三人设定债权的合同。例如，人身保险合同的第三人可以为受益人。二是为第三人设定债务的合同。为第三人设定债务的合同要经第三人同意，否则第三人不承担债务。

（八）预约合同和本约合同

根据合同的订立是否以订立另一合同为内容为标准可以划分为预约合同和本约合同。预约合同是指当事人约定在将来一定期限内订立合同的认购书、订购书、预订书、意向书等。本约合同即是正式合同，是履行预约而订立的合同。预约属前契约阶段订立的合同，若当事人一方不履行预约合同约定的订立合同义务的，对方可以请求其承担预约合同的违约责任。本约是在民事合同权利义务关系全部定型后签订的，双方应承担的义务是合同义务。

三、民事主体从事民事活动应遵循的基本原则

合同是民事主体从事的一种民事活动。《民法典》规定了民事主体从事民事活动中要遵循的基本原则。

（一）平等原则

民事主体在民事活动中的法律地位一律平等。法律平等地位，是指权利能力平等，自然人的权利能力平等，法人有与其自身活动相应的权利能力，法律地位也是平等的。不论主体的经济、社会地位有何差别，其在法律地位上都是平等的，都是平等的民事主体。平等原则是民事活动最基本的原则，如果民事主体的法律地位不平等，就谈不上自愿、公平等问题。

（二）自愿原则

民事主体从事民事活动，应当遵循自愿原则，按照自己的意思设立、变更、终止民事法律关系。任何单位和个人不得非法干预。自愿是贯彻合同活动全过程的基本原则，但自愿的前提是不违反法律、法规的强制性规定和社会公序良俗。意思自治是现代民法的“三大基石”之一。

（三）公平原则

所谓公平就是以利益的均衡作为价值判断标准以调整民事主体之间的经济利益关系，通过利益均衡配置民事主体的权利义务，公平正义是对民事司法活动的基本要求。

（四）诚信原则

诚实守信是市场活动的基本准则，是保障交易秩序的重要法律原则，它和公平原则一样，既是法律原则，又是一种重要的道德规范，它要求全部民事主体诚实不欺，讲究信用，以善意的方式行使权利。《民法典》第七条规定：“民事主体从事民事活动，应当遵循诚信原则，秉持诚实，恪守承诺。”

（五）绿色原则

绿色原则是《民法典》确定的一项新的法律原则，具有重大意义的创举，规定民事主体从事民事活动，应当有利于节约资源，保护生态环境，这项原则既传承了天地人和，人与自然和谐相处的传统文化理念，又体现了新的发展思想，有利于缓解我国不断增长的人口与资源生态的矛盾。

（六）遵守法律与公序良俗原则

民事主体从事民事活动，应当遵守法律，不违反公序良俗原则。公序良俗是由“公共秩序”和“善良风俗”两个概念构成的，要求民事主体遵守社会公共秩序，遵循社会主体成员所普遍认可的道德准则。这项原则还有一种含义，违反公序良俗的民事法律行为是无效的。

四、中华人民共和国合同法律制度的发展历程

（一）中华人民共和国的第一个合同法规

中华人民共和国成立之初，国民经济有待恢复、多种经济成分并存，政府提倡自由的国内贸易。1950 年 9 月 27 日，当时的政务院财政经济委员会颁布了《机关、国营企业、合作社签订合同契约暂行办法》，这是中华人民共和国的第一个合同法规。

20 世纪 50 年代末，我国在完成了社会主义改造（对农业、手工业实行合作化，对资本主义工商业实行公私合营）之后，接着进行了“大跃进”等运动，形成了全国规模的以指令性计划为主的产品经济，国家运用指令性计划来管理社会经济活动。就整个社会经济活动中的情况来说，这时已没有合同制度可言。在 1961 年党的八届九中全会正式批准调整经济的八字方针（即“调整、巩固、充实、提高”）以后，恢复和推广合同法律制度，但自 1966 年 5 月至 1976 年 10 月，合同法律制度再次被废弃。

（二）《中华人民共和国经济合同法》

1978 年，中国共产党第十一届中央委员会第三次全体会议在北京举行。这次会议作出把工作重点转移到社会主义现代化建设上来的战略决策；提出要健全社会主义民主和加强社会主义法制的任务。1981 年 12 月，《中华人民共和国经济合同法》（以下简称《经济合同法》）颁布，这是中华人民共和国第一部关于合同的法律。这部法律被认为是在总结我国三十多年来各方面经济交往经验的基础上，根据我国当时的经济制度、经济政策，借鉴外国经济合同法方面一些成功的经验，为提高生产建设、流通等各个领域经济效益而制定的。《经济合同法》共计七章五十七条。它以法律的形式，规定了企业、农村社队、国家机关、事业单位、社会团体等法人之间，以及法人和个体经营户、农村社员之间订立经济合同的一般规则、要求及违反合同的责任等，规定了 10 种典型的合同：购销合同、建设工程承包合同、加工承揽合同、货物运输合同、供用电合同、仓储保管合同、财产租赁合同、借款合同、财产保险合同、科技协作合同。

（三）《中华人民共和国涉外经济合同法》

为了适应对外开放带来的对外经济关系增多的需要，1985 年全国人大常委会颁布《中华人民共和国涉外经济合同法》（以下简称《涉外经济合同法》），该法是参照国内《经济合同法》的原则和国际惯例制定的，旨在保障合同当事人的合法权益，促进我国对外

经济关系的发展。该法共七章四十三条。该法的适用范围是中国的企业或者其他经济组织同外国的企业和其他经济组织或者个人之间订立的经济合同。但是，国际运输合同除外。这部法律属于总则规定，没有区分合同的具体类型，而是就合同问题作的一般规定。

（四）《中华人民共和国民法通则》及加入《联合国国际货物销售合同公约》

1986 年，《中华人民共和国民法通则》（以下简称《民法通则》）颁布，这标志着中国在健全法制的道路上又迈出了重要一步。该法第一次使用了“合同”概念，而不用在中国用了 30 年之久的“经济合同”一词，是中国合同法的一个大转折、一个重要的里程碑。

中国政府于 1981 年 9 月 30 日在《联合国国际货物销售合同公约》（United Nations Convention on Contracts for the International Sale of Goods，CISG）上签字并于 1986 年 12 月 11 日批准该公约。

（五）《中华人民共和国技术合同法》

1987 年，《中华人民共和国技术合同法》（以下简称《技术合同法》）颁布，共计七章五十五条。这是中国实行技术商品化的法律规定，第一次以法律的形式确定技术知识（脑力劳动）是商品，纠正了在中国长期存在的只有体力劳动“创造”财富的偏见。之所以在 1981 年《经济合同法》（其中有关于技术方面的内容）之外单独制定技术合同法，是因为当时立法者认为，技术合同（包括技术开发、技术转让、技术咨询和技术服务四种）与一般的民事合同、经济合同有所区别。1981 年制定《经济合同法》的时候，全国的技术市场还没有兴起，专利制度也没有实行。《经济合同法》在当时还不可能对各种技术合同形式和当事人的权利、义务与责任提出明确的规范。1987 年的情况有了变化。根据不同的社会关系运用不同的法律调整的立法原则，立法者单独制定技术合同法，目的是便于执行，更好地用统一法律来规划、调整法人和公民因缔结各种技术合同产生的关系。

（六）修改《经济合同法》

1992 年，邓小平南方谈话后，中国的改革开放和社会主义现代化建设进入到一个新的发展阶段。中国共产党第十四次全国代表大会确定中国经济体制改革的目标是建立社会主义市场经济体制。1993 年，中国立法机关修改了《经济合同法》。原因是该法诞生于计划经济盛行的时代，原来立法中有许多与社会主义市场经济不相适应的规定需要修正。不过，修改《经济合同法》只不过是一个过渡性手段，中国合同法仍然处在“三足鼎立”的局面，市场经济的进一步发展，呼唤出台统一的合同法。

（七）《中华人民共和国合同法》

《中华人民共和国合同法》（以下简称《合同法》）在 1999 年 3 月 15 日正式出台。《经济合同法》《涉外经济合同法》《技术合同法》废止。《合同法》是中华人民共和国历史上第一部统一的合同法律，采总分结构，总则规定了合同法的一般规则和原则，具有普遍适用性；分则以十五章规定了十五类具体合同。

（八）《中华人民共和国民法总则》

中华人民共和国曾于 1954 年、1962 年、1979 年、2002 年四次启动《民法典》的制定，但由于当时历史条件所限，未能出台。根据立法计划，中国《民法典》将由总则编和各分编组成，编纂工作按照“两步走”的思路进行：第一步，编纂《民法典》总则编，即《中华人民共和国民法总则》（以下简称《民法总则》）；第二步，编纂《民法典》各分编。《民法总则》于 2017 年 3 月 15 日通过并公布，自 2017 年 10 月 1 日起施行。《民法总则》是《民法典》的开篇之作，在《民法典》中起统领性作用。《民法总则》规定民事活动必须遵循的基本原则和一般性规则。《民法总则》分为十一章，包括基本规定、自然人、法人、非法人组织、民事权利、民事法律行为、代理、民事责任、诉讼时效、期间计算、附则，共二百零六条。

（九）《民法典》

2020 年 5 月 28 日，十三届全国人大三次会议表决通过了《民法典》，这是中华人民共和国成立以来第一部以“法典”命名的法律，是新时代我国社会主义法治建设的重大成果。民法典在中国特色社会主义法律体系中具有重要地位，是一部固根本、稳预期、利长远的基础性法律，对推进全面依法治国、加快建设社会主义法治国家，对发展社会主义市场经济、巩固社会主义基本经济制度，对坚持以人民为中心的发展思想、依法维护人民权益、推动我国人权事业发展，对推进国家治理体系和治理能力现代化，都具有重大意义。民法典的颁布有力地促进了民事立法的体系化，使各个民商事单行法在民法典的统帅下，构成一个完整的、系统化的整体。民法典按照“总一分”结构，共七编，依次为总则编、物权编、合同编、人格权编、婚姻家庭编、继承编、侵权责任编及附则。它们都以民事权利的确认和保护而形成了一个体系化的整体。总则编是对民事权利的一般规则作出的规定，而各分编则是分别对物权、合同债权、人格权、婚姻家庭中的权利、继承权及对各项权利的侵权责任制度所组成的规则体系。《民法典》自 2021 年 1 月 1 日起施行。《民法总则》《民法通则》《物权法》《合同法》《中华人民共和国婚姻法》《中华人民共和国继承法》《中华人民共和国收养法》《中华人民共和国担保法》《中华人民共和国侵权责任法》同时废止。

中国合同法的发展历史其实是中国社会变迁史的一部分，如果我们把中华人民共和国七十多年的发展变化粗线条地概括为从计划经济向市场经济的变化，那么在这个变化过程中，法律从可有可无变成担当重要功能，合同法从无到有，合同观念从落实国家计划的工具到市场主体追求个体利益的工具，国家在对待合同的角色从过去的强调合同管理变化为国家充当市场规则的裁判者，这些变化无不是中国社会变迁的组成部分，而且是非常重要的组成部分。

五、《民法典》合同编的适用范围

《民法典》第四百六十三条规定了合同编的调整范围为因合同产生的民事关系，即民事主体之间设立、变更、终止民事法律关系的协议适用合同编。婚姻、收养、监护等有关身份关系的协议，适用有关该身份关系的法律规定；没有规定的，可以根据其性质参照适用合同编规定。《民法典》第四百六十八条规定："非因合同产生的债权债务关系，适用有关该债权债务关系的法律规定；没有规定的，适用合同编通则的有关规定，但是根据其性质不能适用的除外。"

收养协议、结婚协议、离婚协议及监护协议中属于身份关系上的协议，当然适用婚姻家庭法、监护、继承的法律规则，如结婚协议，是否可以适用合同法中的附期限附条件规定？这些问题是由身份关系决定的，不能适用合同编，只能适用婚姻家庭法。但是这些身份法律并不是对身份关系上的一切问题都有规定，那么没有规定就可以根据其性质参照适用合同编，如身份关系协议的成立、生效、撤销、协议解除等问题，监护、继承法、婚姻家庭法没有规定的，可以适用合同编中合同成立、合同生效、合同撤销、协议解除的法律规则。例如，离婚协议的成立可参照适用合同编中要约承诺的规则。离婚协议要有书面形式，那么它的成立参照合同编中关于书面合同成立的规则，双方在合同书上签字盖章加手印。如果一方没有签字，或者一方没有按手印，离婚协议没有成立。离婚协议的生效，合同编规定，"合同成立时生效，法律另有规定的除外"。离婚协议的成立要参照合同编书面合同成立的规则，但是它的生效由于婚姻法上有规定，登记生效，成立之后要到登记机关去登记才能生效。

第二节　合同的订立

学习目标

素质目标：要求学习者具备分析和解决合同订立实际问题的素质。

知识目标：要求学习者能够准确地掌握合同订立的方式，熟悉格式合同陷阱，了解缔约过失责任与违约责任的不同。

技能目标：要求学习者具有能够防范合同订立风险，解决格式合同纠纷的能力。

思政目标：要求学习者通过对合同订立规则的学习，培养学生知法守法、诚实守信的意识。

关键术语

合同形式；订立方式；格式合同；缔约过失责任；悬赏广告

背景知识

《民法典》合同编为市场交易确定“游戏规则”，合同的订立更加尊重当事人真实意愿，最大限度地贯彻“我的合同我做主”。在缔约阶段，合同编为当事人提供了更多“选项”，进一步拓展了合同自由原则。在订立合同的方式上，当事人除了以合同法规定的要约、承诺的方式之外，还可以其他方式。在以合同书订立合同的场合，合同编第四百九十条对广泛存在于中国民间的按指印成立合同的做法予以确认。为适应电子商务和数字经济快速发展的需要，规范电子交易行为，《民法典》对电子合同订立的特殊规则作了规定，彰显了《民法典》的时代特色，为新需求、新方式提供了明确的法律规则。

一、合同订立的形式与内容

合同的订立又称缔约，是当事人为设立、变更、终止民事法律关系而进行协商、达成协议的过程。当事人为达成协议，相互为意思表示进行协商到达成合意的过程也就是合同的订立过程。合同当事人是需要具备民事权利能力和一定民事行为能力的自然人、法人或者非法人组织的民事主体。同时，当事人也可以依法由代理人订立合同。

（一）合同订立的形式

合同订立的形式是合同当事人之间明确相互权利和义务的方式，是当事人意思表示一致的外在表现方式。当事人订立合同一般有三种形式：书面形式、口头形式和其他形式。

1. 书面形式

书面形式是指合同书、信件、电报、电传、传真等可以有形地表现所载内容的形式。书面形式明确肯定，有据可查，是当事人普遍采用的一种合同形式。以电子数据交换、电子邮件等方式能够有形地表现所载内容，并可以随时调取查用的数据电文，视为书面形式。根据相关法律法规规定电子数据包括下列信息、电子文件：①网页、博客、微博客等网络平台发布的信息；②手机短信、电子邮件、即时通信、通信群组等网络应用服务的通信信息；③用户注册信息、身份认证信息、电子交易记录、通信记录、登录日志等信息；④文档、图片、音频、视频、数字证书、计算机程序等电子文件；⑤其他以数字化形式存储、处理、传输的能够证明法律关系事实的信息。

2. 口头形式

口头形式是指当事人各方就合同内容达成一致口头协议的形式。口头形式直接、简便、迅速，但发生纠纷时难以取证，不易分清责任。对于不及时清结的和较重要的合同不宜采用口头形式。

3. 其他形式

其他形式是指采用除了书面形式、口头形式以外的方式订立合同的形式，即根据当事人的行为或者特定情形推定合同的成立，如推定形式和默示形式。例如，房屋租赁合同，租赁期满后，出租人未提出让承租人退房，承租人也未表示退房而是继续交房屋租金，出租人仍然接受租金。尽管当事人没有重新签订合同，但是可以依当事人的行为推定合同仍然有效，继续履行。

（二）合同的内容

合同的内容是指合同当事人所确定的各方的权利和义务，主要由合同的条款确定。由于合同的类型和性质不同，合同的主要条款可能有所不同。《民法典》合同编规定，合同的内容由当事人约定，一般包括以下条款。

1. 当事人的名称或者姓名和住所

当事人的名称或者姓名和住所是每一份合同必须具备的条款。当事人是自然人的，应当明确规定其姓名和地址；当事人是法人或者非法人组织的，应当明确规定其名称和住所及法定代表人或者负责人等。订立合同时，要把各方当事人名称或者姓名和住所记载准确、清楚。

2. 标的

标的是指合同当事人双方权利义务共同指向的对象。标的体现着合同的性质和当事人订立合同的目的，也是产生当事人权利和义务的依据。合同对标的的规定应当清楚明白，准确无误。合同的标的一般包括四类，即有形财产、无形财产、劳务、工作成果。

3. 数量

数量是对标的物量的规定，是对标的的计量。数量反映的是合同当事人权利义务的大小和多少。合同的数量要准确，应选择使用当事人共同接受的计量单位、计量方法和计量工具。

4. 质量

质量是指合同标的内在素质和外部形态的综合特征，一般体现在品种、规格、等级和工程项目的标准等方面。合同中必须对质量明确加以规定，国家有强制性标准规定的，必须按照规定的标准执行。如有多种质量标准，应尽可能约定其适用的标准。当事人还可以约定有关质量检验的方法、质量异议的条件等内容。

5. 价款或报酬

价款或报酬是指当事人取得合同标的所付出的货币代价。价款一般是指对提供财产的当事人支付的货币，如买卖合同的货款等。报酬一般是指对提供劳务或工作成果的当事人支付的货币，如运输合同中的运输费等。

6. 履行期限、履行地点和履行方式

履行期限是指当事人履行合同义务的时间界限，如交付标的物、价款或报酬等时间界限。它直接关系到合同义务完成的时间，是确定合同能否按时履行的依据。

履行地点是指当事人一方交付标的，另一方当事人接受标的并支付价款的具体地点。履行地点关系到履行合同的费用、风险的承担者，是确定所有权是否转移、何时转移、发生纠纷后应由何地法院管辖的依据。

履行方式是指当事人履行合同义务的具体方式和要求。例如，合同标的的交付是一次履行，还是分期分批履行；支付方式是现金，还是支票、本票、汇票等。

7. 违约责任

违约责任是指合同当事人不履行或者不完全履行合同时，依照法律或者合同约定所应承担的法律责任。违约责任是合同具有法律约束力的重要体现，也是保证合同履行的主要条款。当事人可以在合同中明确规定违约责任条款，如约定定金或违约金、赔偿金等。

8. 解决争议的方法

解决争议的方法是指合同当事人对合同的履行发生争议时解决的途径和方式。解决合同争议的方法主要有协商和解、第三人调解、仲裁和民事诉讼。如果当事人意图通过诉讼解决争议，可以不进行约定；若选择仲裁解决方式，则必须约定，还要明确具体的仲裁机构。

二、合同订立的程序

《民法典》第四百七十一条规定：“当事人订立合同，可以采取要约、承诺方式或者其他方式。”

（一）要约

要约是希望与他人订立合同的意思表示。提出要约的一方称为要约人，接受要约的一方称为受要约人。要约在不同情况下还可以称为发盘、出盘、发价、出价或报价。

1. 要约的条件

《民法典》规定，要约的条件主要包括：①内容具体确定。发出要约的目的在于订立合同，要约人必须是确定的。因为要约一经受要约人承诺，合同即告成立，所以，要约内容应当具体明确，应包含合同的主要条款。②表明经受要约人承诺，要约人即受该意思约束，即要约人要明确表明，如果对方接受要约，合同即告成立。

2. 要约邀请

要约邀请是希望他人向自己发出要约的表示。要约是一种法律行为，一经对方承诺，合同即告成立。与要约不同，要约邀请是当事人订立合同的预备行为，只是引诱他人发出要约，不能因相对人的承诺而成立合同。要约邀请可以向不特定的任何人发出，也不需要在要约邀请中详细表示，无论对于发出邀请人还是接受邀请人，都没有约束力。《民法典》规定，拍卖公告、招标公告、招股说明书、债券募集办法、基金招募说明书、商业广告和宣传、寄送的价目表等为要约邀请。商业广告和宣传的内容符合要约条件的，构成要约。

3. 要约的生效时间

一般情况下，要约到达受要约人时生效。《民法典》将要约生效时间做了类型化区分：以对话方式作出的要约，相对人知道其内容时生效；以非对话方式作出的要约，到达相对人时生效。以非对话方式作出的采用数据电文形式的要约，相对人指定特定系统接收数据电文的，该数据电文进入该特定系统时生效；未指定特定系统的，相对人知道或者应当知道该数据电文进入其系统时生效。当事人对采用数据电文形式的要约的生效时间另有约定的，按照其约定。

4. 要约的撤回、撤销与失效

要约的撤回是指要约在发出后、生效前，要约人使要约不发生法律效力的意思表示。由于要约在到达受要约人时才生效，因此，撤回要约的通知应当在要约到达受要约人之前或者与要约同时到达受要约人。

要约的撤销是指要约人在要约生效后、受要约人承诺前，使要约丧失法律效力的意思表示。撤销要约的意思表示以对话方式作出的，该意思表示的内容应当在受要约人作出承诺之前为受要约人所知道；撤销要约的意思表示以非对话方式作出的，应当在受要约人作出承诺之前到达受要约人。由于撤销要约可能会给受要约人带来不利的影响，《民法典》规定了两种不得撤销要约的情形：①要约人以确定承诺期限或者以其他形式明示要约不可撤销；②受要约人有理由认为要约是不可撤销的，并已经为履行合同做了合理准备工作。

要约的失效是指要约丧失法律效力，即要约人和受要约人均不再受要约的约束。根据《民法典》的相关规定，要约失效情形包括：①要约被拒绝；②要约被依法撤销；③承诺期限届满，受要约人未作出承诺；④受要约人对要约的内容作出实质性变更。

（二）承诺

承诺是受要约人同意要约的意思表示。

1. 承诺的方式

承诺方式是指受要约人将其承诺的意思表示传达给要约人所采用的方式。承诺应当以通知的方式作出，但根据交易习惯或者要约表明可以通过行为作出承诺的除外。

2. 承诺的条件

根据《民法典》的相关规定，承诺的条件主要包括：①承诺必须由受要约人作出，如由代理人作出承诺，则代理人须是合法的代理人；②承诺必须向要约人作出；③承诺的内容应当和要约的内容一致；④承诺必须在有效的期限内作出。

承诺的内容应当与要约的内容一致。受要约人对要约的内容作出实质性变更的，为新要约。有关合同标的、数量、质量、价款或者报酬、履行期限、履行地点和方式、违约责任和解决争议方法等的变更，是对要约内容的实质性变更。承诺对要约的内容作出非实质性变更的，除要约人及时表示反对或要约表明承诺不得对要约的内容作出任何变更的以外，该承诺有效，合同的内容以承诺的内容为准。

3. 承诺的期限

承诺应当在要约确定的期限内到达要约人。要约以信件或者电报作出的，承诺期限自信件载明的日期或者电报交发之日开始计算。信件未载明日期的，自投寄该信件的邮戳日期开始计算。要约以电话、传真、电子邮件等快速通讯方式作出的，承诺期限自要约到达受要约人时开始计算。

要约没有确定承诺期限的，承诺应当依照下列规定到达：①要约以对话方式作出的，应当即时作出承诺；②要约以非对话方式作出的，承诺应当在合理期限内到达。

受要约人超过承诺期限发出承诺的，除要约人及时通知受要约人该承诺有效的以外，为新要约，即承诺的延迟。受要约人在承诺期限内发出承诺，按照通常情形能够及时到达要约人，但因其他原因承诺到达要约人时超过承诺期限的，除要约人及时通知受要约人因承诺超过期限不接受该承诺的以外，该承诺有效，即承诺的迟到。

4. 承诺的生效

一般情况，承诺通知到达要约人时生效。以对话方式作出的承诺，相对人知道其内容时生效；以非对话方式作出的承诺，到达相对人时生效。承诺不需要通知的，根据交易习惯或者要约的要求作出承诺的行为时生效。采用数据电文形式作出承诺，承诺到达的时间同上述要约到达时间的规定相同。

5. 承诺的撤回

承诺可以撤回。撤回承诺的通知应当在承诺通知到达要约人之前或者与承诺通知同时到达要约人。承诺生效时，一般情况下，合同成立。对已成立的合同，当事人一方无权撤销，只能依法变更、解除。

三、合同成立的时间、地点

（一）合同成立的时间

原则上，合同成立的要件为意思表示作出并达成一致，因此以承诺生效时间作为判断合同成立的时点。承诺生效时合同成立，但是法律另有规定或者当事人另有约定的除外。

当事人采用合同书形式订立合同的，自当事人均签名、盖章或者按指印时合同成立。在签名、盖章或者按指印之前，当事人一方已经履行主要义务，对方接受时，该合同成立。

法律、行政法规规定或者当事人约定合同应当采用书面形式订立，当事人未采用书面形式但是一方已经履行主要义务，对方接受时，该合同成立。

当事人采用信件、数据电文等形式订立合同要求签订确认书的，签订确认书时合同成立。

当事人一方通过互联网等信息网络发布的商品或者服务信息符合要约条件的，对方选择该商品或者服务并提交订单成功时合同成立，但是当事人另有约定的除外。

（二）合同成立的地点

承诺生效的地点为合同成立的地点。

采用数据电文形式订立合同的，收件人的主营业地为合同成立的地点；没有主营业地的，其住所地为合同成立的地点。当事人另有约定的，按照其约定。

当事人采用合同书形式订立合同的，最后签名、盖章或者按指印的地点为合同成立的地点，但是当事人另有约定的除外。

四、合同订立的其他方式

（一）强制缔约

《民法典》第四百九十四条规定：“国家根据抢险救灾、疫情防控或者其他需要下达国家订货任务、指令性任务的，有关民事主体之间应当依照有关法律、行政法规规定的权利和义务订立合同。依照法律、行政法规的规定负有发出要约义务的当事人，应当及时发出合理的要约。依照法律、行政法规的规定负有作出承诺义务的当事人，不得拒绝对方合理的订立合同要求。”

（二）悬赏广告

悬赏广告是指以广告的方式，公开表示对于完成特定行为的人，给予报酬的意思表示。《民法典》第四百九十九条规定："悬赏人以公开方式声明对完成特定行为的人支付报酬的，完成该行为的人可以请求其支付。"

五、格式条款

（一）格式条款的概念

格式条款是指当事人为了重复使用而预先拟订，并在订立合同时未与对方协商的条款，如保险合同、电信服务合同等。

（二）格式条款的限制规定

格式条款在订立时未与对方协商，容易造成权利义务的不公平，因此，《民法典》对格式条款的使用从以下三个方面予以限制。

1. 提供格式条款一方的义务与后果

采用格式条款订立合同的，提供格式条款的一方应当遵循公平原则确定当事人之间的权利和义务，并采取合理的方式提示对方注意免除或者减轻其责任等与对方有重大利害关系的条款，按照对方的要求，对该条款予以说明。提供格式条款的一方未履行提示或者说明义务，致使对方没有注意或者理解与其有重大利害关系的条款的，对方可以主张该条款不成为合同的内容。

2. 某些格式条款无效

格式条款无效的情形包括：①提供格式条款的一方不合理地免除或者减轻其责任，加重对方责任，限制对方主要权利的条款无效；②提供格式条款一方排除对方主要权利；③格式条款具有《民法典》第一编第六章第三节规定的无效情形：无民事行为能力人实施的民事法律行为无效；行为人与相对人以虚假的意思表示实施的民事法律行为无效；违反法律、行政法规的强制性规定的民事法律行为无效；违背公序良俗的民事法律行为无效；行为人与相对人恶意串通，损害他人合法权益的民事法律行为无效；④格式条款具有《民法典》第五百零六条规定的情形时无效，即有造成对方人身伤害的免责条款；有因故意或重大过失造成对方财产损失的免责条款。

3. 对格式条款的解释

对格式条款的理解发生争议的，应当按照通常理解予以解释。对格式条款有两种以上解释的，应当作出不利于提供格式条款一方的解释；格式条款和非格式条款不一致的，应当采用非格式条款。

六、缔约过失责任

缔约过失责任是指当事人在订立合同过程中，因违背诚实信用原则给对方造成损失时所应承担的法律责任。合同谈不成并非均要承担缔约过失责任，只有因违背诚实信用原则致使合同未达成，并且给对方带来损失的，才追究过错方的法律责任。

当事人在订立合同过程中有下列情形之一，给对方造成损失的，应当承担损害赔偿责任：①假借订立合同，恶意进行磋商，如以损害对方利益为目的，故意与其谈判而使其丧失与他人交易的机会；②故意隐瞒与订立合同有关的重要事实或者提供虚假情况；③当事人在订立合同过程中知悉的商业秘密，无论合同是否成立，泄露或不正当地使用的；④其他违背诚实信用的行为，如违背诚实信用原则终止谈判的行为。

缔约过失责任与违约责任存在区别：①两种责任产生的时间不同。缔约过失责任发生在合同成立之前，而违约责任产生于合同生效之后。②适用的范围不同。缔约过失责任适用于合同未成立、合同未生效、合同无效等情况；违约责任适用于生效合同。③赔偿范围不同。缔约过失赔偿的是信赖利益的损失；而违约责任赔偿的是可期待利益的损失。原则上，可期待利益的损失要大于信赖利益的损失。

第三节　合同的效力

学习目标

素质目标：要求学习者具有法律至上的信仰，富有法律意识和法治精神。

知识目标：要求学习者能够准确区分不同效力状态合同，理解合同成立与合同生效的不同。

技能目标：要求学习者能够判定不同效力的合同的类型，有针对性地解决实际问题。

思政目标：要求学习者通过对不同效力合同的学习，形成自觉自愿地尊重法律的意识，坚定法治信仰。

关键术语

合同成立；合同生效；无效合同；可撤销合同；效力待定合同

背景知识

当事人经过协商一致合同成立了，合同成立与否基本上取决于当事人双方的意志，体现的是合同自由原则。合同的生效，是指已经成立的合同在符合法律规定的条件时，法律赋予其在当事人之间产生一定的法律拘束力。合同能否生效则要取决于是否符合国家法律的要求，体现的是合同守法原则。无效合同是指合同虽然成立，但因其违反法律、行政法规的强制性规定或违背公序良俗而自始无效；可撤销合同指当事人在订立合同时，因意思表示不真实，法律允许撤销权人通过行使撤销权而使已经生效的合同归于无效的合同；效力待定的合同是合同的效力取决于第三人同意的合同，这类合同已经成立，但因其不完全符合有关合同生效要件的规定，因此其效力能否发生，尚未确定，一般须经有权人表示承认才能生效。

一、合同的生效

（一）合同成立与合同生效

合同的生效，是指已经成立的合同在符合法律规定的条件时，法律赋予其在当事人之间产生一定的法律拘束力。合同成立并不意味着合同就生效，合同成立与合同生效是两个不同的法律概念。合同成立与否基本上取决于当事人双方的意志，体现的是合同自由原则，合同成立的意义在于表明当事人双方已就特定的权利义务关系取得共识。合同能否生效则要取决于是否符合国家法律的要求，体现的是合同守法原则，合同生效的意义在于表明当事人的意志已与国家意志和社会利益实现了统一，合同内容有了法律的强制保障。

（二）合同生效的方式

依法成立的合同，自成立时生效，但是法律另有规定或者当事人另有约定的除外。具体内容如下。

1. 批准生效

依照法律、行政法规的规定，合同应当办理批准等手续的，依照其规定。未办理批准等手续影响合同生效的，不影响合同中履行报批等义务条款以及相关条款的效力。应当办理申请批准等手续的当事人未履行义务的，对方可以请求其承担违反该义务的责任。

2. 附条件生效（或失效）

当事人可以约定对合同的效力附加一定的条件，包括附生效条件和附解除条件两种情况。附生效条件的合同，自条件成就时生效。附解除条件的合同，自条件成就时失效。当事人为自己的利益不正当地阻止条件成就的，视为条件已成就；不正当地促成条件成就的，视为条件不成就。

3. 附期限生效（或失效）

附期限的合同是指附有将来确定到来的期限作为合同的条款，并在该期限到来时合同的效力发生或终止，包括附生效期限和附终止期限两种情况。附生效期限的合同，自期限届至时生效。附终止期限的合同，自期限届满时失效。

（三）合同的生效要件

合同的生效要件是判断合同是否具有法律约束力的标准。合同属于民事法律行为，故合同生效要件与第一章第二节民事法律行为的生效要件规定相同，即行为人具备相应的民事行为能力、意思表示真实及不违反法律行政法规强制性规定，不违背公序良俗。（见本书第一章第二节）

二、合同效力的层次

《民法典》合同编对合同效力基本没有规定。根据《民法典》总则编（见本书第一章第二节）合同效力规定如下。

（一）无效合同

《民法典》总则编的规定，下列情形合同无效：①无民事行为能力人签订的合同；②合同双方以虚假的意思签订的合同；③违反法律、法规强制性规定的合同；④违背公序良俗的合同；⑤恶意串通，损害他人合法权益的合同。

当事人超越经营范围订立的合同的效力，应当依照《民法典》总则编第六章第三节和合同编的有关规定确定，不得仅以超越经营范围确认合同无效。

（二）可撤销合同

《民法典》总则编规定，以下情形订立的合同可以撤销：①基于重大误解订立的合同；②一方以欺诈手段，使对方在违背真实意思的情况下订立的合同；第三人实施欺诈行为，使一方在违背真实意思的情况订立的合同，对方知道或者应当知道该欺诈行为的；③一方或者第三人以胁迫手段，使对方在违背真实意思的情况下订立的合同；④一方利用对方处于危困状态、缺乏判断能力等情形，订立的显失公平的合同。

（三）效力待定合同

1. 限制民事行为能力人依法不能独立签订的合同

限制民事行为能力人订立的纯获利益的合同或者与其年龄、智力、精神健康状况相适应的合同有效；订立的其他合同经法定代理人同意或者追认后有效。

相对人可以催告法定代理人自收到通知之日起三十日内予以追认。法定代理人未作表示的，视为拒绝追认。订立的合同被追认前，善意相对人有撤销的权利。撤销应当以通知的方式作出。

2. 无权代理人订立的合同

行为人没有代理权、超越代理权或者代理权终止后，仍然以被代理人的名义签订的合同，未经被代理人追认的，对被代理人不发生效力。被代理人已经开始履行合同义务或者接受相对人履行的，视为对合同的追认。

相对人可以催告被代理人自收到通知之日起三十日内予以追认。被代理人未作表示的，视为拒绝追认。行为人签订的合同被追认前，善意相对人有撤销的权利。撤销应当以通知的方式作出。

行为人签订的合同未被追认的，善意相对人有权请求行为人履行合同或者就其受到的损害请求行为人赔偿。但是，赔偿的范围不得超过被代理人追认时相对人所能获得的利益。

相对人知道或者应当知道行为人无权代理的，相对人和行为人按照各自的过错承担责任。

3. 法定代表人或者负责人超越权限订立的合同

法人的法定代表人或者非法人组织的负责人超越权限订立的合同，除相对人知道或者应当知道其超越权限外，该代表行为有效，订立的合同对法人或者非法人组织发生效力。

第四节 合同的履行

学习目标

素质目标：要求学习者具有思维敏捷，冷静处理纠纷的素质。
知识目标：要求学习者能够掌握合同履行的具体规则。
技能目标：要求学习者能够辨别和弥补合同漏洞，提出保护债权人债务人的措施。
思政目标：要求学习者树立法律至上的信仰，富有法律意识和法治精神。

关键术语

原则；规则；第三人合同；情势变更；抗辩权

背景知识

合同的履行，表现为当事人执行合同义务的行为。当合同义务执行完毕时，合同也就履行完毕。合同的履行过程中也是有很多的风险的。合同履行需要遵守一些特有原则与规则。《民法典》增加了真正利益第三人合同和第三人代为清偿制度，明确情势、变更制度。

一、合同履行的原则

合同履行，是指合同债务人按照合同的约定或法律的规定，全面、适当地完成合同义务，使债权人的债权得以实现。

合同履行的原则，是指法律规定的所有种类合同的当事人在履行合同的整个过程中所必须遵循的一般准则。合同的履行除应遵守民事主体从事民事活动应遵循的基本原则外，还应遵循以下合同履行的特有原则。

（一）全面履行原则

《民法典》合同编第五百零九条规定："当事人应当按照约定全面履行自己的义务。"全面履行原则又称之为适当履行原则或正确履行原则，它是指合同的当事人在适当的时间、适当的地点，以适当的方式，按照合同中约定的数量和质量，履行合同中约定的义务。这项原则的意义在于指导和监督当事人保质保量地、按时全面完成合同的义务，防止违约情况的发生，借以保护当事人的合法权益。按约全面履行原则是决定合同是否履行和是否违约的法律标准，是衡量合同履行程度和违约责任的尺度。

（二）诚实信用原则

《民法典》合同编第五百零九条规定："当事人应当遵循诚信原则，根据合同的性质、目的和交易习惯履行通知、协助、保密等义务。"当事人应当根据诚实信用的原则，履行合同约定之外的附随义务。附随义务是基于诚实信用原则而产生的一项合同义务，包括但不限于以下内容。

1. 通知义务

通知义务是指当事人在履行合同中应当将有关重要的事项、情况告诉对方，例如，一方因客观情况必须变更合同或者因不可抗力致使合同不能履行时，都应当及时通知对方当事人。

2. 协助义务

协助义务是指当事人在履行合同过程中要互相合作，不仅要严格履行自己的合同义务，还要配合对方履行义务。

3. 保密义务

保密义务是指当事人在履行合同中对属于当事人的商业秘密或者对方当事人要求保密的信息、事项不能向外界泄露。

4. 防止损失扩大

防止损失扩大是在合同履行过程中因某种原因致使当事人遭受损失，双方在有条件的情况下都有采取积极措施，防止损失扩大的义务。《民法典》第五百九十一条规定："当事人一方违约后，对方应当采取适当措施防止损失的扩大；没有采取适当措施致使损失扩大的，不得就扩大的损失要求赔偿。当事人因防止损失扩大而支出的合理费用，由违约方负担。”

（三）绿色履行原则

《民法典》合同编第五百零九条规定：“当事人在履行合同过程中，应当避免浪费资源、污染环境和破坏生态。”这是民法基本原则在合同编的具体体现。

（四）情势变更原则

《民法典》第五百三十三条规定：“合同成立后，合同的基础条件发生了当事人在订立合同时无法预见的、不属于商业风险的重大变化，继续履行合同对于当事人一方明显不公平的，受不利影响的当事人可以与对方重新协商；在合理期限内协商不成的，当事人可以请求人民法院或者仲裁机构变更或者解除合同。人民法院或者仲裁机构应当结合案件的实际情况，根据公平原则变更或者解除合同。”

二、合同履行的规则

（一）合同内容约定不明确时的履行规则

《民法典》第五百一十条规定：“合同生效后，当事人就质量、价款或者报酬、履行地点等内容没有约定或者约定不明确的，可以协议补充；不能达成补充协议的，按照合同相关条款或者交易习惯确定。”第五百一十一条规定：“当事人就有关合同内容约定不明确，依据前条规定仍不能确定的，适用下列规定：

① 质量要求不明确的，按照强制性国家标准履行；没有强制性国家标准的，按照推荐性国家标准履行；没有推荐性国家标准的，按照行业标准履行；没有国家标准、行业标准的，按照通常标准或者符合合同目的的特定标准履行。

② 价款或者报酬不明确的，按照订立合同时履行地的市场价格履行；依法应当执行政府定价或者政府指导价的，依照规定履行。

③ 履行地点不明确，给付货币的，在接受货币一方所在地履行；交付不动产的，在不动产所在地履行；其他标的，在履行义务一方所在地履行。

④ 履行期限不明确的，债务人可以随时履行，债权人也可以随时请求履行，但是应当给对方必要的准备时间。

⑤ 履行方式不明确的，按照有利于实现合同目的的方式履行。

⑥ 履行费用的负担不明确的，由履行义务一方负担；因债权人原因增加的履行费用，由债权人负担。”

（二）电子合同履行规则

《民法典》第五百一十二条规定：“通过互联网等信息网络订立的电子合同的标的

为交付商品并采用快递物流方式交付的，收货人的签收时间为交付时间。电子合同的标的为提供服务的，生成的电子凭证或者实物凭证中载明的时间为提供服务时间；前述凭证没有载明时间或者载明时间与实际提供服务时间不一致的，以实际提供服务的时间为准。

电子合同的标的物为采用在线传输方式交付的，合同标的物进入对方当事人指定的特定系统且能够检索识别的时间为交付时间。

电子合同当事人对交付商品或者提供服务的方式、时间另有约定的，按照其约定。”

（三）执行政府定价或政府指导价的合同的履行规则

按政府定价或政府指导价签订的合同，在合同约定的交付期限内遇到政府调价时，按照交付时的价格计价。逾期交付标的物的，遇价格上涨时，按照原价格执行；遇价格下降时，按照新价格执行。逾期提取标的物或逾期付款的，遇价格上涨时，按照新价格执行；遇价格下降时，按照原价格执行。总体来说，按政府定价或政府指导价签订的合同按照“谁违约，执行对谁不利”的价格执行。

（四）不同之债的履行规则

1. 金钱之债中对于履行币种约定不明时的履行规则

《民法典》第五百一十四条规定：“以支付金钱为内容的债，除法律另有规定或者当事人另有约定外，债权人可以请求债务人以实际履行地的法定货币履行。”

2. 选择之债

《民法典》第五百一十五条规定了选择之债中选择权归属与移转：“标的有多项而债务人只需履行其中一项的，债务人享有选择权；但是，法律另有规定、当事人另有约定或者另有交易习惯的除外。享有选择权的当事人在约定期限内或者履行期限届满未作选择，经催告后在合理期限内仍未选择的，选择权转移至对方。”

《民法典》第五百一十六条规定了选择权的行使方式：“当事人行使选择权应当及时通知对方，通知到达对方时，标的确定。标的确定后不得变更，但是经对方同意的除外。可选择的标的发生不能履行情形的，享有选择权的当事人不得选择不能履行的标的，但是该不能履行的情形是由对方造成的除外。”

3. 按份之债与连带之债

《民法典》第五百一十七条规定了按份之债：“债权人为二人以上，标的可分，按照份额各自享有债权的，为按份债权；债务人为二人以上，标的可分，按照份额各自负担债务的，为按份债务。按份债权人或者按份债务人的份额难以确定的，视为份额相同。”

《民法典》第五百一十八条规定了连带之债："债权人为二人以上，部分或者全部债权人均可以请求债务人履行债务的，为连带债权；债务人为二人以上，债权人可以请求部分或者全部债务人履行全部债务的，为连带债务。连带债权或者连带债务，由法律规定或者当事人约定。"

《民法典》第五百一十九条规定了连带债务人的份额确定及追偿权："连带债务人之间的份额难以确定的，视为份额相同。实际承担债务超过自己份额的连带债务人，有权就超出部分在其他连带债务人未履行的份额范围内向其追偿，并相应地享有债权人的权利，但是不得损害债权人的利益。其他连带债务人对债权人的抗辩，可以向该债务人主张。被追偿的连带债务人不能履行其应分担份额的，其他连带债务人应当在相应范围内按比例分担。"

《民法典》第五百二十条规定了连带债务涉他效力："部分连带债务人履行、抵销债务或者提存标的物的，其他债务人对债权人的债务在相应范围内消灭；该债务人可以依据前条规定向其他债务人追偿。部分连带债务人的债务被债权人免除的，在该连带债务人应当承担的份额范围内，其他债务人对债权人的债务消灭。部分连带债务人的债务与债权人的债权同归于一人的，在扣除该债务人应当承担的份额后，债权人对其他债务人的债权继续存在。债权人对部分连带债务人的给付受领迟延的，对其他连带债务人发生效力。"

《民法典》第五百二十一条规定了连带债权的内部关系及法律适用："连带债权人之间的份额难以确定的，视为份额相同。实际受领债权的连带债权人，应当按比例向其他连带债权人返还。连带债权参照适用本章连带债务的有关规定。"

（五）涉及第三人的合同的履行规则

1. 向第三人履行的合同

向第三人履行的合同是指根据双方当事人约定，由债务人向第三人履行债务，从而使第三人直接取得债权的合同。债权人可以约定由债务人向第三人履行债务，债务人未向第三人履行债务或履行债务不符合约定的，应当向债权人承担违约责任。法律规定或者当事人约定第三人可以直接请求债务人向其履行债务，第三人未在合理期限内明确拒绝，债务人未向第三人履行债务或者履行债务不符合约定的，第三人可以请求债务人承担违约责任；债务人对债权人的抗辩，可以向第三人主张。

2. 由第三人履行的合同

当事人约定由第三人向债权人履行债务，第三人不履行债务或者履行债务不符合约定的，债务人应当向债权人承担违约责任。《民法典》合同编第五百二十四条规定了第三人清偿规则："债务人不履行债务，第三人对履行该债务具有合法利益的，第三人有权向债权人代为履行；但是，根据债务性质、按照当事人约定或者依照法律规定只能由债务人履行的除外。债权人接受第三人履行后，其对债务人的债权转让给第三人，但是债务人和第三人另有约定的除外。”

（六）中止履行、提前履行、部分履行规则

1. 中止履行

债权人分立、合并或者变更住所没有通知债务人，致使履行债务发生困难的，债务人可以中止履行或者将标的物提存。

2. 提前履行

债权人可以拒绝债务人提前履行债务，但提前履行不损害债权人利益的除外。债务人提前履行债务给债权人增加的费用，由债务人负担。需要注意的是，《民法典》第六百七十七条规定把提前履行作为借款人的一项权利对待，因此属于提前履行规则的例外。

3. 部分履行

债权人可以拒绝债务人部分履行债务，但部分履行不损害债权人利益的除外。债务人部分履行债务给债权人增加的费用，由债务人负担。

三、抗辩权的行使

抗辩权是指在双务合同中，一方当事人在对方不履行或履行不符合约定时，依法对抗对方要求或否认对方权利主张的权利。《民法典》合同编规定了同时履行抗辩权、后履行抗辩权和不安（先履行）抗辩权。

（一）同时履行抗辩权

同时履行抗辩权是指在双务合同中，当事人互负债务，没有先后履行的顺序时，应当同时履行。一方在对方履行之前有权拒绝其履行要求；一方在对方履行债务不符合约定时，有权拒绝其相应的履行请求。同时履行抗辩权的构成要件主要包括：①当事人基于同一双务合同，互负债务；②当事人双方互负的债务均已届清偿期限；③对方未履行债务或者未提出履行债务；④对方的对待给付是可能履行的。

（二）后履行抗辩权

后履行抗辩权是指合同当事人互负债务，有先后履行顺序，先履行一方未履行的，或者履行债务不符合约定的，后履行一方有权拒绝对方的履行要求。后履行抗辩权的构成要件主要包括：①当事人基于同一双务合同，互负债务；②当事人的履行有先后顺序；③应当先履行的当事人不履行合同或者不适当履行合同；④后履行抗辩权的行使人是履行义务顺序在后的一方当事人。

（三）不安（先履行）抗辩权

不安抗辩权又称先履行抗辩权，是指当事人互负债务，有先后履行顺序，先履行的一方有确切证据证明后履行一方丧失履行债务能力时，在对方没有履行或没有提供担保之前，有权中止合同履行的权利。

《民法典》规定，应当先履行的当事人，有确切证据证明对方有下列情形之一的，可以中止履行：①经营状况严重恶化；②转移财产、抽逃资金，以逃避债务；③丧失商业信誉；④有丧失或可能丧失履行债务能力的其他情形。

当事人没有确切证据中止履行的，应当承担违约责任。当事人依据前条规定中止履行的，应当及时通知对方。对方提供适当担保的，应当恢复履行。中止履行后，对方在合理期限内未恢复履行能力且未提供适当担保的，视为以自己的行为表明不履行主要债务，中止履行的一方可以解除合同并可以请求对方承担违约责任。

第五节　合同的保全

学习目标

素质目标：要求学习者具有法律思维与运用法律解决实际问题的能力。
知识目标：要求学习者能够准确掌握我国合同中债权人的保护制度的基本原理。
技能目标：要求学习者能够运用代位权、撤销权保护债权人利益。
思政目标：要求学习者具有保护债权人利益的职场智慧和思政素养。

关键术语

合同保全制度；代位权；撤销权

背景知识

合同保全制度，是指法律为防止因债务人财产的不当减少致使债权人债权的实现受到危害，而设置的保全债务人责任财产的法律制度。具体包括债权人代位权制度和债权人撤销权制度。其中，债权人的代位权着眼于债务人的消极行为，当债务人有权利行使而不行使，以致影响债权人权利的实现时，法律允许债权人代债务人之位，以自己的名义向第三人行使债务人的权利；而债权人的撤销权则着眼于债务人的积极行为，当债务人在不履行其债务的情况下，实施减少其财产而损害债权人债权实现的行为时，法律赋予债权人有诉请法院撤销债务人所为的行为的权利。

一、代位权

代位权是指因债务人怠于行使其债权或者与该债权有关的从权利，影响债权人的到期债权实现的，债权人可以向人民法院请求以自己的名义代位行使债务人对相对人的权利，但是该权利专属于债务人自身的除外。

债权人行使代位权应具备以下条件：①债务人对相对人享有合法债权。②债务人怠于行使其到期债权，影响债权人的到期债权实现的，即债务人不履行其对债权人的到期债务，又不以诉讼方式或者仲裁方式向其债务人主张其享有的具有金钱给付内容的到期债权，致使债权人的到期债权未能实现。③债务人的债权已到期，已陷于迟延履行。④债务人的债权不是专属于债务人自身的债权。所谓专属于债务人自身的债权，是指基于扶养关系、抚养关系、赡养关系、继承关系产生的给付请求权和劳动报酬、退休金、抚恤金、安置费、人寿保险、人身伤害赔偿请求权等权利。

债权人代位权的行使必须通过法院进行，其行使范围以债权人的到期债权为限。债权人行使代位权的必要费用，由债务人负担。相对人对债务人的抗辩，可以向债权人主张。

债权人代位权的提前行使：债权人的债权到期前，债务人的债权或者与该债权有关的从权利存在诉讼时效期间即将届满或者未及时申报破产债权等情形，影响债权人的债权实现的，债权人可以代位向债务人的相对人请求其向债务人履行、向破产管理人申报或者作出其他必要的行为。

人民法院认定代位权成立的，由债务人的相对人向债权人履行义务，债权人接受履行后，债权人与债务人、债务人与相对人之间相应的权利义务终止。债务人对相对人的债权或者与该债权有关的从权利被采取保全、执行措施，或者债务人破产的，依照相关法律的规定处理。

二、撤销权

撤销权是指债权人对债务人滥用其处分权而影响债权人到期债权实现的行为，可以请求人民法院予以撤销的权利。

《民法典》第五百三十八条规定了无偿处分时的债权人撤销权行使："债务人以放弃其债权、放弃债权担保、无偿转让财产等方式无偿处分财产权益，或者恶意延长其到期债权的履行期限，影响债权人的债权实现的，债权人可以请求人民法院撤销债务人的行为。"

《民法典》第五百三十九条规定了不合理价格交易时的债权人撤销权行使："债务人以明显不合理的低价转让财产、以明显不合理的高价受让他人财产或者为他人的债务提供担保，影响债权人的债权实现，债务人的相对人知道或者应当知道该情形的，债权人可以请求人民法院撤销债务人的行为。"

《民法典》第五百四十条规定了债权人撤销权行使范围及必要费用承担："撤销权的

行使范围以债权人的债权为限。债权人行使撤销权的必要费用，由债务人负担。”

《民法典》第五百四十一条规定了债权人撤销权除斥期间：“撤销权自债权人知道或者应当知道撤销事由之日起一年内行使。自债务人的行为发生之日起五年内没有行使撤销权的，该撤销权消灭。”

《民法典》第五百四十二条规定了债权人撤销权行使效果：“债务人影响债权人的债权实现的行为被撤销的，自始没有法律约束力。”

第六节 合同的变更和转让

学习目标

素质目标：要求学习者具有法治意识及法治情操。

知识目标：要求学习者能够准确地理解和掌握合同变更与转让制度的规定。

技能目标：要求学习者能够在债权债务转让的经济活动中防范风险。

思政目标：要求学习者通过学习变更转让规定，进一步养成诚实守信的品格。

关键术语

合同变更；债权转让；债务转让；概括转让

背景知识

合同变更和转让不仅在实践中司空见惯，还是合同法律制度的重要内容。合同变更是在不改变主体而使权利义务发生变化的现象，当事人在原合同的基础上对合同的内容进行修改或者补充。合同是双方当事人通过要约、承诺的方式，经协商一致达成的。合同成立后，当事人应当按照合同的约定履行合同。任何一方未经对方同意，都不得改变合同的内容。合同转让是合同权利义务不变而合同主体改变的现象。

一、合同的变更

合同变更仅指合同内容的变更，是指合同成立后未履行或未履行完毕之前，主客观情况的变化使合同的内容发生变化。合同变更是合同关系的局部变化（如标的数量的增减、价款的变化、履行时间、履行地点、履行方式的变化），而不是合同性质的变化（如买卖变为赠与，合同关系失去了同一性，此为合同的更新或更改）。合同变更的方式主要有以下两种：①当事人协议变更。合同是由当事人协商一致而订立的，经当事人协商一致，可以变更合同。但法律、行政法规规定变更合同应当办理批准等手续的，应依照其规定办理批准等手续方可变更。当事人对合同变更的内容应作明确约定，变更内容约定不明确的，推定为合同未变更。②法院或仲裁机构裁决变更。

关于情势变更原则的适用。《民法典》第五百三十三条规定：“合同成立后，合同的基础条件发生了当事人在订立合同时无法预见的、不属于商业风险的重大变化，继续履行合同对于当事人一方明显不公平的，受不利影响的当事人可以与对方重新协商；在合理期限内协商不成的，当事人可以请求人民法院或者仲裁机构变更或者解除合同。人民法院或者仲裁机构应当结合案件的实际情况，根据公平原则变更或者解除合同。”

合同变更后，当事人应当按照变更后的合同履行。合同变更的效力原则上仅对未履行的部分有效，对已履行的部分无溯及力，但法律另有规定或当事人另有约定的除外。

二、合同的转让

合同的转让即合同主体的变更是指当事人将依据合同享有的权利或者承担的义务，全部或部分转让给第三人的行为。合同转让包括债权转让、债务转移和合同权利义务一并转让三种类型。

（一）债权转让

债权转让是指不改变合同权利的内容，由债权人将合同权利全部或者部分转让给第三人的行为。一般情况下，债权人可以将债权的全部或者部分转让给第三人，但有下列情形之一的除外：①根据债权性质不得转让，如当事人基于信任关系订立的委托合同、雇佣合同、赠与合同等。②按照当事人的约定不得转让。③依照法律规定不得转让，如烟草专卖权、个人收藏的文物等。

当事人约定非金钱债权不得转让的，不得对抗善意第三人。当事人约定金钱债权不得转让的，不得对抗第三人。

1. 债权转让通知

债权人转让债权的，应当通知债务人。未经通知，该转让对债务人不发生效力。债权人转让债权的通知不得撤销，但是经受让人同意的除外。

2. 债权转让时从权利一并变动规定

债权人转让债权的，受让人取得与债权有关的从权利，但该从权利专属于债权人自身的除外。受让人取得从权利不因该从权利未办理转移登记手续或者未转移占有而受到影响。

3. 债权转让时债务人抗辩权

债务人接到债权转让通知后，债务人对让与人的抗辩，可以向受让人主张。

4. 债权转让时债务人抵销权

有下列情形之一的，债务人可以向受让人主张抵销：①债务人接到债权转让通知时，债务人对让与人享有债权，并且债务人的债权先于转让的债权到期或者同时到期的。②债务人的债权与转让的债权是基于同一合同产生。

5. 债权转让增加的履行费用的负担

因债权转让增加的履行费用，由让与人负担。

（二）债务转移

债务转移又称为债务承担，是指合同的债权人、债务人与第三人之间达成协议将合同债务全部或部分转移给第三人承担。

1. 债务转移形态

债务转移形态有以下两种：①合同义务全部转让，即债权人或者债务人与第三人之间达成转让债务的协议，由第三人取代原债务人承担全部债务，原债务人已经脱离了原来的合同关系，通常被称为“免责的债务承担”。②合同义务部分转让给第三人，是指原有债务人并没有脱离原有合同关系，而由第三人加入合同关系，与原债务人一起共同向同一债权人承担合同义务，通常被称为“并存的债务承担”。

无论是合同义务全部转让还是部分转让，都要有转让债务的协议，而且协议必须要征得债权人的同意，转让合同义务的协议才能生效。《民法典》合同编第五百五十一条规定，债务人将债务的全部或者部分转移给第三人的，应当经债权人同意。债务人或者第三人可以催告债权人在合理期限内予以同意，债权人未作表示的，视为不同意。

2. 并存的债务承担

第三人与债务人约定加入债务并通知债权人，或者第三人向债权人表示愿意加入债务，债权人未在合理期限内明确拒绝的，债权人可以请求第三人在其愿意承担的债务范围内和债务人承担连带债务。

3. 债务转移时新债务人的抗辩权

债务人转移债务的，新债务人可以主张原债务人对债权人的抗辩；原债务人对债权人享有债权的，新债务人不得向债权人主张抵销。

4. 债务转移时从债务一并转移

债务人转移债务的，新债务人应当承担与主债务有关的从债务，但是该从债务专属于原债务人自身的除外。

（三）合同权利义务一并转让

权利和义务一并转让又称为概括转让，是指合同一方当事人将其权利和义务一并转移给第三人，由第三人全部地承受这些权利和义务。权利和义务一并转让不同于权利转让和义务转让，它是合同的一方当事人对合同权利和义务的全面处分，其转让实际上包括权利的转让和义务的转让两部分内容。权利和义务一并转让的后果，导致原合同关系的消灭，第三人取代了转让方的地位，产生出一种新的合同关系。权利和义务一并转让只出现在双务合同中。对于当事人只承担义务或者享受权利的单务合同不存在权利和义务一并转让的问题。例如，赠与合同的被赠与人只享有权利而不承担义务，这些合同的当事人不可能出现将权利和义务一并转让的情况。

合同的权利和义务一并转让的，适用债权转让、债务转移的有关规定。故转让方应当取得另一方的同意；不得转让法律禁止转让的权利；转让合同权利和义务时，从权利和从义务一并转让，受让人取得与债权有关的从权利和从义务，但该从权利和从义务专属于让与人自身的除外；转让合同权利和义务不影响债务人抗辩权的行使；债务人对让与人享有到期债权的，可以依法向受让人主张抵销；法律、行政法规规定应当办理批准、登记手续的，应当依照其规定办理。

第七节　合同的终止

学习目标

素质目标：要求学习者能够依照法律规范自身行为，更加懂得如何运用法律捍卫自身的合法权益。

知识目标：要求学习者能够掌握我国债权债务终止与合同解除的基本原理。

技能目标：要求学习者能够运用合同解除规定解决经济活动中的实际问题。

思政目标：要求学习者发挥人生体验的主动性，使其形成正确的人生观、世界观、价值观。

关键术语

合同终止；债权债务终止；合同解除；法律后果

背景知识

合同为有期限的民事法律关系，不能永久存在，具备法律规定或者当事人约定的某些情形时，合同权利义务终止。合同终止包括合同履行的终止与合同关系的消灭两层含义。合同履行的终止是指当事人因该合同所产生的权利与义务归于消灭，并面向将来消灭合同履行的效力，合同履行的终止并不消灭当事人因此所应承担的返还财产、赔偿损失等责任。解除为合同履行的终止即合同的相对终止，即合同履行效力的消灭。合同关系的消灭是指当事人因该合同所产生的一切权利义务关系完全不复存在，当事人不再履行合同义务。清偿、抵销、提存、免除和混同为合同关系的消灭即合同的绝对终止，即合同权利义务的消灭。

一、合同终止的情形

合同终止，是指因发生法律规定或当事人约定的情况，使合同当事人之间的权利义务关系消灭，使合同的法律效力终止。《民法典》第五百五十七条第一款规定："有下列情形之一的，债权债务终止：（一）债务已经履行；（二）债务相互抵销；（三）债务人依法将标的物提存；（四）债权人免除债务；（五）债权债务同归于一人；（六）法律规定或者当事人约定终止的其他情形。"

《民法典》第五百五十七条第二款规定："合同解除的，该合同的权利义务关系终止。"解除仅适用于合同债权债务关系，并不适用于侵权之债、无因管理之债、不当得利之债等法定债权债务关系；其次，合同解除并不导致该债权债务终止。合同解除后，未履行的合同债务终止履行，已经履行的部分进入清算关系，从而因合同解除发生新的返还之债。

（一）债权债务终止的情形

1. 债务已经履行

债务已经履行指债务人按照约定的标的、质量、数量、价款或者报酬、履行期限、履行地点和履行方式全面履行，债权人的权利实现，债的目的达到，债当然也就消灭。因此，债务已经按照约定履行为债的消灭的最正常、最常见的原因。

2. 债务相互抵销

抵销是指当事人互负债务，又互享债权，以自己的债权充抵对方的债权，使自己的债务与对方的债务在等额内消灭。抵销可分为法定抵销与合意抵销。法定抵销，是指具备法律所规定的条件时，依当事人一方的意思表示所为的抵销。当事人互负债务，该债务的标的物种类、品质相同的，任何一方可以将自己的债务与对方的到期债务抵销，但根据债务性质、按照当事人约定或者依照法律规定不得抵销的除外。当事人主张抵销的，应当通知对方。通知自到达对方时生效。抵销不得附条件或者附期限。合意抵销是由当事人自由约定的，其效力也决定于当事人的约定。当事人互负债务，标的物种类、品质不相同的，经协商一致，也可以抵销。

3. 债务人依法将标的物提存

提存，指由于债权人的原因而无法向其交付合同标的物时，债务人将该标的物交给提存机关而消灭债务的制度。

《民法典》第五百七十条规定："有下列情形之一，难以履行债务的，债务人可以将标的物提存：（一）债权人无正当理由拒绝受领；（二）债权人下落不明；（三）债权人死亡未确定继承人、遗产管理人，或者丧失民事行为能力未确定监护人；（四）法律规定的其他情形。标的物不适于提存或者提存费用过高的，债务人依法可以拍卖或者变卖标的物，提存所得的价款。”

债务人将标的物或者将标的物依法拍卖、变卖所得价款交付提存部门时，提存成立。提存成立的，视为债务人在其提存范围内已经交付标的物。标的物提存后，债务人应当及时通知债权人或者债权人的继承人、遗产管理人、监护人、财产代管人。标的物提存后，毁损、灭失的风险由债权人承担。提存期间，标的物的孳息归债权人所有。提存费用由债权人负担。债权人可以随时领取提存物。但是，债权人对债务人负有到期债务的，在债权人未履行债务或者提供担保之前，提存部门根据债务人的要求应当拒绝其领取提存物。债权人领取提存物的权利，自提存之日起五年内不行使而消灭，提存物扣除提存费用后归国家所有。但是，债权人未履行对债务人的到期债务，或者债权人向提存部门书面表示放弃领取提存物权利的，债务人负担提存费用后有权取回提存物。

4. 债权人免除债务

免除是指债权人放弃部分或全部债权，免除债务人部分或者全部债务的一种单方法律行为。债权人免除债务人部分或者全部债务的，债权债务部分或者全部终止，但是债务人在合理期限内拒绝的除外。免除应由债权人向债务人作出明确的意思表示。免除债务时，债权的从权利如从属于债权的担保权利、利息权利、违约金请求权等也随之消灭。债务的免除不得损害第三人利益。

5. 债权债务同归于一人（混同）

债权债务同归于一人的，合同的权利义务终止，但涉及第三人利益的除外。例如，当债权为他人质权的标的时，为保护质权人的利益，不得使债权因合并而消灭。

6. 法律规定或者当事人约定终止的其他情形

除了上述合同的权利义务终止的情形，出现了法律规定的终止的其他情形的，合同的权利义务也可以终止。例如，《民法典》总则编第一百七十三条规定：“有下列情形之一的，委托代理终止：①代理期限届满或者代理事务完成；②被代理人取消委托或者代理人辞去委托；③代理人丧失民事行为能力；④代理人或者被代理人死亡；⑤作为代理人或者被代理人的法人、非法人组织终止。”

（二）合同解除

合同解除是指在合同尚未履行完毕之前，双方当事人经协商一致同意提前终止合同关系或者当事人一方基于法定事由行使解除权，提前终止合同关系。合同解除有约定解除和法定解除两种情况。

约定解除是指当事人通过行使约定解除权或者当事人协商一致而解除合同。在订立合同时，当事人可以约定一方解除合同的事由。解除合同的事由发生时，解除权人可以解除合同。合同生效后，未履行或未完全履行前，当事人协商一致，可以解除合同。

法定解除是指合同成立生效后，当事人根据法律规定解除合同。《民法典》合同编规定，有下列情形之一的，当事人可以解除合同：①因不可抗力致使不能实现合同目的；②在履行期限届满前，当事人一方明确表示或者以自己的行为表明不履行主要债务；③当事人一方迟延履行主要债务，经催告后在合理期限内仍未履行；④当事人一方迟延履行债务或者有其他违约行为致使不能实现合同目的；⑤法律规定的其他情形。以持续履行的债务为内容的不定期合同，当事人可以随时解除合同，但是应当在合理期限之前通知对方。

1. 解除权行使期限

法律规定或者当事人约定解除权行使期限，期限届满当事人不行使的，该权利消灭。法律没有规定或者当事人没有约定解除权行使期限，自解除权人知道或者应当知道解除事由之日起一年内不行使，或者经对方催告后在合理期限内不行使的，该权利消灭。

2. 合同解除程序

当事人一方依法主张解除合同的，应当通知对方。合同自通知到达对方时解除；通知载明债务人在一定期限内不履行债务则合同自动解除，债务人在该期限内未履行债务的，合同自通知载明的期限届满时解除。对方对解除合同有异议的，任何一方当事人均可以请求人民法院或者仲裁机构确认解除行为的效力。当事人一方未通知对方，直接以提起诉讼或者申请仲裁的方式依法主张解除合同，人民法院或者仲裁机构确认该主张的，合同自起诉状副本或者仲裁申请书副本送达对方时解除。

3. 合同解除的效力

合同解除后，尚未履行的，终止履行；已经履行的，根据履行情况和合同性质，当事人可以请求恢复原状或者采取其他补救措施，并有权请求赔偿损失。合同因违约解除的，解除权人可以请求违约方承担违约责任，但是当事人另有约定的除外。主合同解除后，担保人对债务人应当承担的民事责任仍应当承担担保责任，但是担保合同另有约定的除外。

二、合同终止的法律后果

（一）后合同义务

债权债务终止后，当事人应当遵循诚信等原则，根据交易习惯履行通知、协助、保密、旧物回收等义务。

（二）从权利消灭

债权债务终止时，债权的从权利同时消灭，但是法律另有规定或者当事人另有约定的除外。

（三）债的清偿抵充顺序

债务人对同一债权人负担的数项债务种类相同，债务人的给付不足以清偿全部债务的，除当事人另有约定外，由债务人在清偿时指定其履行的债务。债务人未作指定的，应当优先履行已经到期的债务，数项债务均到期的，优先履行对债权人缺乏担保或者担保最少的债务；均无担保或者担保相等的，优先履行债务人负担较重的债务；负担相同的，按照债务到期的先后顺序履行；到期时间相同的，按照债务比例履行。债务人在履行主债务外还应当支付利息和实现债权的有关费用，其给付不足以清偿全部债务的，除当事人另有约定外，应当按照下列顺序履行：①实现债权的有关费用；②利息；③主债务。

（四）合同终止后有关结算和清理条款效力

合同的权利义务关系终止，不影响合同中结算和清理条款的效力。

第八节　违 约 责 任

学习目标

素质目标：要求学习者具有法律思维能力与运用能力，并关注社会生活中市场交易中的合同违约责任承担问题。

知识目标：要求学习者能够准确地理解和掌握违约责任的基本原理、具体法律制度及其相应的规范。

技能目标：要求学习者能够在实践中灵活地运用，分析和处理违约实务问题。

思政目标：要求学习者形成价值认同、责任担当的意识。

关键术语

合同；意思自治；合同分类；民事活动的基本原则；法律适用

背景知识

违约的行为在现实当中虽然往往是人们不愿意见到的，但是天有不测风云，现实不以人的意志为转移，而违约了就要承担相应的违约责任，不同的违约责任也有不同的处理方法及规定。在实践中，签约双方为了能够控制风险，通常会约定不可抗力免责等自我保护条款，通过承担与自己所得相称的损失，以实现保护对方不会因为违反某个合同而遭受超过自己预期的损失。在合同履行过程中，违约责任条款不仅对对方起到警戒作用，也可在违约行为发生后将损失降至最低，从而维护自身合法权益。

一、违约责任及其特征

违约责任，是指当事人不履行合同义务或者履行合同义务不符合合同约定而依法应当承担的民事责任。违约责任是合同责任中一种重要的形式，违约责任不同于无效合同的后果，违约责任的成立以有效的合同存在为前提的。违约责任也不同于侵权责任，其可以由当事人在订立合同时事先约定。与其他责任相比，违约责任有以下主要特征：①违约责任以有效合同为前提；②违约责任以违反合同义务为要件；③违约责任可由当事人在法定范围内约定；④违约责任是一种民事赔偿责任。当事人一方因第三人的原因造成违约的，应当依法向对方承担违约责任。当事人一方和第三人之间的纠纷，依照法律规定或者按照约定处理。

二、违约责任的归责原则

《民法典》第五百七十七条规定，当事人一方不履行合同义务或者履行合同义务不符合约定的，应当承担继续履行、采取补救措施或者赔偿损失等违约责任。合同违约的一般归责原则为严格责任原则。严格责任原则是指违约行为发生后，违约方应承担违约责任，而不以违约方的主观过错作为其承担违约责任的要件，守约方无须举证证明违约方存在主观过错，相反违约方应举证证明存在法定免责事由方可免除其违约责任。

三、承担违约责任的形式

违约责任的形式主要包括继续履行、采取补救措施（包括但不限于要求对方承担修理、更换、重作、退货、减少价款或者报酬等）、赔偿损失、支付违约金等。

（一）继续履行

继续履行，又称实际履行，是指合同一方当事人不履行合同或者履行合同不符合约定的情况下，要求违约方仍然按照合同的约定履行义务的一种承担违约责任的方式。当事人一方未支付价款、报酬、租金、利息，或者不履行其他金钱债务的，对方可以请求其支付。当事人一方不履行非金钱债务或者履行非金钱债务不符合约定的，对方可以请求履行，但是有下列情形之一的除外：①法律上或事实上不能履行，如破产等；②债务的标的不适于强制履行或者履行费用过高；③债权人在合理期限内未要求履行。有上述规定的除外情形之一，致使不能实现合同目的的，人民法院或者仲裁机构可以根据当事人的请求终止合同权利义务关系，但是不影响违约责任的承担。当事人一方不履行债务或者履行债务不符合约定，根据债务的性质不得强制履行的，对方可以请求其负担由第三人替代履行的费用。

（二）采取补救措施

在违约责任中，补救措施是指矫正合同不适当履行的责任形式。《民法典》第五百八十二条规定，履行不符合约定的，应当按照当事人的约定承担违约责任。对违约责任没有约定或者约定不明确，依据本法第五百一十条的规定（合同生效后，当事人就质量、价款或者报酬、履行地点等内容没有约定或者约定不明确的，可以协议补充；不能达成补充协议的，按照合同相关条款或者交易习惯确定）仍不能确定的，受损害方根据标的的性质以及损失的大小，可以合理选择请求对方承担修理、重作、更换、退货、减少价款或者报酬等违约责任。若当事人之间有约定，则按约定承担违约责任；若无约定或约定不明确，则可选择要求对方承担修理、重作、更换、退货、减少价款或者报酬等违约责任。

（三）赔偿损失

赔偿损失，即违约损害赔偿，指债务人不履行合同义务或者履行合同债务不符合约定，给债权人造成损害时，依法或依约应承担的赔偿债权人损失的责任。《民法典》第五百八十三条规定，当事人一方不履行合同义务或者履行合同义务不符合约定的，在履行义务或者采取补救措施后，对方还有其他损失的，应当赔偿损失。赔偿损失的责任形式一般应当遵循合理预见、损益相抵、减轻损失等规则。

《民法典》第五百八十四条规定，当事人一方不履行合同义务或者履行合同义务不符合约定，造成对方损失的，损失赔偿额应当相当于因违约所造成的损失，包括合同履行后可以获得的利益；但是，不得超过违约一方订立合同时预见到或者应当预见到的因违约可能造成的损失。

《民法典》第五百九十一条规定，当事人一方违约后，对方应当采取适当措施防止损失的扩大；没有采取适当措施致使损失扩大的，不得就扩大的损失请求赔偿。当事人因防止损失扩大而支出的合理费用，由违约方负担。

《民法典》第五百九十二条规定，当事人都违反合同的，应当各自承担相应的责任。当事人一方违约造成对方损失，对方对损失的发生有过错的，可以减少相应的损失赔偿额。

《民法典》第五百八十九条规定，债务人按照约定履行债务，债权人无正当理由拒绝受领的，债务人可以请求债权人赔偿增加的费用。在债权人受领迟延期间，债务人无须支付利息。

（四）支付违约金

违约金是指当事人在合同中约定，一方违反合同约定的义务应向对方支付一定金额的款项。一般根据合同履行情况规定不同种类的违约金。违约金的种类一般分为：①根据违约金的性质，可分为赔偿性违约金和惩罚性违约金；②根据违约的形态，可分为瑕疵履行违约金、逾期履行违约金和不履行违约金；③根据违约金设立的根据，可分为约定违约金和法定违约金。

当事人可以约定一方违约时应当根据违约情况向对方支付一定数额的违约金，也可以约定因违约产生的损失赔偿额的计算方法。约定的违约金低于造成的损失的，人民法院或者仲裁机构可以根据当事人的请求予以增加；约定的违约金过分高于造成的损失的，人民法院或者仲裁机构可以根据当事人的请求予以适当减少。当事人就迟延履行约定违约金的，违约方支付违约金后，还应当履行债务。

（五）定金责任

所谓定金，是指合同当事人为了确保合同的履行，约定一方向对方给付定金作为债权的担保。定金合同自实际交付定金时成立。定金的数额由当事人约定；但是，不得超过主合同标的额的百分之二十，超过部分不产生定金的效力。实际交付的定金数额多于或者少于约定数额的，视为变更约定的定金数额。债务人履行债务的，定金应当抵作价款或者收回。给付定金的一方不履行债务或者履行债务不符合约定，致使不能实现合同目的的，无权请求返还定金；收受定金的一方不履行债务或者履行债务不符合约定，致使不能实现合同目的的，应当双倍返还定金。

定金既是一种债的担保形式，又是一种违约责任形式。当事人既约定违约金，又约定定金的，一方违约时，对方可以选择适用违约金或者定金条款。定金不足以弥补一方违约造成的损失的，对方可以请求赔偿超过定金数额的损失。

四、违约责任的免除

在合同履行过程中，如果出现法定的免责条件或合同约定的免责事由，违约人将免于承担违约责任。《民法典》规定了三种免责事由：不可抗力、免责条款和法律的特别规定。

（一）不可抗力

《民法典》合同编规定，当事人一方因不可抗力不能履行合同的，根据不可抗力的影响，部分或者全部免除责任，但法律另有规定的除外。当事人迟延履行后发生不可抗力的，不能免除其违约责任。本法所称不可抗力，是指不能预见、不能避免并不能克服的客观情况。不可抗力主要包括：①自然灾害，如台风、洪水、冰雹；②政府行为，如征收、征用；③社会异常事件，如罢工、骚乱。当事人一方因不可抗力不能履行合同的，应当及时通知对方，以减轻可能给对方造成的损失，并应当在合理期限内提供证明。

（二）免责条款

当事人可以在合同中约定，当出现一定的事由或条件时，可免除违约方的违约责任。但免责条款不得违反法律、行政法规的强制性规定。

（三）法律的特别规定

在法律有特别规定的情况下，可以免除当事人的违约责任。例如，承运人对运输过程中货物的毁损、灭失承担损害赔偿责任，但承运人证明货物的毁损、灭失因不可抗力、货物本身的自然性质或者合理损耗及托运人或收货人的过错造成的，不承担损害赔偿责任。

第九节　部分典型合同

学习目标

素质目标：要求学习者具有独立思考、依法解决现实问题的能力。
知识目标：要求学习者能够准确地理解和掌握我国典型合同的法律规范。
技能目标：要求学习者能够灵活运用法律规范解决合同纠纷。
思政目标：要求学习者能够处理和协调好人自身，人与人及人与社会的关系。

关键术语

买卖合同；借款合同；保证合同；保理合同；物业服务合同

背景知识

买卖合同是日常经济生活中最常见的合同，也是和普通民众日常生活结合最密切的合同。《民法典》中买卖合同章在买卖标的物范围、涉及买卖物运输时的风险负担、出卖人包装义务与回收义务、物的瑕疵担保责任的适用要件、利益承受、分期付款买卖、保留所有权买卖、试用买卖等方面有较大更新。《民法典》对于借款合同的规定相较于旧法的重大变动集中体现在自然人之间的借款合同自贷款人提供借款时“成立”而非“生效”；高利放贷行为无效；对于利息的规定的变化。《民法典》担保物权制度的修订中重要的一项即保证方式回归了“从前”。当事人在保证合同中对保证方式没有约定或者约定不明确的，按照一般保证承担保证责任。一般保证是原则，连带保证只是例外。随着供应链金融的发展，保理业务在我国蓬勃发展，纠纷也随之增多。《民法典》合同编第十六章专门规定了“保理合同”，设置了九个条款。至此，保理合同从无名合同进入有名合同的行列。该规定助力解决微小企业融资难问题，也为司法机关、仲裁机构处理这一领域的纠纷提供了较为明确充分的裁判依据。实践中，物业管理纠纷大多数是与物业服务合同相关的纠纷，本次《民法典》立法也对这一实践中的高频纠纷问题作出了回应，将物业服务合同正式列为有名合同。

一、买卖合同

买卖合同是出卖人转移标的物的所有权于买受人，买受人支付价款的合同。转移所有权的一方为出卖人或卖方，支付价款而取得所有权的一方为买受人或者买方。买卖合同是诺成、双务、有偿合同，可以是要式合同，也可以是不要式合同。《民法典》第六百四十六条规定，法律对其他有偿合同有规定的，依照其规定；没有规定的，参照适用买卖合同的有关规定。《民法典》第六百四十七条规定，当事人约定易货交易，转移标的物的所有权的，参照适用买卖合同的有关规定。

（一）买卖合同内容

买卖合同的内容一般包括标的物的名称、数量、质量、价款、履行期限、履行地点和方式、包装方式、检验标准和方法、结算方式、合同使用的文字及其效力等条款。

（二）标的物的交付

1. 交付不能

因出卖人未取得处分权致使标的物所有权不能转移的，买受人可以解除合同并请求出卖人承担违约责任。法律、行政法规禁止或者限制转让的标的物，依照其规定。

2. 交付标的物及单证资料

出卖人应当履行向买受人交付标的物或者交付提取标的物的单证，并转移标的物所有权的义务。出卖人应当按照约定或者交易习惯向买受人交付提取标的物单证以外的有关单证和资料。

3. 多交标的物

出卖人多交标的物的，买受人可以接收或者拒绝接收多交的部分。买受人接收多交部分的，按照约定的价格支付价款；买受人拒绝接收多交部分的，应当及时通知出卖人。

4. 知识产权归属

出卖具有知识产权的标的物的，除法律另有规定或者当事人另有约定外，该标的物的知识产权不属于买受人。

5. 交付期限

出卖人应当按照约定的时间交付标的物。约定交付期限的，出卖人可以在该交付期限内的任何时间交付。当事人没有约定标的物的交付期限或者约定不明确的，适用《民法典》第五百一十条、第五百一十一条第四项的规定。

6. 交付地点

出卖人应当按照约定的地点交付标的物。当事人没有约定交付地点或者约定不明确，依据《民法典》第五百一十条的规定仍不能确定的，适用下列规定：①标的物需要运输的，出卖人应当将标的物交付给第一承运人以运交给买受人；②标的物不需要运输，出卖人和买受人订立合同时知道标的物在某一地点的，出卖人应当在该地点交付标的物；不知道标的物在某一地点的，应当在出卖人订立合同时的营业地交付标的物。

7. 标的物孳息的归属

标的物在交付之前产生的孳息，归出卖人所有；交付之后产生的孳息，归买受人所有。但是，当事人另有约定的除外。

（三）标的物毁损、灭失风险的承担

标的物毁损、灭失的风险，在标的物交付之前由出卖人承担，交付之后由买受人承担，但是法律另有规定或者当事人另有约定的除外。因买受人的原因致使标的物未按照约定的期限交付的，买受人应当自违反约定时起承担标的物毁损、灭失的风险。

出卖人出卖交由承运人运输的在途标的物，除当事人另有约定外，毁损、灭失的风险自合同成立时起由买受人承担。出卖人按照约定将标的物运送至买受人指定地点并交付给承运人后，标的物毁损、灭失的风险由买受人承担。当事人没有约定交付地点或者约定不明确，依据《民法典》第六百零三条第二款第一项的规定标的物需要运输的，出卖人将标的物交付给第一承运人后，标的物毁损、灭失的风险由买受人承担。出卖人按照约定或者依据《民法典》第六百零三条第二款第二项的规定将标的物置于交付地点，买受人违反约定没有收取的，标的物毁损、灭失的风险自违反约定时起由买受人承担。

出卖人按照约定未交付有关标的物的单证和资料的，不影响标的物毁损、灭失风险的转移。因标的物不符合质量要求，致使不能实现合同目的的，买受人可以拒绝接受标的物或者解除合同。买受人拒绝接受标的物或者解除合同的，标的物毁损、灭失的风险由出卖人承担。标的物毁损、灭失的风险由买受人承担的，不影响因出卖人履行义务不符合约定，买受人请求其承担违约责任的权利。

（四）出卖人的瑕疵担保责任

1. 权疵担保责任

出卖人就交付的标的物，负有保证第三人对该标的物不享有任何权利的义务，但是法律另有规定的除外。买受人订立合同时知道或者应当知道第三人对买卖的标的物享有权利的，出卖人不承担权利瑕疵担保义务。买受人有确切证据证明第三人对标的物享有权利的，可以中止支付相应的价款，但是出卖人提供适当担保的除外。

2. 物疵担保责任

出卖人应当按照约定的质量要求交付标的物。出卖人提供有关标的物质量说明的，交付的标的物应当符合该说明的质量要求。当事人对标的物的质量要求没有约定或者约定不明确，依据《民法典》第五百一十条的规定仍不能确定的，适用《民法典》第五百一十一条第一项的规定。出卖人交付的标的物不符合质量要求的，买受人可以依据《民法典》第五百八十二条至第五百八十四条的规定请求承担违约责任。当事人约定减轻或者免除出卖人对标的物瑕疵承担的责任，因出卖人故意或者重大过失不告知买受人标的物瑕疵的，出卖人无权主张减轻或者免除责任。

（五）标的物的质量检验

1. 买受人的检验与通知义务

买受人收到标的物时应当在约定的检验期限内检验。没有约定检验期限的，应当及时检验。当事人约定检验期限的，买受人应当在检验期限内将标的物的数量或者质量不符合约定的情形通知出卖人。买受人怠于通知的，视为标的物的数量或者质量符合约定。当事人没有约定检验期限的，买受人应当在发现或者应当发现标的物的数量或者质量不符合约定的合理期限内通知出卖人。买受人在合理期限内未通知或者自收到标的物之日起二年内未通知出卖人的，视为标的物的数量或者质量符合约定；但是，对标的物有质量保证期的，适用质量保证期，不适用该二年的规定。出卖人知道或者应当知道提供的标的物不符合约定的，买受人不受前面规定的通知时间的限制。

2. 合理检验期限

当事人约定的检验期限过短，根据标的物的性质和交易习惯，买受人在检验期限内难以完成全面检验的，该期限仅视为买受人对标的物的外观瑕疵提出异议的期限。约定的检验期限或者质量保证期短于法律、行政法规规定期限的，应当以法律、行政法规规定的期限为准。

3. 检验期限未约定时的处理

当事人对检验期限未作约定，买受人签收的送货单、确认单等载明标的物数量、型号、规格的，推定买受人已经对数量和外观瑕疵进行检验，但是有相关证据足以推翻的除外。

出卖人依照买受人的指示向第三人交付标的物，出卖人和买受人约定的检验标准与买受人和第三人约定的检验标准不一致的，以出卖人和买受人约定的检验标准为准。

（六）出卖人包装义务与回收义务

出卖人应当按照约定的包装方式交付标的物。对包装方式没有约定或者约定不明确，依据《民法典》第五百一十条的规定仍不能确定的，应当按照通用的方式包装；没有通用方式的，应当采取足以保护标的物且有利于节约资源、保护生态环境的包装方式。

依照法律、行政法规的规定或者按照当事人的约定，标的物在有效使用年限届满后应予回收的，出卖人负有自行或者委托第三人对标的物予以回收的义务。

（七）买受人支付价款的义务

买受人应当按照约定的数额和支付方式支付价款。对价款的数额和支付方式没有约定或者约定不明确的，适用《民法典》第五百一十条、第五百一十一条第二项和第五项的规定。

买受人应当按照约定的地点支付价款。对支付地点没有约定或者约定不明确，依据《民法典》第五百一十条的规定仍不能确定的，买受人应当在出卖人的营业地支付；但是，约定支付价款以交付标的物或者交付提取标的物单证为条件的，在交付标的物或者交付提取标的物单证的所在地支付。

买受人应当按照约定的时间支付价款。对支付时间没有约定或者约定不明确，依据《民法典》第五百一十条的规定仍不能确定的，买受人应当在收到标的物或者提取标的物单证的同时支付。

（八）买卖合同的解除规则

因标的物的主物不符合约定而解除合同的，解除合同的效力及于从物。因标的物的从物不符合约定被解除的，解除的效力不及于主物。

标的物为数物，其中一物不符合约定的，买受人可以就该物解除。但是，该物与他物分离使标的物的价值显受损害的，买受人可以就数物解除合同。

出卖人分批交付标的物的，出卖人对其中一批标的物不交付或者交付不符合约定，致使该批标的物不能实现合同目的的，买受人可以就该批标的物解除。出卖人不交付其中一批标的物或者交付不符合约定，致使之后其他各批标的物的交付不能实现合同目的的，买受人可以就该批及之后其他各批标的物解除。买受人如果就其中一批标的物解除，该批标的物与其他各批标的物相互依存的，可以就已经交付和未交付的各批标的物解除。

（九）几种特殊类型的买卖合同

1. 分期付款买卖合同

分期付款的买受人未支付到期价款的数额达到全部价款的五分之一，经催告后在合理期限内仍未支付到期价款的，出卖人可以请求买受人支付全部价款或者解除合同。出卖人解除合同的，可以向买受人请求支付该标的物的使用费。

2. 凭样品买卖合同

凭样品买卖的当事人应当封存样品，并可以对样品质量予以说明。出卖人交付的标的物应当与样品及其说明的质量相同。凭样品买卖的买受人不知道样品有隐蔽瑕疵的，即使交付的标的物与样品相同，出卖人交付的标的物的质量仍然应当符合同种物的通常标准。

3. 试用买卖合同

试用买卖的当事人可以约定标的物的试用期限。对试用期限没有约定或者约定不明确，依据《民法典》第五百一十条的规定仍不能确定的，由出卖人确定。试用买卖的买受人在试用期内可以购买标的物，也可以拒绝购买。试用期限届满，买受人对是否购买标的物未作表示的，视为购买。试用买卖的买受人在试用期内已经支付部分价款或者对标的物实施出卖、出租、设立担保物权等行为的，视为同意购买。试用买卖的当事人对标的物使用费没有约定或者约定不明确的，出卖人无权请求买受人支付。标的物在试用期内毁损、灭失的风险由出卖人承担。

4. 所有权保留买卖合同

当事人可以在买卖合同中约定买受人未履行支付价款或者其他义务的，标的物的所有权属于出卖人。出卖人对标的物保留的所有权，未经登记，不得对抗善意第三人。当事人约定出卖人保留合同标的物的所有权，在标的物所有权转移前，买受人有下列情形之一，造成出卖人损害的，除当事人另有约定外，出卖人有权取回标的物：①未按照约定支付价款，经催告后在合理期限内仍未支付；②未按照约定完成特定条件；③将标的物出卖、出质或者作出其他不当处分。出卖人可以与买受人协商取回标的物；协商不成的，可以参照适用担保物权的实现程序。出卖人依据《民法典》第六百四十二条第一款的规定取回标的物后，买受人在双方约定或者出卖人指定的合理回赎期限内，消除出卖人取回标的物的事由的，可以请求回赎标的物。买受人在回赎期限内没有回赎标的物，出卖人可以以合理价格将标的物出卖给第三人，出卖所得价款扣除买受人未支付的价款以及必要费用后仍有剩余的，应当返还买受人；不足部分由买受人清偿。

二、借款合同

借款合同是借款人向贷款人借款，到期返还借款并支付利息的合同。借款合同应当采用书面形式，但是自然人之间借款另有约定的除外。借款合同的内容一般包括借款种类、币种、用途、数额、利率、期限和还款方式等条款。

（一）当事人的权利义务

借款人的权利义务：订立借款合同，借款人应当按照贷款人的要求提供与借款有关的业务活动和财务状况的真实情况。借款人未按照约定的日期、数额收取借款的，应当按照约定的日期、数额支付利息。借款人应当按照约定向贷款人定期提供有关财务会计报表或者其他资料。借款人未按照约定的借款用途使用借款的，贷款人可以停止发放借款、提前收回借款或者解除合同。借款人应当按照约定的期限返还借款。对借款期限没有约定或者约定不明确，依据《民法典》第五百一十条的规定仍不能确定的，借款人可以随时返还；贷款人可以催告借款人在合理期限内返还。借款人可以在还款期限届满前向贷款人申请展期；贷款人同意的，可以展期。

贷款人的权利义务：贷款人未按照约定的日期、数额提供借款，造成借款人损失的，应当赔偿损失。借款的利息不得预先在本金中扣除。利息预先在本金中扣除的，应当按照实际借款数额返还借款并计算利息。贷款人按照约定可以检查、监督借款的使用情况。

（二）借款利息

借款人应当按照约定的期限支付利息。对支付利息的期限没有约定或者约定不明确，依据《民法典》第五百一十条的规定仍不能确定，借款期间不满一年的，应当在返还借款时一并支付；借款期间一年以上的，应当在每届满一年时支付，剩余期间不满一年的，应当在返还借款时一并支付。借款人未按照约定的期限返还借款的，应当按照约定或者国家有关规定支付逾期利息。借款人提前返还借款的，除当事人另有约定外，应当按照实际借款的期间计算利息。

自然人之间的借款合同，自贷款人提供借款时成立。禁止高利放贷，借款的利率不得违反国家有关规定。借款合同对支付利息没有约定的，视为没有利息。

借款合同对支付利息约定不明确，当事人不能达成补充协议的，按照当地或者当事人的交易方式、交易习惯、市场利率等因素确定利息；自然人之间借款的，视为没有利息。

三、保证合同

保证合同是为保障债权的实现，保证人和债权人约定，当债务人不履行到期债务或者发生当事人约定的情形时，保证人履行债务或者承担责任的合同。保证合同是主债权债务合同的从合同。主债权债务合同无效的，保证合同无效，但是法律另有规定的除外。保证合同被确认无效后，债务人、保证人、债权人有过错的，应当根据其过错各自承担相应的民事责任。保证人可以要求债务人提供反担保。保证人与债权人可以协商订立最高额保证的合同，约定在最高债权额限度内就一定期间连续发生的债权提供保证。

（一）保证人

《民法典》第六百八十三条规定，机关法人不得为保证人，但是经国务院批准为使用外国政府或者国际经济组织贷款进行转贷的除外。以公益为目的的非营利法人、非法人组织不得为保证人。

（二）保证的内容和保证的方式

1. 保证的内容与形式

保证合同的内容一般包括被保证的主债权的种类、数额，债务人履行债务的期限，保证的方式、范围和期间等条款。保证合同可以是单独订立的书面合同，也可以是主债权债务合同中的保证条款。第三人单方以书面形式向债权人作出保证，债权人接收且未提出异议的，保证合同成立。

2. 保证的方式

保证的方式包括一般保证和连带责任保证。当事人在保证合同中对保证方式没有约定或者约定不明确的，按照一般保证承担保证责任。

当事人在保证合同中约定，债务人不能履行债务时，由保证人承担保证责任的，为一般保证。一般保证的保证人享有先诉抗辩权，即在主合同纠纷未经审判或者仲裁，并就债务人财产依法强制执行仍不能履行债务前，有权拒绝向债权人承担保证责任，但是有下列情形之一的除外：①债务人下落不明，且无财产可供执行；②人民法院已经受理债务人破产案件；③债权人有证据证明债务人的财产不足以履行全部债务或者丧失履行债务能力；④保证人书面表示放弃本款规定的权利。

当事人在保证合同中约定保证人和债务人对债务承担连带责任的，为连带责任保证。连带责任保证的债务人不履行到期债务或者发生当事人约定的情形时，债权人可以请求债务人履行债务，也可以请求保证人在其保证范围内承担保证责任。

（三）保证责任

1. 保证责任的范围

《民法典》规定，保证的范围包括主债权及利息、违约金、损害赔偿金和实现债权的费用。当事人另有约定的，按照约定执行。

2. 保证期间

保证期间为保证责任的存续期间，是债权人向保证人行使追索权的期间。保证期间是确定保证人承担保证责任的期间，不发生中止、中断和延长。债权人与保证人可以约定保证期间，但是约定的保证期间早于主债务履行期限或者与主债务履行期限同时届满的，视为没有约定；没有约定或者约定不明确的，保证期间为主债务履行期限届满之日起六个月。债权人与债务人对主债务履行期限没有约定或者约定不明确的，保证期间自债权人请求债务人履行债务的宽限期届满之日起计算。

一般保证的债权人未在保证期间对债务人提起诉讼或者申请仲裁的，保证人不再承担保证责任。连带责任保证的债权人未在保证期间请求保证人承担保证责任的，保证人不再承担保证责任。

3. 保证的诉讼时效

一般保证的债权人在保证期间届满前对债务人提起诉讼或者申请仲裁的，从保证人拒绝承担保证责任的权利消灭之日起，开始计算保证债务的诉讼时效。

连带责任保证的债权人在保证期间届满前请求保证人承担保证责任的，从债权人请求保证人承担保证责任之日起，开始计算保证债务的诉讼时效。

4. 主合同变更与保证责任承担

保证期间，债权人和债务人未经保证人书面同意，协商变更主债权债务合同内容，减轻债务的，保证人仍对变更后的债务承担保证责任；加重债务的，保证人对加重的部分不承担保证责任。债权人和债务人变更主债权债务合同的履行期限，未经保证人书面同意的，保证期间不受影响。

保证期间，债权人转让全部或者部分债权，未通知保证人的，该转让对保证人不发生效力。

保证人与债权人约定禁止债权转让，债权人未经保证人书面同意转让债权的，保证人对受让人不再承担保证责任。

保证期间，债权人未经保证人书面同意，允许债务人转移全部或者部分债务，保证人对未经其同意转移的债务不再承担保证责任，但是债权人和保证人另有约定的除外。第三人加入债务的，保证人的保证责任不受影响。

5. 共同保证

同一债务有两个以上保证人的，保证人应当按照保证合同约定的保证份额，承担保证责任；没有约定保证份额的，债权人可以请求任何一个保证人在其保证范围内承担保证责任。

6. 保证人的权利

（1）保证人的责任免除权

一般保证的保证人在主债务履行期限届满后，向债权人提供债务人可供执行财产的真实情况，债权人放弃或者怠于行使权利致使该财产不能被执行的，保证人在其提供可供执行财产的价值范围内不再承担保证责任。

（2）保证人追偿权

保证人承担保证责任后，除当事人另有约定外，有权在其承担保证责任的范围内向债务人追偿，享有债权人对债务人的权利，但是不得损害债权人的利益。

（3）保证人抗辩权

保证人可以主张债务人对债权人的抗辩。债务人放弃抗辩的，保证人仍有权向债权人主张抗辩。

（4）保证人拒绝履行权

债务人对债权人享有抵销权或者撤销权的，保证人可以在相应范围内拒绝承担保证责任。

四、保理合同

（一）保理与保理合同

保理，即保付代理，是一个金融术语，指卖方将其现在或将来的基于其与买方订立的货物销售（服务）合同所产生的应收账款转让给保理商（提供保理服务的金融机构），由保理商向其提供资金融通、买方资信评估、销售账户管理、信用风险担保、账款催收等一系列服务的综合金融服务方式。它是商业贸易中以托收、赊账方式结算货款时，卖方为了强化应收账款管理、增强流动性而采用的一种委托第三者（保理商）管理应收账款的行为。综上，保理业务是具有担保、转让的性质和服务、融资功能的综合性金融服务。

《民法典》第七百六十一条作出了规定：“保理合同是应收账款债权人将现有的或者将有的应收账款转让给保理人，保理人提供资金融通、应收账款管理或者催收、应收账款债务人付款担保等服务的合同。”该规定更明确了保理业务是集融资、应收账款管理、催收及担保等功能为一体的综合性服务。

（二）保理合同的内容与形式

保理合同的当事人是债权人（供应商）和保理人（一般指银行或其他保理机构）。保理合同应当是书面的要式合同，一般包括业务类型、服务范围、服务期限、基础交易合同情况、应收账款信息、保理融资款或者服务报酬及其支付方式等条款。保理人向应收账款债务人发出应收账款转让通知的，应当表明保理人身份并附有必要凭证。此条是对债务人知情权的保护，同时促进了保理业务的高效有序地推进。

（三）保理合同常见问题的规范

1. 虚构应收账款的法律后果

保理合同的客体是应收账款债权，因债权缺乏公示性，在社会实践中，存在虚构债务的问题，后果是保理人受让的债权不存在，从而使保理人的权利难以救济。《民法典》第七百六十三条规定，应收账款债权人与债务人虚构应收账款作为转让标的，与保理人订立保理合同的，应收账款债务人不得以应收账款不存在为由对抗保理人，但是保理人明知虚构的除外。

2. 债权人和债务人变更或终止基础交易合同，可能损害保理人利益的情形

根据债的相对性，债权人与债务人双方变更合同，不应该对保理人产生拘束力。另外，债务人已经接到保理人应收账款转让通知，再变更或终止合同，将损害到保理人的利益，因此，对保理人不发生效力的规定是对保理人权益的保护。《民法典》第七百六十五条规定，应收账款债务人接到应收账款转让通知后，应收账款债权人与债务人无正当理由协商变更或者终止基础交易合同，对保理人产生不利影响的，对保理人不发生效力。

3. 有追索权和无追索权的保理

实务中，保理业务类型较为复杂，对有追索权保理和无追索权保理进行明确区分，对保理人、债权人的权利义务有不同的规定。《民法典》第七百六十六条规定，当事人约定有追索权保理的，保理人可以向应收账款债权人主张返还保理融资款本息或者回购应收账款债权，也可以向应收账款债务人主张应收账款债权。保理人向应收账款债务人主张应收账款债权，在扣除保理融资款本息和相关费用后有剩余的，剩余部分应当返还给应收账款债权人。《民法典》第七百六十七条规定，当事人约定无追索权保理的，保理人应当向应收账款债务人主张应收账款债权，保理人取得超过保理融资款本息和相关费用的部分，无需向应收账款债权人返还。

4. 多重保理的清偿顺序

《民法典》第七百六十八条规定，应收账款债权人就同一应收账款订立多个保理合同，致使多个保理人主张权利的，已经登记的先于未登记的取得应收账款；均已经登记的，按照登记时间的先后顺序取得应收账款；均未登记的，由最先到达应收账款债务人的转让通知中载明的保理人取得应收账款；既未登记也未通知的，按照保理融资款或者服务报酬的比例取得应收账款。

五、物业服务合同

（一）物业服务合同概念

物业服务合同是物业服务人在物业服务区域内，为业主提供建筑物及其附属设施的维修养护、环境卫生和相关秩序的管理维护等物业服务，业主支付物业费的合同。物业服务人包括物业服务企业和其他管理人。

（二）物业服务合同内容和形式

物业服务合同的内容一般包括服务事项、服务质量、服务费用的标准和收取办法、维修资金的使用、服务用房的管理和使用、服务期限、服务交接等条款。一份完整的物业服务合同，除了上述条款外，按照《民法典》第四百七十条规定，还应当包括当事人的姓名或者名称和住所、合同履行期限、违约责任和解决争议的方法等条款。物业服务人公开作出的有利于业主的服务承诺，为物业服务合同的组成部分。物业服务合同应当采用书面形式。

（三）物业服务合同效力

《民法典》第九百三十九条规定了物业服务合同的效力。建设单位依法与物业服务人订立的前期物业服务合同，以及业主委员会与业主大会依法选聘的物业服务人订立的物业服务合同，对业主具有法律约束力。《民法典》第九百四十条规定，建设单位依法与物业服务人订立的前期物业服务合同约定的服务期限届满前，业主委员会或者业主与新物业服务人订立的物业服务合同生效的，前期物业服务合同终止。

（四）物业服务人的权利与义务

1. 物业服务人的一般义务

物业服务人应当按照约定和物业的使用性质，妥善维修、养护、清洁、绿化和经营管理物业服务区域内的业主共有部分，维护物业服务区域内的基本秩序，采取合理措施保护业主的人身、财产安全。对物业服务区域内违反有关治安、环保、消防等法律法规的行为，物业服务人应当及时采取合理措施制止、向有关行政主管部门报告并协助处理。

2. 物业服务人亲自服务的义务

物业服务人将物业服务区域内的部分专项服务事项委托给专业性服务组织或者其他第三人的，应当就该部分专项服务事项向业主负责。物业服务人不得将其应当提供的全部物业服务转委托给第三人，或者将全部物业服务支解后分别转委托给第三人。

3. 物业服务人的信息公示义务

物业服务人应当定期将服务的事项、负责人员、质量要求、收费项目、收费标准、履行情况，以及维修资金使用情况、业主共有部分的经营与收益情况等以合理方式向业主公开并向业主大会、业主委员会报告。

4. 物业服务人的移交义务

物业服务合同终止的，原物业服务人应当在约定期限或者合理期限内退出物业服务区域，将物业服务用房、相关设施、物业服务所必需的相关资料等交还给业主委员会、决定自行管理的业主或者其指定的人，配合新物业服务人做好交接工作，并如实告知物业的使用和管理状况。原物业服务人违反前款规定的，不得请求业主支付物业服务合同终止后的物业费；造成业主损失的，应当赔偿损失。

5. 物业服务人的后合同义务

物业服务合同终止后，在业主或者业主大会选聘的新物业服务人或者决定自行管理的业主接管之前，原物业服务人应当继续处理物业服务事项，并可以请求业主支付该期间的物业费。

6. 收取物业费的权利

业主违反约定逾期不支付物业费的，物业服务人可以催告其在合理期限内支付；合理期限届满仍不支付的，物业服务人可以提起诉讼或者申请仲裁。物业服务人不得采取停止供电、供水、供热、供燃气等方式催交物业费。

7. 随时解除不定期物业服务合同权

当事人可以随时解除不定期物业服务合同，但是应当提前六十日书面通知对方。

（五）业主的权利与义务

1. 业主支付物业费义务

业主应当按照约定向物业服务人支付物业费。物业服务人已经按照约定和有关规定提供服务的，业主不得以未接受或者无须接受相关物业服务为由拒绝支付物业费。

2. 业主告知、协助义务

业主装饰装修房屋的，应当事先告知物业服务人，遵守物业服务人提示的合理注意事项，并配合其进行必要的现场检查。业主转让、出租物业专有部分、设立居住权或者依法改变共有部分用途的，应当及时将相关情况告知物业服务人。

3. 业主合同任意解除权

业主依照法定程序共同决定解聘物业服务人的，可以解除物业服务合同。决定解聘的，应当提前六十日书面通知物业服务人，但是合同对通知期限另有约定的除外。依据前款规定解除合同造成物业服务人损失的，除不可归责于业主的事由外，业主应当赔偿损失。

4. 物业服务合同的续订权

物业服务期限届满前，业主依法共同决定续聘的，应当与原物业服务人在合同期限届满前续订物业服务合同。物业服务期限届满前，物业服务人不同意续聘的，应当在合同期限届满前九十日书面通知业主或者业主委员会，但是合同对通知期限另有约定的除外。

5. 随时解除不定期物业服务合同权

物业服务期限届满后，业主没有依法作出续聘或者另聘物业服务人的决定，物业服务人继续提供物业服务的，原物业服务合同继续有效，但是服务期限为不定期。当事人可以随时解除不定期物业服务合同，但是应当提前六十日书面通知对方。

第十节 准 合 同

学习目标

素质目标：要求学习者具有法律思维能力与运用能力，并关注社会生活中市场交易中的合同问题。

知识目标：要求学习者能够准确地理解和掌握我国合同制度的基本原理。

技能目标：要求学习者能够准确界定合同，合同的不同分类及其法律意义。

思政目标：要求学习者通过对民事主体从事民事活动应遵循基本原则的学习，树立意思自治、诚实信用、公平正义、绿色环保的理念，激发学习者对人、自然、社会/国家应该相融共进的理解认同。

关键术语

合同；意思自治；合同分类；民事活动的基本原则；法律适用

背景知识

“准合同”又名“类合同”，其本质上不是合同，该类债的产生或多或少基于了当事人“自愿”的意思表示，因其与合同之债更近似、与侵权之债相去甚远；为方便归类，法学家或者相关法律才将其命名为“准合同”。准合同就在我们身边，人人皆可邂逅。例如，没有委托的情形下，我们帮邻居照顾无法回家的小孩，或者照顾他人走失的宠物，或者路遇无人值守车辆失火，我们积极参与灭火及抢救车内财物避免车主更大损失等，我们与邻居或者宠物主人或者车主就形成了无因管理的法律关系：我们是无因管理人，邻居或者宠物主人是受益人，据此产生无因管理之债。日常生活中，我们在银行转款、微信或淘宝转款时，不小心多转给收款方的金额，形成不当得利；如果不小心错转款给了第三人，该第三人就是我们的不当得利人。债的发生原因有合同、侵权行为、不当得利、无因管理和其他原因。

一、无因管理

（一）无因管理的概念与特征

无因管理是指当事人没有法定的或者约定的义务，为避免他人利益受损失而进行管理或者服务的法律事实。无因管理行为是一种自发性的行为，在无因管理中，管理他人事务的人称管理人，被他人管理事务的人称本人。通常管理人是债权人，本人是债务人。无因管理有以下三个法律特征。

（1）无因管理是管理他人事务的行为

管理人必须为本人管理一定的事务，不管是对本人财产的保存、改良、利用，还是对其处分。管理人管理事务的行为是事实行为，而不是法律行为。

（2）无因管理必须是为了他人的利益

从动机来看，管理人的管理从为他人利益服务出发；从效果来看，管理行为所取得的利益最终都为本人所享有。如果管理人管理他人事务是为了管理人自己的利益或本人以外的第三人的利益，则不是无因管理。

（3）管理人管理他人事务无法律上的义务

如果管理人与本人之间有管理事务的协议，或法律规定管理人有管理他人事务的义务，均不构成无因管理。只有在既无当事人的协议又无法定义务时，管理人对他人事务的管理才是无因管理。

（二）无因管理人的权利与义务

1. 无因管理人的权利

无因管理人可以请求受益人偿还因管理事务而支出的必要费用；管理人因管理事务受到损失的，可以请求受益人给予适当补偿。管理事务不符合受益人真实意思的，管理人不享有请求支付补偿的权利；但是，受益人的真实意思违反法律或者违背公序良俗的除外。管理人管理事务不属于无因管理规定的情形，但是受益人享有管理利益的，受益人应当在其获得的利益范围内向管理人承担支出费用与损失补偿的义务。

2. 无因管理人的义务

无因管理人的主要义务包括：①适当管理义务。管理人管理他人事务，应当采取有利于受益人的方法。中断管理对受益人不利的，无正当理由不得中断。②通知义务。管理人管理他人事务，能够通知受益人的，应当及时通知受益人。管理的事务不需要紧急处理的，应当等待受益人的指示。管理人管理事务经受益人事后追认的，从管理事务开始时起，适用委托合同的有关规定，但是管理人另有意思表示的除外。③报告和交付义务。管理结束后，管理人应当向受益人报告管理事务的情况。管理人管理事务取得的财产，应当及时转交给受益人。

二、不当得利

（一）不当得利的概念

不当得利，是指没有合法依据，有损于他人而取得利益。不当得利的法律事实发生以后，就在不当得利人与利益所有人（受害人）之间产生了一种权利义务关系，即利益所有人有权请求不当得利人返还不应得的利益，不当得利者有义务返还。这也就在双方之间产生一种债的关系。在此行为之中，取得利益的人称得利人，遭受损害的人称受害人。得利人与受害人之间形成债的关系，得利人为债务人，受害人为债权人。

（二）不当得利的成立要件

1. 一方取得财产利益

一方取得财产利益是指因一定的事实结果而获得了或增加了财产或利益上的积累。得利人获得的利益限于财产利益。

2. 一方受有损失

仅仅有一方受有财产上的利益，而未给他人带来任何损失，不成立不当得利。如甲投资兴建广场，邻近乙的房屋价值剧增，乙获有利益但未给甲带来损失，乙对甲而言不成立不当得利。这里的损失，既包括现有财产或利益的积极减少，也包括应增加而未增加（可得利益）利益的丧失。

3. 利益与损失之间有因果关系

得利人取得利益与受损人所受损失间的因果关系，是指受损人的损失是由于得利人受益所造成的。但受损人的损失与得利人的受益，范围不必相同，受益大于损失，或损失大于受益，均无不可，它只影响得利人返还义务的范围。

4. 没有法律上的根据

取得利益致他人损失，之所以成立不当得利，原因在于利益的取得无法律上的根据。

（三）得利人的返还义务

得利人没有法律根据取得不当利益的，受损失的人可以请求得利人返还取得的利益，但是有下列情形之一的除外：①为履行道德义务进行的给付；②债务到期之前的清偿；③明知无给付义务而进行的债务清偿。

善意得利人返还义务免除。得利人不知道且不应当知道取得的利益没有法律根据，取得的利益已经不存在的，不承担返还该利益的义务。

恶意得利人返还义务。得利人知道或者应当知道取得的利益没有法律根据的，受损失的人可以请求得利人返还其取得的利益并依法赔偿损失。

第三人返还义务。得利人已经将取得的利益无偿转让给第三人的，受损失的人可以请求第三人在相应范围内承担返还义务。

本 章 小 结

《民法典》合同编一共分为三个分编（通则、典型合同、准合同），共计五百二十六条，占民法典条文总数的40%以上，在民法典中具有举足轻重的地位。合同编是在系统总结我国合同立法经验的基础上产生的，主要包括：合同的订立、效力履行、保全、转让终止、违约责任等一般性规则。同时，与时俱进地规定了电子合同的订立规则、国家订货合同制度等内容，为维护社会主义经济秩序提供保障。

第五章案例讨论

第五章习题

第五章习题答案

第六章　知识产权法律制度

引导案例

当前，我国知识产权领域有两种情况存在，一是侵权盗版的问题还比较多，有一些不法的盗版分子从事未经许可的商业性活动。二是知识产权的拥有人，通过滥用知识产权来排除、限制竞争的情况也比较多，特别是互联网领域。对企业而言，应该有社会责任和担当，既要尊重知识产权，也要促进知识产权的传播。

案情回顾

2018 年 1 月 11 日，深圳市中级人民法院知识产权法庭公开宣判两宗标准必要专利侵权纠纷案，就华为起诉三星侵犯知识产权案作出一审判决，要求三星立即停止侵犯华为两项专利权的行为。

两案中原告华为诉称：涉案两项发明专利均为 4G 标准必要专利，被告方未经原告许可，以制造、销售、许诺销售、进口的方式侵害其专利权。同时，原告在与被告方的谈判代表人，也是被告方的控股公司韩国三星电子株式会社进行标准必要专利交叉许可谈判时，三星未遵循 FRAND（fair, reasonable, and non-discriminatory terms，公平、合理和不带歧视性的条款）原则，具有明显过错，请求法院判令被告方立即停止涉案专利侵权行为。

被告方答辩称，其没有实施原告华为指控其专利侵权的行为，原告华为在标准必要专利的许可谈判中没有尽到公平、合理、无歧视的义务，而三星在许可谈判中无明显过错，因此，应驳回原告的诉讼请求。

本专利侵权纠纷案涉及两大问题：一是关于 FRAND 问题，涉及双方在进行标准必要专利交叉许可谈判时，对于许可协议无法达成一事，原告与三星究竟哪一方存在过错的问题。二是关于技术事实的查明与认定问题，涉及原告在本案中要求保护的专利是否为 4G 标准必要专利，被告方是否实施了侵害原告专利权的行为，以及被告方的抗辩主张能否成立等问题。

法官说法

原告华为享有 201110269715.3 号、201010137731.2 号两项发明专利权，这两项发明专利均为 4G 标准必要专利。从 2011 年 7 月至今，原告华为与三星进行标准必要专利交叉许可谈判已六年多。原告华为在谈判过程中无明显过错，符合 FRAND 原则；而三星在谈判过程中，在程序和实体方面均存在明显过错，违反 FRAND 原则。

被告方在我国生产、销售相应的 4G 智能终端产品，一定会使用原告华为的这两项标准必要专利技术。因此，在原告华为取得两项发明专利权以后，被告方未经许可在我国实施原告的两项专利技术，侵犯了原告的专利权。

原告华为寻求谈判和仲裁等方式来解决双方之间的标准必要专利交叉问题，经法院组织双方进行调解，三星一直恶意拖延谈判，存在明显过错，违反 FRAND 原则。鉴于此，原告华为要求被告方停止侵害其涉案的 4G 标准必要专利技术，法院予以支持。

（笔者根据深圳中级人民法院庭市公开资料及相关媒体公开报道整理，参考资料来源：https://mp.weixin.qq.com/s/PYCXMmfmG1BryIF52MWBpA，有改动）

第一节　知识产权法律制度概述

学习目标

素质目标：要求学习者具备知识产权保护意识，并了解知识产权保护在满足个人生活与发展、完善我国社会主义市场经济体制，以及建设创新型国家等方面的重要性。

知识目标：要求学习者能够理解知识产权的概念、性质与特征。

技能目标：要求学习者能够运用合法手段保护自己的知识产权，并在被侵权时，能够依法请求侵权行为人停止侵权。

思政目标：要求学习者通过学习知识产权法律知识，树立知识产权是国家发展的战略性资源和国际竞争力的核心要素，以及掌握发展主动权的关键和创新型国家建设重要支撑的观念，激发学习者的家国情怀、行业理想和社会责任感。

关键术语

知识产权；知识产权的性质；知识产权的特征；知识产权的内容

背景知识

知识产权是指人们就其智力劳动成果所依法享有的专有权利，通常是国家赋予创造者对其智力成果在一定时期内享有的专有权或独占权（exclusive right）。我国的知识产权事业也实现了从无到有、从小到大的根本转变。早在 1950 年中华人民共和国成立之初，我国制定颁布了《保障发明权与专利权暂行条例》《商标注册暂行条例》等知识产权法规，对实施专利、商标制度作出了初步的探索。经过 70 多年的发展，我国已经建立起了符合国际通行规则、门类较为齐全的知识产权法律制度。知识产权司法保护、行政保护全面强化，“严保护、大保护、快保护、同保护”的知识产权保护格局逐渐形成。

2020 年 5 月 28 日通过的《民法典》有诸多涉及知识产权及技术合同的相关规定，并明文规定了侵害知识产权的惩罚性赔偿，从根本上奠定了知识产权领域惩罚性赔偿制度的基石。

一、知识产权概述

（一）知识产权的概念

知识产权是指自然人、法人或者其他组织对其智力成果依法享有的专有权利。智力成果是人们在公共物品上添加智力劳动后所取得的私人产品，此私人产品上所附着的智慧专有权利就是知识产权。知识产权在性质上属于私权。

知识产权是一个外来词。19 世纪末，国际上成立保护知识产权联合国际局，知识产权概念自此进入国际社会的视野。1967 年 7 月，在瑞典斯德哥尔摩签订的《建立世界知识产权组织公约》，以及根据该公约成立的世界知识产权组织是知识产权概念得到国际社会正式承认的标志。在我国，最早使用知识产权概念的法律，是 1987 年 1 月 1 日生效的《民法通则》。该法第五章第三节即为“知识产权”，与财产所有权及与财产所有权有关的权利、债权和人身权并列为四大民事权利。此前，我国法律和法学著作、文章、论文等所使用的概念为智力成果权。我国台湾地区使用的概念则为智慧财产权。

《建立世界知识产权组织公约》和《与贸易有关的知识产权协定》采用不完全列举的方式列出了知识产权的种类。《建立世界知识产权组织公约》第二条中，知识产权包括有关以下项目的权利：①文学、艺术和科学作品；②表演艺术家的表演以及唱片和广播节目；③人类一切活动领域内的发明；④科学发现；⑤工业品外观设计；⑥商标、服务标记以及商业名称和标志；⑦制止不正当竞争；⑧在工业、科学、文学或艺术领域内基于智力活动而产生的一切其他权利。

（二）知识产权的性质

1. 知识产权是民事权利

民事权利的本质是平等主体之间的特定化、种类化的利益。民事权利是由民事法律规范确认的。较选举权和被选举权、劳动权和休息权等公法上的权利而言，知识产权是民事权利在于：①知识产权由民事法律规范所确认。②知识产权是人们对智力成果所享受的利益，包括财产利益和人身利益。③知识产权体现为权利主体一定范围内的行为自由。例如，作者对其作品享有是否公之于众的自由、发明创造者对其发明创造物享有是否就其发明创造申请专利抑或作为商业秘密使用的自由、商标拥有者享有是否申请注册的自由等。④知识产权在性质上是一种法律之力，它不仅使知识产权所有人获得了在法律范围内的行动自由，而且使知识产权所有人凭借此种法律之力可以请求相对人为一定的行为或者不为一定的行为，有权直接支配智力成果，并排斥他人的干涉，当其权利受到他人的不法侵害时有权获得法律的保护。

2. 知识产权是私权

私权是与公权相对应的一个概念。将知识产权定性为私权，是现代社会法律革命和制度变迁的结果。知识产权制度的形成与发展，经历了一个由封建特许权向资本主义财产权制度的嬗变。将知识产权明确定性为一种私权，为解决与贸易有关的知识产权问题奠定了共同的基础，为建立统一的知识产权保护标准铺平了道路。

二、知识产权的特征

知识产权是人们对其智力成果依法享有的专有权利，是一种无形财产权，具有许多与有形财产所有权相同的特征。但是，因为知识产权客体是无形的智力成果，所以知识产权具有许多与有形财产权相异的特征。

（1）地域性

依据一个国家（地区）的知识产权法取得的知识产权，一般情况下，其效力仅及于该国或地区，不具有域外效力。该国（地区）就是该知识产权的被保护地。如果智力成果的创作者希望在其他国家或地区就其智力成果获得知识产权保护，就应当依据有关知识产权国际条约、双边（多边）协定或互惠原则，依据相应国家（地区）的知识产权法取得知识产权。否则，其智力成果就不可能受其他国家或地区法律的保护。

（2）时间性

依法取得的知识产权只能在法律规定的有效期内受到保护。一旦超过法律规定的有效期，该项知识产权就不再具有私人专属性，随之进入公有领域，成为全人类的共同财产。任何人在不侵犯原知识产权权利人精神利益的前提下，都可以自由使用相应的知识产权成果。

（3）独占性

独占性，也称排他性或专有性。除法律另有规定外，未经知识产权权利人许可，任何人不得擅自实施他人的知识产权。

（4）法定性

法定性，也称国家授予性。任何一项智力成果能否产生相应的权利，都必须依据有关法律的明确规定。没有法律规定或者法律明确规定不能取得知识产权的智力成果，不能产生相应的知识产权权利。

三、知识产权的客体及其特征

知识产权的客体，就是智力成果，是人们利用其智慧、时间、资金和劳动创造出来的智力成果，如作品、发明创造、商标、商业秘密、集成电路布图设计、植物新品种、计算机软件等。智力成果具有以下特征。

（一）无形性

无形性是知识产权客体的本质特征。它是指作为知识产权客体的智力成果看不见、摸不着，不占有任何物理空间，但能够被人们所感知的客观存在。正如法国著名哲学家萨特所说，“你们可以烧掉我的手稿，但却烧不掉我的作品”。也就是说，作品一经创作完成，就成为永久的存在。如果作品被附着于某一种有形载体（如手稿）上，那么，即使这个载体被销毁，也不会导致作品的消灭。当然，如果作品的载体被销毁，该作品也可能永远也不再被人所知晓，相应地会影响作品的利用和传播。

因为智力成果具有无形性，所以，它能够被数字化而存储于磁盘、光盘或者计算机硬盘上，能够被人们广泛传播。也正因为智力成果具有无形性，所以智力成果一旦被公之于众，其创作者或者权利人就即刻失去对它的实际管领和控制支配，而只能通过法律制度来保护它。从实践的角度来看，知识产权制度是目前保护智力成果最有效的制度。

（二）智慧性

智力成果是人类智力劳动的结晶，具有智慧性。它决定了知识产权所保护的对象是人们利用其智慧创作出来的成果，而不是自然生长的。因此，任何国家（地区）在构建其知识产权制度时要将其重心放在鼓励人们进行智力创作活动，而不允许对他人已有智力成果进行抄袭、剽窃、盗版、仿制或者复制等。未经知识产权所有人许可，擅自对他人的智力成果进行抄袭、剽窃、盗版、仿制或复制，就是对他人知识产权的侵犯（法律另有规定的除外）。

（三）传承性

后人的智力成果都是利用前人的智力成果或者在前人创作的公共智慧产品之上添加智力劳动所获得的，同时将要成为后来者的创作源泉。智力成果的传承性决定了知识产权保护的时间性。具体而言，在知识产权制度中，垄断性越强的权利，受保护的时间就越短；垄断性越弱的权利，受保护的时间就越长；对人类传承性影响或障碍越弱的权利，所获得的保护时间就越长，有的甚至没有保护期限的限制。例如，对精神权利的保护就不受时间限制，因为精神权利的保护不影响智力成果的传承。

（四）共享性

一般情况下，任何国家（地区）的国民所创作的智力成果都能为全人类所共享，而不仅局限于某个特定的国家（地区）。例如，美国微软公司开发的电脑视窗系统软件、Office 办公系统软件等不仅受到美国人的青睐，而且受到了其他国家（地区）人民的喜爱，其原因是它们给人们的生活、工作、学习等带来了便利。也正因为如此，智力成果应当受到国际保护，否则就会产生诸多不公平，自主创新能力比较强的国家（地区）的国民所创作的智力成果就会成为其他国家（地区）的“免费午餐”，造成“搭便车”现象。知识产权的国际保护制度，通过制定成员国保护知识产权的最低标准和应当共同遵守的规则，使其达到基本的公平和平衡。

四、知识产权的内容

事实上，知识产权并不是一项具体的权利，而是一个权利体系的总括标志，它由若干具体权利组成，如工业产权（专利权和商标权）、地理标志权、外观设计权、集成电路布图设计权、商业秘密权等。这些具体权利有自己的权利构成，如专利权包括独占实施权、许可实施权等。但是，抽象为一般的知识产权，作为上述具体权利的上位权利，可以将其具体内容概括为两个方面：①积极权利，是指知识产权所有人依法享有的许可他人实施其智力成果的权利。换言之，任何人未经知识产权所有人许可，不得擅自实施其智力成果，法律另有规定的除外。②消极权利，是指知识产权所有人依法享有的禁止他人未经许可擅自实施其受法律保护的智力成果的权利。换言之，任何人未经知识产权所有人许可擅自实施其受法律保护的智力成果，就构成对知识产权的侵犯，法律另有规定的除外。对此，知识产权所有人依法享有请求侵权行为人停止侵权行为的权利。知识产权的积极权利能够确保知识产权所有人根据自己的意愿充分利用其智力成果，发挥其应有的功能。知识产权的消极权利能够从反面确保知识产权免受他人的不法侵害，从而得到国家法律的救济和保护。

五、知识产权的国际保护

知识产权的国际保护主要通过互惠保护、双边条约保护和国际公约保护三种途径实现。其中，实体性国际公约的保护是最主要的途径。目前，在世界范围内影响最大的三个实体性知识产权公约分别是《保护工业产权巴黎公约》（以下简称《巴黎公约》）、《保护文学和艺术作品伯尔尼公约》（以下简称《伯尔尼公约》）、《与贸易有关的知识产权协定》。《巴黎公约》于1883年3月20日在法国首都巴黎缔结，1884年7月7日正式生效。其不仅是知识产权领域第一个世界性多边条约，也是成员国最为广泛、影响最大的知识产权公约。我国于1985年3月19日正式成为《巴黎公约》的成员国。《伯尔尼公约》是著作权领域第一个世界性多边国际条约，也是至今影响最大的著作权公约。其于1886年9月9日在瑞士伯尔尼正式签订，1887年正式生效。我国于1992年10月15日正式成为《伯尔尼公约》的成员国。《与贸易有关的知识产权协定》是关贸总协定乌拉圭回合谈判的二十一个最后文件之一，于1994年4月15日由各国代表签字，并于1995年1月1日起生效，由同时成立的WTO（World Trade Organization，世界贸易组织）管理。该协议自2001年12月11日中国正式加入WTO时对我国生效。

值得说明的是，宪法对于国际条约在国内的适用实践尚无统一明确的规定。首先，在民商事范围内，中国缔结或参加的条约原则上直接并优先适用，但知识产权条约已经转化或需要转化的除外。同时，为了解决WTO协议如何在国内适用的问题，最高人民法院于2002年在其发布的司法解释《关于审理国际贸易行政案件若干问题的规定》第七条规定："根据行政诉讼法第五十二条第一款及立法法第六十三条第一款和第二款规定，人民法院审理国际贸易行政案件，应当依据中华人民共和国法律、行政法规以及地方立法机关在法定立法权限范围内制定的有关或者影响国际贸易的地方性法规。地方性法规适用于本行政区域内发生的国际贸易行政案件。"

第二节 商 标 权

学习目标

素质目标：要求学习者要具备辨析商标法律现象的基础能力。

知识目标：要求学习者了解商标法的基本理论知识，熟悉商标申请程序，熟悉商标权人的权利和义务以及商标侵权的法律形式，掌握驰名商标的特点和法律认定。

技能目标：要求学习者能够运用所学商标法的基础知识处理一般性的商标侵权事务，能够采取适当的救济措施。

思政目标：要求学习者树立保护商标权是传承诚实信用、遵法守法的理念，激发学习者在推动中国产品向中国品牌的转变中发挥商标权的重要作用。

关键术语

商标权；商标法；商标注册；注册商标权的内容；商标使用的管理；侵犯注册商标权的法律责任

背景知识

商标是一个专门的法律术语，品牌或品牌的一部分在政府有关部门依法注册后，称为"商标"。商标受法律的保护，注册者有专用权。我国对于商标的保护始于1950年7月28日中华人民共和国政务院批准并公布了《商标注册暂行条例》，并于1982年8月23日中华人民共和国第五届全国人民代表大会常务委员会第二十四次会议通过《中华人民共和国商标法》（以下简称《商标法》），到2019年4月23日第十三届全国人民代表大会常务委员会第十次会议，《商标法》经过四次修改。2013年8月30日第三次修订的《商标法》规定了惩罚性赔偿制度，2019年新修改的《商标法》进一步提高了惩罚性赔偿的标准，以提高违法成本，加强商标权的保护。

一、商标的概念及种类

商标是指生产经营者在其商品或服务上使用的，由文字、图形、字母、数字、三维标志、颜色组合和声音等，以及上述要素的组合构成的，具有显著特征、便于识别商品或服务来源的标记。

按照不同的分类标准，从不同角度观察，商标可以有以下几种类型。

（一）商品商标和服务商标

商品商标和服务商标是根据商标标示对象的不同进行的类型划分。商品商标是指由文字、图形或者其组合构成，使用于商品，用以区别不同经营者所生产或经营的同一或者类似商品的专用标记。商品商标又可分为制造商标、销售商标。服务商标是指由文字、图形或者其组合构成，使用于服务项目，用以区别不同经营者所提供的同类服务项目的专用标记。

（二）集体商标和证明商标

集体商标和证明商标是根据商标所具有的作用进行的类型划分。集体商标是指以团体、协会或者其他组织名义注册，供该组织成员在商事活动中使用，以表明使用者在该组织中的成员资格的标志。证明商标是指由对某种商品或者服务具有监督能力的组织所控制，而由该组织以外的单位或者个人使用于其商品或者服务，用以证明该商品或者服务的原产地、原料、制造方法、质量或者其他特点品质的标志。

（三）驰名商标和普通商标

驰名商标是指为相关公众广为知晓并享有较高声誉的商标。驰名商标的认定应当根据当事人的请求，作为处理涉及商标案件需要认定的事实由工商行政管理部门商标评审委员会或最高人民法院指定的人民法院进行认定。认定驰名商标应当考虑的因素：相关公众对该商标的知晓程度；该商标使用的持续时间；该商标的任何宣传工作的持续时间、程度和地理范围；该商标作为驰名商标受保护的记录；该商标驰名的其他因素。生产、经营者不得在其商品、包装及容器上使用“驰名商标”的字样，也不得将其用于广告宣传、展览及其他商业活动中。普通商标是指在正常情况下使用未受到特别法律保护的绝大多数商标，是与驰名商标相对应的一种商标。

（四）注册商标和未注册商标

根据商标是否登记注册，可以把商标分为注册商标和未注册商标。注册商标是经主管机关核准注册的商标，未注册商标是指已经在适用但未经核准注册的商标。世界上对商标的保护有两种做法：一是注册保护；二是使用保护。二者的核心区别在于取得商标权的标准不同；但不管是实行注册取得制度的国家，还是在采取使用取得制度的国家，注册商标都受法律保护，只是保护的程度有所不同。在我国，未注册商标中除驰名商标受法律特别保护之外，其他商标使用人不享有法律赋予的商标权，但受到《反不正当竞争法》等的保护。对未注册商标，使用者所享有的权利仍被承认。一般而言，在我国，注册商标受到跨类保护，未注册商标仅受到同类保护。除此之外，商标还有其他标准下的分类，在此不再赘述。

二、商标注册的禁止条件

维护我国国家尊严和尊重他国及国际组织，以下内容不得获准注册：①同中华人民共和国的国家名称、国旗、国徽、国歌、军旗、军徽、军歌、勋章等相同或近似的，以及同中央国家机关的名称、标志、所在地特定地点的名称或者标志性的建筑物的名称、图形相同的；②同外国的国家名称、国旗、国徽、军旗等相同或近似的，但经该国政府同意的除外；③同政府间国际组织的名称、旗帜、徽记相同或近似的，但经该组织同意或者不易误导公关的除外；④与表明实施控制、予以保证的官方标志、检验印记相同和近似的，但经授权的除外；⑤同“红十字”“红新月”的名称、标志相同或近似的文字、图形。

禁止具有不良社会影响的标志作商标的规定，具体包括：①带有民族歧视的文字、图形等标志；②带有欺骗性，容易使公众对商品质量等特点或产地产生误认的标志；③有害于社会主义道德风尚或其他不良影响的标志。

禁止关于使用地名作为商标的规定：①县级以上行政区划的地名或者公众知晓的外国地名，不得作为商标，但是，地名具有其他含义或者作为集体商标、证明商标组成部分的除外；②已经注册的使用地名的商标继续有效，如“青岛啤酒”“金华火腿”“荣昌洗衣”。

禁用三维标志的特殊条件：以三维标志申请注册商标的，如果由商品自身的性质产生的形状、为获得技术效果而需有的商品形状或者是商品具有实质性价值的形状，注册商标专用权人无权禁止他人正当使用。

禁止使用他人的驰名商标。《商标法》规定禁止以复制、摹仿、翻译的方式使用他人的驰名商标。具体分为两种情况：①复制、摹仿、翻译他人未在中国注册的驰名商标，用于与该驰名商标相同或类似的商品上而容易导致混淆的，不仅申请商标注册的不予注册，也禁止使用；②复制、摹仿、翻译他人已在中国注册的驰名商标，用于与该驰名商标不相同或不相类似的商品上，有误导公众，致使该驰名商标注册权人的利益有受损害之虞的，不仅申请商标注册的不予注册，也禁止使用。

不得损害被代理（表）人的商标权益。代理人或者代表人未经授权以自己的名义将被代理人或者代表人的商标进行注册，损害了被代理人或者被代表人的利益，违反了民事代理的基本原则。

禁止使用虚假地理标志。地理标志具有标示决定商品特定品质、信誉等特征的自然因素或者人文因素来源于特定地区的功能，如果商标中有虚假的商品地理标志，往往会误导公众，而且对地理标志所表示地区的生产者也不公平。所以，非真实的地理标志当禁止使用。但是，已经善意取得注册的继续有效。例如，湖北某地出产某种品质的香梨，那么该种香梨就不允许获得“库尔勒香梨”的注册商标。商标标识中的“库尔勒”非该品种香梨的产地，易导致公众混淆，同时对真正产自新疆库尔勒的香梨也不公平，因此不予注册且不予使用。

三、商标注册的程序

（一）商标注册的申请

1. 申请人

自然人、法人或者其他组织对其生产、制造、加工、拣选或者经销的商品或提供的服务申请注册商标，既可以自行申请，也可以委托申请。外国人或外国企业在中国申请商标注册和办理其他商标事宜的，我国商标法要求实行委托申请制，应当委托国家认可的具有商标代理资格的组织代理申请，不允许自行申请。

2. 申请要求

我国商标申请要求遵循诚实信用原则，以自愿注册为原则，强制注册为例外。目前，我国只有烟草制品要求强制注册。申请注册商标应当依据规定的商标分类表提出申请。商标注册申请人可以通过一份申请就多个类别的商品申请注册同一商标。商标注册的申请日期以商标局收到申请文件的日期为准。商标注册申请文件可以是传统纸质书面方式，也可以是数据电文形式（视为特殊的书面方式）。申请人自其商标在国外第一次提出注册申请之日起，或在中国政府主办的、承认的国际展览会展出的商品上首次使用的，自该商品展出之日起，在六个月内在中国就相同商品以商标提出注册申请的，依该外国与中国签订的协议或共同参加的国际条约，或者按照相互承认优先权的原则，享有优先权。

（二）商标注册申请的受理

申请人申请商标注册应向商标局提交商标注册申请书，交送商标图样、附送有关证明文件。对申请注册的商标，商标局应当自收到商标注册申请文件之日起九个月内审查完毕，符合商标法有关规定的，予以初步审定公告。在审查过程中，商标局认为商标注册申请内容需要说明或者修正的，可以要求申请人作出说明或者修正。申请人未作出说明或者修正的，不影响商标局作出审查决定。

（三）商标注册的审查

1. 形式审查

形式审查是对申请商标注册的书件、手续是否符合法律规定的审查，主要就申请书的填写是否属实、准确、清晰和有关手续是否完备进行审查。

2. 实质审查

实质审查是对商标是否具备注册条件的审查，包括以下几个方面：①商标是否违背《商标法》禁注禁用条款的审查；②商标是否具备法定的构成要素，是否具有显著特征；

③商标是否与他人在同一种或类似商品上注册的商标相混同，是否与申请在先的商标及已撤销、失效并不满一年的注册商标相混同。凡是经过实质审查，认为申请注册的商标符合《商标法》的有关规定并且有显著性的，予以初步审定，并予以公告。

（四）商标注册的异议

初审后的商标，自公告之日起三个月内为异议期，任何人均可针对商标公告禁止性规定的商标申请提出异议；或者由在先权利人或利害关系人就侵犯其权利的申请提出异议。有异议的，商标局应听取异议人、被异议人陈述事实和理由，并据此作出裁定。对商标局的裁定不服者，可以在收到通知之日起十五日内申请商标评审委员会复审；对复审意见不服的，可以自收到通知之日起三十日内向人民法院提起行政诉讼。

（五）商标权的核准注册

初步审定公告的商标，从公告之日起经过三个月，无异议的；或者虽有异议，但生效裁定异议不成立的，由商标局核准注册，发给商标注册证，并予以公告。商标一经注册，即受法律保护。值得注意的是，商标注册申请人取得商标专用权的日期是自核准注册之日起计算；经裁定异议不成立而核准注册的，应自初审公告三个月期满之日起计算。

四、注册商标权的内容

商标核准注册并经公告后，获得注册商标权，在以下范围内受到法律保护。

（一）注册商标的侵权行为

1. 假冒

假冒是指商标侵权人在同一种商品上使用与他人注册商标相同的商标，可视为商标侵权的行为。注册商标权人有权要求侵权人承担商标侵权责任。

2. 仿冒

仿冒是指商标侵权人在同一种商品上使用与其注册商标近似的商标；或者在类似商品上使用与其注册商标相同或近似的商标，容易导致混淆的行为。注册商标权人有权要求侵权人承担商标侵权责任。

3. 销售假货

销售假货是指销售侵犯他人注册商标专用权生产的商品。值得注意的是，商标侵权只规范销售者的不当行为，而不包括其他的如运输者、使用者运输、使用假冒商标商品的行为，即为销售侵犯他人注册商标专用权的商品提供运输服务或者直接使用侵权商标的商品的行为，不构成商标侵权。不管销售者主观是否故意，只要实施了销售侵犯注册商标专用权的商品，就构成此种情况的商标侵权。销售者主观善意，不知道是侵犯注册商标专用权的商品，能证明该商品是自己合法取得并说明提供者的，构成善意侵权，虽然仍然要认定为商标侵权行为，但是可以免于承担损害赔偿责任。

4. 制造销售假冒商标

侵权人伪造、擅自制造他人注册商标标识或者销售伪造、擅自制造的注册商标标志的，构成制造、销售假冒商标的侵权行为。

5. 反向假冒

未经商标注册权人同意，更换其注册商标并将更换过商标后的该商品又投入市场进行销售的，称为反向假冒。反向假冒也是典型的商标侵权行为。

6. 间接侵权

故意为侵犯他人商标专用权行为提供便利条件，帮助他人实施侵犯商标专用权行为的称为间接侵权，又称商标侵权的共犯。这里的“便利条件”是指为侵犯他人商标专用权提供仓储、运输、邮寄、印刷、隐匿、经营场所、网络商品交易平台等行为。构成间接侵权须侵权人在主观上是故意的。

另外，《商标法》还规范以下商标侵权或类商标侵权行为：将与他人注册商标相同或相近似的文字作为企业的字号在相同或者类似商品上突出使用，容易使公众产生误认的行为；将与他人注册商标相同或相近似的文字注册为域名，并且通过该域名进行相关商品交易的电子商务，容易使公众产生误认的行为等。

（二）注册商标侵权的抗辩事由

商标侵权若存在以下抗辩事由，不认定为侵权：①非商标性使用，不构成商标侵权。虽然使用了他人商标中的文字、图形，但并非用于指示商品的特定来源，而是对自己提供的商品本身特征的描述或者用途说明性使用，不构成商标侵权。例如，某汽车维修店使用“上海大众”标识用来说明本维修店的主营业务是修理上海大众的各类车型，就属于非商标性使用的情形，不构成商标侵权。②先用权不构成侵权。商标注册权人申请商标注册前，他人已经在同一种商品或者类似商品上先于商标注册权人使用与注册商标相同或者近似并有一定影响的商标的，注册商标专用权人无权禁止该使用人在原有使用范围内继续使用该商标，但可以要求其附加适当区别标志。③商标权用尽，又称商标权穷竭，商标如经包括商标权所有人和被许可人在内的商标权主体以合法的方式销售或转让，就对该特定商品上的商标权用尽穷竭，他人可以将带有该商标的商品再次销售或者以其他方式提供给公众，包括为此目的在广告宣传中使用该商标，均不构成对注册商标的侵害。

以下三种商标侵权行为虽然认定为商标侵权，但不须承担赔偿责任：第一，注册商标经有权部门核准注册后三年未使用，并且注册商标权人不能证明受到其他损失的，侵权人不承担赔偿责任。第二，销售者不知道是侵犯注册商标专用权的商品，并且能证明该商品是自己合法取得并能说明提供者的，不承担赔偿责任。第三，侵犯未注册的驰名商标，只承担停止侵害、销售侵权复制品等责任，不承担损害赔偿责任。

五、商标使用的管理

《商标法》第四十八条规定：“本法所称商标的使用，是指将商标用于商品、商品包装或者容器以及商品交易文书上，或者将商标用于广告宣传、展览以及其他商业活动中，用于识别商品来源的行为。”因此，商标使用过程中，注册商标的续展、变更、转让和使用许可构成商标使用管理的主要内容，规定在现行《商标法》的第三十九至第四十三条。

（一）注册商标的续展

注册商标的有效期为十年，自核准注册之日起计算。注册商标有效期满，需要继续使用的，商标注册人应当在期满前十二个月内按照规定办理续展手续；在此期间未能办理的，可以给予六个月的宽展期。每次续展注册的有效期为十年，自该商标上一届有效期满次日起计算。期满未办理续展手续的，注销其注册商标。

（二）注册商标的变更

注册商标需要变更注册人的名义、地址或者其他注册事项的，应当提出变更申请。商标注册人在使用注册商标的过程中，自行改变注册商标、注册人名义、地址或者其他注册事项的，由地方工商行政管理部门责令限期改正；期满不改正的，由商标局撤销其注册商标。

（三）注册商标的转让

转让注册商标的，转让人与受让人应当签订注册商标专用权转让协议，并由转让人和受让人共同向商标局提出申请。转让注册商标的，转让人对其在同一种商品上注册的近似的商标，或者在类似商品上注册的相同或近似的商标应当一并转让。受让人应当保证使用该注册商标的商品或服务的质量。对容易导致混淆或其他不良影响的转让，商标局不予核准，书面通知申请人并要求其说明理由。转让注册商标经核准后，予以公告。受让人自公告之日起享有商标专用权。

（四）注册商标的使用许可

让渡注册商标使用权，除进行转让之外，还可以通过签订商标使用许可合同的方式进行。许可他人使用其注册商标的，许可人应当将其商标使用许可报商标局备案，由商标局公告。商标使用许可未经备案不得对抗善意第三人。

六、侵犯注册商标权的法律责任

《商标法》规定，注册商标的专用权，以核准注册的商标和核定使用的商品为限。解决商标侵权纠纷，被侵权人可以通过自力救济（协商）、行政程序（请求工商行政管理部门处理）、司法程序（向有管辖权的人民法院起诉）保护自身权利；与此对应，商标侵权人应当承担相应的行政、民事和刑事责任。

（一）行政责任

《商标法》规定，工商行政管理部门处理时，认定侵权行为成立的，责令立即停止侵权行为，没收、销毁侵权商品和主要用于制造侵权商品、伪造注册商标标识的工具，违法经营额五万元以上的，可以处违法经营额五倍以下的罚款，没有违法经营额或者违法经营额不足五万元的，可以处二十五万元以下的罚款。对五年内实施两次以上商标侵权行为或者有其他严重情节的，应当从重处罚。销售不知道是侵犯注册商标专用权的商品，能证明该商品是自己合法取得并说明提供者的，由工商行政管理部门责令停止销售。对侵犯商标专用权的赔偿数额的争议，当事人可以请求进行处理的工商行政管理部门调解。

（二）民事责任

《商标法》规定，对侵犯商标专用权的赔偿数额的争议，当事人也可以依照《民事诉讼法》向人民法院起诉。经工商行政管理部门调解，当事人未达成协议或者调解书生效后不履行的，当事人可以依照《民事诉讼法》向人民法院起诉。

《民法典》规定，故意侵害他人知识产权，情节严重的，被侵权人有权请求相应的惩罚性赔偿。同时，《商标法》规定了具体标准，侵犯商标专用权的赔偿数额，按照权利人因被侵权所受到的实际损失确定；实际损失难以确定的，可以按照侵权人因侵权所获得的利益确定；权利人的损失或者侵权人获得的利益难以确定的，参照该商标许可使用费的倍数合理确定。对恶意侵犯商标专用权，情节严重的，可以在按照上述方法确定数额的一倍以上五倍以下确定赔偿数额。赔偿数额应当包括权利人为制止侵权行为所支付的合理开支。权利人因被侵权所受到的实际损失、侵权人因侵权所获得的利益、注册商标许可使用费难以确定的，由人民法院根据侵权行为的情节判决给予五百万元以下的赔偿。

（三）刑事责任

对侵犯注册商标专用权的行为，工商行政管理部门有权依法查处；涉嫌犯罪的，应当及时移送司法机关依法处理。刑事责任是指侵犯他人商标专用权情节严重，构成犯罪的处三年以下有期徒刑或者拘役，并处或单处罚金；对单位判处罚金。

未经商标注册人许可，在同一种商品上使用与其注册商标相同的商标，构成犯罪的，除赔偿被侵权人的损失外，依法追究刑事责任。伪造、擅自制造他人注册商标标识或者销售伪造、擅自制造的注册商标标识，构成犯罪的，除赔偿被侵权人的损失外，依法追究刑事责任。销售明知是假冒注册商标的商品，构成犯罪的，除赔偿被侵权人的损失外，依法追究刑事责任。

第三节 专 利 权

学习目标

素质目标：要求学习者通过全面了解专利权的基本理论与实务，具备正确的专利保护意识。

知识目标：要求学习者了解专利法律制度的基本知识；掌握专利权的主体和客体知识；熟悉专利侵权的类型。

技能目标：要求学习者能够依照法定程序申请专利和专利保护；能够在发生专利纠纷后依法采取正当的救济措施。

思政目标：要求学习者通过学习专利法律制度，激发学习者充分认识专利背后蕴含的效率价值和创新价值。

关键术语

专利权；专利权人；专利权的内容；专利权的授予条件；专利权的保护；专利权的侵权抗辩事由及保护期限

背景知识

专利权（patent right），简称“专利”，是发明创造人或其权利受让人对特定的发明创造在一定期限内依法享有的独占实施权。早在1950年中华人民共和国成立之初，我国就制定颁布了《保障发明权与专利权暂行条例》，对实施专利制度作出了初步的探索，并于1984年颁布了《中华人民共和国专利法》（以下简称《专利法》），之后，在1992年、2000年、2008年、2020年对《专利法》做了四次修正。

一、专利概述

《专利法》第二条明确规定：“本法所称的发明创造是指发明、实用新型和外观设计。发明，是指对产品、方法或者其改进所提出的新的技术方案。实用新型，是指对产品的形状、构造或者其结合所提出的适于实用的新的技术方案。外观设计，是指对产品的整体或者局部的形状、图案或者其结合以及色彩与形状、图案的结合所做出的富有美感并适于工业应用的新设计。”因此，《专利法》所保护的专利包括发明、实用新型和外观设计。

二、专利权人

专利权人，也可称为专利权的主体，是指依法享有专利权并承担相应义务的自然人、法人和其他组织。从专利权人的国籍来看，专利权人可以是本国人，也可以是外国人和无国籍人；从专利权人的法律属性而言，专利权人可以是自然人、法人或其他组织；从专利权人的取得来看，专利权人可以是原始主体，也可以是继受主体；从专利权的客体来看，专利权人既可以是发明人或设计人，也可以是职务发明创造的单位；从专利权人的存在阶段来看，申请后批准前称为专利申请人，专利申请批准后称为专利权人。

（一）发明人或设计人

《中华人民共和国专利法实施细则》第十三条规定，《专利法》所称发明人或者设计人，是指对发明创造的实质性特点做出创造性贡献的人。在完成发明创造过程中，只负责组织工作的人、为物质技术条件的利用提供方便的人或者从事其他辅助工作的人，不是发明人或者设计人。

所以，应当要特别注意发明人或设计人与专利权人的区别：首先，从自然属性的角度而言，发明人或设计人只能是对发明创造的完成做出实质贡献的自然人，而不可能是法人或其他组织；专利权人则既可以是自然人，也可以是法人或其他组织。其次，从权利主体的角度而言，发明人或设计人不一定是专利权人，专利权人也不一定是发明人或设计人。专利权人是对发明专利、实用新型专利、外观设计专利依法享有独占实施权的主体。

（二）职务发明创造的单位

职务发明创造是指执行本单位的任务或者主要是利用本单位的物质技术条件所完成的发明创造。凡是不能被证明为职务发明创造的，都属于非职务发明创造。

《专利法》及其实施细则对职务发明创造的外延作了明确的界定。属于下列情形之一的，均属于执行本单位的任务所完成的职务发明创造：①在本职工作中做出的发明创造；②履行本单位交付的本职工作之外的任务所做出的发明创造；③退休、调离原单位后或者劳动、人事关系终止后一年内做出的，与其在原单位承担的本职工作或者原单位分配的任务有关的发明创造。凡是属于利用本单位的资金、设备、零部件、原材料或者不对外公开的技术资料等完成的发明创造均属于利用本单位的物质技术条件所完成的发明创造。其中提到的单位包括临时单位。

对于职务发明创造的权利归属，《专利法》及其实施细则均有明确规定。职务发明创造申请专利的权利属于该单位；申请被批准后，该单位为专利权人。利用本单位的物质技术条件所完成的发明创造，单位与发明人或者设计人订有合同，对申请专利的权利和专利权的归属做出约定的，从其约定。非职务发明创造，申请专利的权利属于发明人或者设计人；申请被批准后，该发明人或者设计人为专利权人。对发明人或者设计人的非职务发明创造专利申请，任何单位或者个人不得压制。

（三）外国人、外国企业或外国的其他组织

外国人、外国企业或者外国的其他组织在我国申请和取得专利权，依照有关规定，按以下情况办理。

在中国有经常居所或者营业所的外国人、外国企业或外国其他组织在中国申请专利的，根据《巴黎公约》的规定和国际惯例，享有与我国国民同等的待遇。

在中国没有经常居所或者营业所的外国人、外国企业或者外国其他组织在中国申请专利的，依照其所属国同中国签订的协议或者共同参加的国际条约，或者依照互惠原则，根据《专利法》的规定办理。

在中国没有经常居所或者营业所的外国人、外国企业或者外国其他组织在中国申请专利和办理其他专利事务的，应当委托依法设立的专利代理机构办理。

另外，《专利法》第八条还规定，两个以上单位或者个人合作完成的发明创造、一个单位或者个人接受其他单位或者个人委托所完成的发明创造，除另有协议的以外，申请专利的权利属于完成或者共同完成的单位或者个人；申请被批准后，申请的单位或者个人为专利权人。

三、授予专利权的条件

（一）发明、实用新型的条件

1．新颖性

新颖性是指该发明或者实用新型不属于现有技术，也没有任何单位或者个人就同样的发明或者实用新型在申请日以前向国务院专利行政部门提出过申请，并记载在申请日以后公布的专利申请文件或者公告的专利文件中。

一项发明或实用新型如果是现有技术中已经有的，那么它不具有新颖性。在专利侵权纠纷中，被控告侵权人有证据证明自己实施的技术属于现有技术的，不构成侵犯专利权。但是在特定情景下，发明即使公开过，也会因为法律规定而不丧失新颖性。具体包括在中国政府主办或者承认的国际展览会上第一次展出、在规定的学术会议或者技术会议（包括技术鉴定会议）上第一次发表、他人未经申请人同意而泄露其内容的情况等。

2．创造性

创造性是指同申请日以前的现有技术相比，该发明有突出的实质性特点和显著的进步，该实用新型有实质性特点和进步。

3．实用性

实用性是指发明或实用新型能够制造或者使用，并且能够产生积极效果。发明与实用新型是否具有实用性，主要从以下两个方面进行衡量：一是可实施性，即必须能够在产业上进行制造或者使用。二是再现性，要求必须具有在规定条件下多次实施的可能性。

（二）外观设计的条件

除具有新颖性、实用性外，外观设计还应具有美观性。外观设计的美观性是指外观设计被使用在产品上时能使人产生一种美感，增加产品对消费者的吸引力。

（三）不授予专利的情形

《专利法》第二十五条明确规定："对下列各项，不授予专利权：（一）科学发现；（二）智力活动的规则和方法；（三）疾病的诊断和治疗方法；（四）动物和植物品种；（五）原子核变换方法以及用原子核变换方法获得的物质；（六）对平面印刷品的图案、色彩或者二者的结合做出的主要起标识作用的设计。对前款第（四）项所列产品的生产方法，可以依照本法规定授予专利权。"

四、申请、授予专利的程序

（一）申请

专利申请应遵守以下几项基本原则。

1. 书面申请原则

专利申请的书面原则是指申请人为获得专利权所需履行的各种法定手续都必须依法以书面形式办理。以口头方式提出专利申请的无效，专利局不予受理。

2. 优先权原则

优先权原则是《巴黎公约》的基本原则之一。依照《巴黎公约》，申请人在任一巴黎公约成员国首次提出正式专利申请后的一定期限内，又在其他巴黎公约成员国就同一内容的发明创造提出专利申请的，可将其首次申请日作为其后续申请的申请日。《专利法》第二十九条明确规定："申请人自发明或者实用新型在外国第一次提出专利申请之日起十二个月内，或者自外观设计在外国第一次提出专利申请之日起六个月内，又在中国就相同主题提出专利申请的，依照该外国同中国签订的协议或者共同参加的国际条约，或者依照相互承认优先权的原则，可以享有优先权。申请人自发明或者实用新型在中国第一次提出专利申请之日起十二个月内，或者自外观设计在中国第一次提出专利申请之日起六个月内，又向国务院专利行政部门就相同主题提出专利申请的，可以享有优先权。"

因此，《专利法》第三十条进一步明确规定，申请人要求发明、实用新型专利优先权的，应当在申请的时候提出书面声明，并且在第一次提出申请之日起十六个月内，提交第一次提出的专利申请文件的副本；申请人要求外观设计专利优先权的，应当在申请的时候提出书面声明，并且在三个月内提交第一次提出的专利申请文件的副本；未提出书面声明或者逾期未提交专利申请文件副本的，视为未要求优先权。

3. 单一性原则

单一性原则是指一件专利申请的内容只能包含一项发明创造，不能将两项或两项以上的发明创造作为一件申请提出。但是，同一申请人同日对同样的发明创造既申请实用新型专利又申请发明专利，先获得的实用新型专利权尚未终止，且申请人声明放弃该实用新型专利权的，可以授予发明专利权。

一件外观设计专利申请应当限于一项外观设计。同一产品两项以上的相似外观设计，或者用于同一类别并且成套出售或者使用的产品的两项以上外观设计，可以作为一件申请提出。一件发明或者实用新型专利申请应当限于一项发明或者实用新型。属于一个总的发明构思的两项以上的发明或者实用新型，可以作为一件申请提出。

4. 先申请原则

两个以上的申请人分别就同样的发明创作申请专利的，专利权授予最先申请的人。两个以上的申请人在同一日分别就同样的发明创造申请专利的，申请人自行协商确定申请人。一般而言，可协商双方作为共同申请人，或一方将申请权让给对方，由对方给以适当补偿。若协商不成，所有申请人的专利申请权都将丧失。专利局收到专利申请文件之日为申请日。

《专利法》规定，专利申请应当提供以下资料：①申请发明或者实用新型专利的，应当提交请求书、说明书及其摘要和权利要求书等文件。请求书应当写明发明或者实用新型的名称，发明人的姓名，申请人姓名或者名称、地址，以及其他事项。说明书应当对发明或者实用新型作出清楚、完整的说明，以所属技术领域的技术人员能够实现为准；必要的时候，应当有附图。摘要应当简要说明发明或者实用新型的技术要点。权利要求书应当以说明书为依据，清楚、简要地限定要求专利保护的范围。依赖遗传资源完成的发明创造，申请人应当在专利申请文件中说明该遗传资源的直接来源和原始来源；申请人无法说明原始来源的，应当陈述理由。②申请外观设计专利的，应当提交请求书、该外观设计的图片或者照片，以及对该外观设计的简要说明等文件。申请人提交的有关图片或者照片应当清楚地显示要求专利保护的产品的外观设计。

专利局收到合格的专利申请后即为受理。

（二）审查

1. 发明专利的审查程序

（1）初步审查和早期公开

国务院专利行政部门收到专利申请后，应当从申请案是否满足《专利法》有关形式方面的要求，是否明显违反法律、社会公德，是否属于《专利法》的保护范围等方面进行审查。经初步审查符合《专利法》要求的，将在申请日起第十八个月后进行公开。国务院专利行政部门可以根据申请人的请求早日公布其申请。

（2）实质审查

申请案自申请日起三年内，申请人均可要求国务院专利行政部门对其申请进行实质审查。国务院专利行政部门对申请内容的新颖性、创造性和实用性进行审查。申请人无正当理由逾期不请求实质审查的，该申请即被视为撤回。当然，国务院专利行政部门认为必要的时候，也可以自行对发明专利申请进行实质审查。

2. 实用新型专利和外观设计专利的审查程序

实用新型专利和外观设计专利的审查程序不进行实质审查。

（三）授予专利权

发明专利申请经实质审查没有发现驳回理由的，由国务院专利行政部门作出授予发明专利权的决定，发给发明专利证书，同时予以登记和公告。发明专利权自公告之日起生效。实用新型和外观设计专利申请经初步审查没有发现驳回理由的，由国务院专利行政部门作出授予实用新型专利权或者外观设计专利权的决定，发给相应的专利证书，同时予以登记和公告。实用新型专利权和外观设计专利权自公告之日起生效。任何人发现已经授权的专利不符合《专利法》的规定时，都可以向专利复审委员会提出无效宣告请求。

（四）复审与诉讼

国务院专利行政部门设立专利复审委员会。专利申请人对国务院专利行政部门驳回申请不服的，可自收到通知之日起三个月内，请求专利复审委员会复审；专利复审委员会复审后，作出决定，并通知专利申请人。对复审决定不服的，可自收到通知之日起三个月内向人民法院提起行政诉讼。

五、专利权的内容

专利权是一种垄断权，是自然人、法人或者其他组织对其发明创造依法享有的专有权利。专利权的本质是一种财产权，原则上不具有人身内容。但是，专利法为发明人或者设计人规定了一项身份权，即发明人或者设计人有在专利文件中写明自己是发明人或者设计人的权利，也称为表明身份的权利。

（一）发明和实用新型专利

任何单位或者个人未经专利权人许可，都不得实施其专利，即不得为生产经营目的制造、使用、许诺销售、销售、进口其专利产品，或者使用其专利方法及使用、许诺销售、销售、进口依照该专利方法直接获得的产品。其中，许诺销售是指以做广告、在商店橱窗中陈列或者在展销会上展出等方式作出销售产品的意思表示。被诉侵权人为私人消费目的实施发明创造的，不属于生产经营目的。将侵犯发明或者实用新型专利的产品作为零件，制造另一产品的，应当认定为使用行为；销售该另一产品的，属于销售行为。

（二）外观设计专利

任何单位或者个人未经专利权人许可，都不得实施其外观设计专利，即不得为生产经营目的制造、许诺销售、销售、进口其外观设计专利产品。将侵犯外观设计专利权的产品作为零部件，制造另一产品并销售的，应当认定销售行为，但侵犯外观设计专利权的产品在该另一产品中仅具有技术功能的除外。

特别需要注意的是，相较于发明和实用新型专利，外观设计专利的侵权行为中不包括"使用"，即未经专利权人许可，使用外观设计专利的，不构成外观设计专利的侵权。

六、专利权的侵权抗辩事由及保护期限

（一）专利权的侵权抗辩事由

专利权的侵权抗辩事由，又称专利权的合理利用，是指自然人、法人或者其他组织以法律规定的方式实施他人的专利，不须经专利权人许可，不向其支付专利使用费，且不构成专利侵权的制度。《专利法》规定了以下几种合理利用行为。

1. 先用权

在专利申请日前已经制造相同产品、使用相同方法或者已经做好制造、使用的必要准备，并且仅在原有范围内继续制造、使用的，该行为人依法享有的权利就是先用权。

先用权是一项对抗专利侵权诉讼的抗辩权，它只能适用于在受侵害专利的申请日前已经制造相同产品、使用相同方法或者已经做好了制造、使用的必要准备的情形。先用权制度既是对专利权的限制，也是公平原则在专利制度中的体现。先用权制度使无专利权的发明人享有不经专利权人同意继续实施发明创造的特殊权利，使其正当利益受到保护。享有先用权的人称先用权人。《专利法》规定，在专利申请日前已经制造相同产品、使用相同方法或者已经作好制造、使用的必要准备，并且仅在原有范围内继续制造、使用的，不视为侵权行为。也就是说，先用权人利用他人的发明创造专利，不视为侵权行为。

先用权的行使应符合以下条件：①正当途径获得。先用权人必须证明其发明创造是自己研究完成的或者从其他正当途径获得的，而不是从专利权人那里非法获得。②申请日前先使用。先用权人在该项专利的申请日前已经制造相同产品或者使用相同方法，或者已经作好制造、使用的必要准备。③原有范围使用。先用权人只能在原有的范围内继续使用，包括原有的实施方式、实施范围和实施规模，不得自行改变实施方式、扩大实

施范围或实施规模。

需要说明的是，先用权不是受专利法保护的独立权利，先用权人只能自己实施发明创造，而不能进行转让或许可他人实施。

2. 科学研究

世界各国的专利法都有类似规定，在不以营利为目的、非商业性的科学研究中利用发明创造专利，不视为专利侵权。这一规定有利于科研机构开展研究，以促进科学技术的不断进步。《专利法》规定，专为科学研究和实验而使用有关专利的，不视为侵犯专利权。适用这一规定时应注意：①“专为科学研究和实验”是指把发明创造专利作为科研和实验的对象，科研和实验工作中涉及的对发明创造的使用不在此列。②对发明创造专利的利用方式仅限于“使用”，包括对专利产品的使用和专利方法的使用，不涉及专利产品的制造、许诺销售、销售、进口等利用方式。

3. 专利权穷竭

专利权穷竭，也称专利权用尽，或称首次销售原则。它是指合法制造的专利产品被合法投入市场后，其他人对该产品的使用或销售，不再受专利权的约束。具体来说，当合法制造的专利产品合法投放市场后，专利权人就失去了对该产品的后续交易和使用的支配权，其他人可任意转售、批发、零售或使用，无须再得到专利权人的许可。后续转售、批发、零售或使用，不视为专利侵权。需要注意的是，这一规定只适用于合法地投入市场的专利产品，包括专利权人自己制造或许可他人制造并售出的专利产品，也包括先用权人或强制许可受益人投入市场的专利产品。

4. 临时过境

临时过境是指在暂时进入或通过一国领土、领水、领空的外国交通工具上，未经许可而使用该国专利的，不视为侵权。临时过境权是《巴黎公约》规定的一项专利权限制性规定，各成员国必须实行，其目的在于为国际交通自由提供方便。《专利法》规定，临时通过中国领陆、领水、领空的外国运输工具，依其所属国同中国签订的协议或者共同参加的国际公约，或依据互惠原则，为运输工具自身需要而在其装置和设备中使用有关专利的，不视为侵犯专利权。

5. 行政审批

为提供行政审批所需要的信息，制造、使用、进口专利药品或者专利医疗器械的，以及专门为其制造、进口专利药品或者医疗器械的，不视为专利侵权。

6. 合法来源

为生产经营目的使用、销售或许诺销售不知道是未经专利权人许可而制造并售出的专利侵权产品，且举证证明合法来源的，构成侵权，但不承担损害赔偿责任。权利人可请求侵权人停止使用、销售、许诺销售行为，但被诉侵权产品的使用者举证证明其已支付该产品的合理对价的除外。但如果不能证明合法来源，则构成侵权且需要承担损害赔偿责任。

（二）专利权的保护期限

《专利法》规定，发明专利权的期限为二十年，实用新型专利权的期限为十年，外观设计专利权的期限为十五年，均自申请日起计算。

七、专利权的保护

（一）全面覆盖原则

发明或者实用新型专利权的保护范围以其权利要求的内容为准，说明书及附图可以用于解释其权利要求。被起诉的侵权技术方案包含与权利要求记载的全部技术特征相同或者等同的技术特征，应认定其落入专利权的保护范围，即构成侵权。

（二）发明专利的临时保护

发明专利申请公布后至专利权授予前使用该发明未支付适当使用费的，专利权人要求支付使用费的诉讼时效为两年（《民法典》颁布实施后，根据体系解释，该诉讼时效期间应该被解释为三年），自专利权人得知或者应当得知他人使用其发明之日起计算；但是，专利权人于专利权授予日前已经得知或者应当得知的，自专利权授予之日起计算。权利人诉请在发明专利申请公布日至授权公告日期间实施该发明的单位或者个人支付适当费用的，人民法院可以参照有关专利许可使用费合理确定。

（三）专利侵权的法律责任

专利侵权行为发生后，侵权行为人应当依据法律规定，承担相应的法律责任。专利权人或者利害关系人依据《中华人民共和国民事诉讼法》的规定提起民事诉讼的，具有专利侵权案件管辖权的人民法院应当受理。

侵权行为人应当承担以下民事责任：①停止侵权。要求侵权行为人立即停止正在实施的专利侵权行为，能够快速地、彻底地阻止侵权行为的继续。②赔偿损失。责令侵权人赔偿因侵权给专利权人造成的损失。③消除影响。自然人、法人或者其他组织的专利权受到侵害的，有权要求侵权人消除影响，以消除由于侵权人所生产的低劣的假冒专利产品给被侵权人所造成的破坏性影响。消除影响应当采用公开的方法，如在报纸上、电视上刊登道歉广告等。

本章小结

知识产权是人类智力劳动产生的智力劳动成果所有权，包括作品；发明、实用新型、外观设计；商标；地理标志；商业秘密；集成电路布图设计；植物新品种；法律规定的其他客体。商标权，是指商标所有人对其商标所享有的独占的、排他的权利。在我国由于商标权的取得实行注册原则，因此，商标权实际上是因商标所有人申请、经国家商标局确认的专有权利，即因商标注册而产生的专有权。专利权，简称“专利”，是发明创造人或其权利受让人对特定的发明创造在一定期限内依法享有的独占实施权。

第六章案例讨论

第六章习题

第六章习题答案

第四篇

社会法律制度

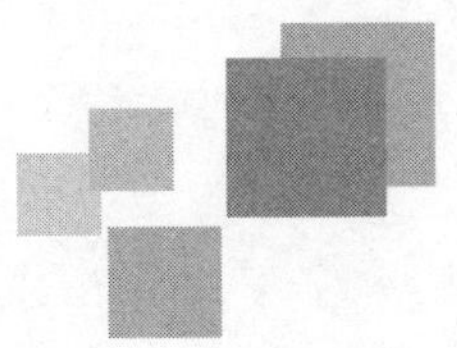

第七章　劳动合同与社会保险法律制度

引导案例

解除劳动合同必须是纸面上的，而不能是形式上的。日前，新疆维吾尔自治区乌鲁木齐市中级人民法院终审判决，新疆某物流公司乌鲁木齐大湾南路营业部与快递小哥丁某之间存在劳动关系，支付丁某未签订劳动合同二倍工资差额 27 179 元；支付经济补偿金 4043 元。2018 年 6 月 20 日，丁某自备车辆到新疆某物流公司乌鲁木齐大湾南路营业部，从事快递投递工作，工资按计件核算，双方每月结算工资。工作期间，双方未签订书面的劳动合同，2018 年 10 月，大湾南路营业部给丁某支付工资 2903 元。2019 年 1 月 31 日，双方发生争执，大湾南路营业部将丁某踢出了工作群，停止了丁某的工作。2019 年 6 月，丁某申请劳动争议仲裁。乌鲁木齐市天山区劳动人事争议仲裁委员会作出裁决：确认 2019 年 6 月 25 日解除丁某与大湾南路营业部之间的事实劳动关系；大湾南路营业部支付丁某经济补偿金 5327 元及拖欠工资 20 657 元，支付未签订劳动合同二倍工资 33 560 元。

大湾南路营业部认为，丁某自备车辆承包其公司所属片区快递投递工作，不符合劳动合同法规定的由用人单位提供工具的特征，不服仲裁，向乌鲁木齐市天山区人民法院提起上诉。

法院审理后认为，丁某自备交通工具，按件计酬，每天按时到营业部领取快递，负责特定区域（工作地点）的快递投递工作。营业部对丁某迟到扣款，请长假安排机动人员顶替，表明丁某在工作时间、工作地点等方面均服从营业部的安排指挥，即双方之间存在管理与被管理的关系。至于按件计酬，只是计算工资报酬的方式，并不影响双方法律关系的性质。营业部与丁某因工资结算等发生纠纷，应当依法解决。营业部将丁某踢出了工作群，与其解除劳动关系的做法，不符合法律规定。营业部应当支付丁某违法解除劳动关系赔偿金。

一审判决后，丁某不服，向乌鲁木齐市中级人民法院提起上诉，请求改判营业部支付丁某工资 20 657 元；支付未签订劳动合同二倍工资 33 560 元；支付解除劳动关系经济补偿金 5327 元。

乌鲁木齐市中级人民法院审理后认为，丁某对一审法院依据查明事实判决由大湾南路营业部支付其工资 19 011.5 元无异议，但上诉称，其在大湾南路营业部工作期间还将一部分快递单据交给了大湾南路营业部，该部分工资未计算在拖欠工资数额内。当事人对其主张有责任提供证据予以证明，未提供的应当承担举证不能的法律后果。丁某不能证明除现有快递单据外，还向大湾南路营业部交了未核算的快递单据，故对其主张难以支持。丁某基于上述理由主张未签订劳动合同二倍工资以及解除劳动合同经济补偿金差额部分同样无事实依据，不予支持。终审维持一审法院判决。

（资料来源：吴铎思，2020. 踢出工作群，不能视为解除劳动关系[EB/OL].(2020-10-16) [2020-11-07]. https://www.chinacourt.org/article/detail/2020/10/id/5527207.shtml.）

第一节　劳动合同法律制度

学习目标

素质目标：要求学习者能够全面了解劳动合同法的原理与实务，具备成为合格劳动者的素质。

知识目标：要求学习者理解劳动合同的订立、履行和变更、解除及终止的知识点。

技能目标：要求学习者培养分析和解决个人在建立劳动关系过程中遇到的问题的能力。

思政目标：要求学习者通过对劳动合同系列知识的学习，树立正确的劳动观，增强对于劳动的情感认同、理性认知和实践自觉。

关键术语

劳动合同；劳动关系；劳动合同的内容；劳动合同的解除；劳动争议

背景知识

为了完善劳动合同制度，明确劳动合同双方当事人的权利和义务，保护劳动者的合法权益，构建和发展和谐稳定的劳动关系而制定了劳动合同法律制度。劳动合同在明确劳动合同双方当事人的权利和义务的前提下，重在对劳动者合法权益的保护，被誉为劳动者的“保护伞”，为构建与发展和谐稳定的劳动关系提供法律保障。作为我国劳动保障法制建设进程中的一个重要里程碑，《劳动合同法》的颁布实施有着深远的意义。

一、劳动合同与劳动关系

（一）劳动合同

劳动合同又称劳动协议，是指劳动者与用人单位之间为确定劳动关系，依法协商就双方权利义务达成的协议。劳动合同是劳动法上关于双方当事人的协议，有其自己的特征。

（1）劳动合同的主体具有特定性

劳动合同的主体双方都是法定的，且一方是劳动力的使用方，即用人单位；另一方是劳动力的提供方，即劳动者。

（2）劳动合同内容具有权利义务的统一性和对应性

权利和义务是紧密联系不可分离的一组概念，在劳动合同中体现得更为贴切。不论是用人单位还是劳动者，其权利和义务都是统一的，而且是一一对应的，没有无义务的权利，也没有无权利的义务，在享有权利的同时必须履行相应的义务，履行了义务也会享有对应的权利。

（3）劳动合同具有双务、有偿、诺成合同的特性

劳动合同必须同时具备双方当事人，不存在单务行为，且获得劳动报酬是劳动者的基本权利。

（二）劳动关系

劳动关系是劳动法的调整对象，是指在运用劳动能力、实现劳动过程中，劳动者与用人单位之间的社会劳动关系。劳动关系的特征主要包括：①劳动关系是在现实劳动过程中所发生的关系，劳动是这种关系的主要内容；②劳动关系的双方当事人，一方是劳动者，另一方是用人单位，且二者之间是平等的关系；③劳动关系的一方劳动者，要成为另一方所在单位的成员，就必须服从用人单位的管理，遵守其规章、制度，双方存在管理与被管理、制约与被制约的关系。

劳动关系是劳动法主要的调整对象，除此之外，整个社会中与劳动关系有密切联系的其他关系也属于劳动法的调整范畴。这些关系伴随着劳动关系而产生、发展和结束，与劳动关系有着密切的联系，所以在我国法律体系中它们被列入劳动法的调整范畴。这些关系主要包括以下几种。

1）处理劳动争议而发生的关系。劳动行政部门、人民法院和工会组织由于调解、仲裁和审理劳动争议而产生的关系。

2）执行社会保险方面的关系。社会保险机构与企业、事业单位及职工之间因执行社会保险而发生的关系。

3）监督劳动法律、法规的执行方面的关系。有关国家机关工会组织与企业、机关、事业单位之间，因监督、检查劳动法的执行而产生的关系。

4）工会组织与企业、事业单位、国家机关之间的关系。

5）劳动管理方面发生的关系。劳动行政部门同企业、事业单位、机关、团体单位因管理劳动工作而发生的关系。

这些关系和劳动关系共同构成了我国劳动法的调整对象。

二、劳动合同的订立

（一）劳动合同订立的概念及原则

劳动合同的订立是指劳动者和用人单位经过平等协商，就劳动合同的各项内容协商一致，并以书面的形式规定双方的权利、义务及责任等相关内容，从而确立双方劳动关系的法律行为。因为劳动合同仍然具有一般合同的特性，所以，劳动合同的订立也要遵循合同订立的一般要求。《劳动合同法》规定，订立劳动合同，应当遵循合法、公平、平等、自愿、协商一致、诚实信用的原则。

（二）劳动合同订立的主体

1. 劳动合同订立的主体资格

（1）用人单位的要求

《劳动合同法》规定，适用的用人单位包括四种类型：①中国境内的企业；②个体经济组织；③民办非企业单位；④与劳动者建立劳动关系的国家机关、事业单位、社会团体。用人单位分支机构依法取得营业执照或者登记证书的，可以作为用人单位与劳动者订立劳动合同；未依法取得营业执照或者登记证书的，受用人单位委托可以与劳动者订立劳动合同。用人单位劳动权利能力和行为能力的产生是在用人单位成立后，确定其招工范围与规模时产生的，才有资格参与劳动法律关系。

（2）劳动者的要求

劳动者需年满十六周岁，具有劳动权利能力和行为能力，但文艺、体育、特种工艺单位录用人员例外。国家法定的企业职工退休年龄，是指国家法律规定的正常退休年龄。因此，劳动者年龄下限为十六周岁，用人单位招用未满十六周岁的未成年人，必须遵守国家有关规定，并保障其接受义务教育的权利。劳动者的劳动权利能力和劳动行为能力同时产生，是统一不可分割的。《劳动法》规定，公民的劳动权利能力和劳动行为能力，只能由本人依法行使，不允许其他人代理公民行使劳动权利能力和劳动行为能力，如果其他人代理公民行使劳动权利能力和劳动行为能力，不仅是无效的，而且是非法的。

2. 劳动合同订立主体的权利与义务

（1）劳动者的权利

1）平等就业权和择业自主权。平等就业权是指劳动者在就业方面一律平等，不因民族、种族、性别、宗教信仰不同而受歧视。择业自主权是指劳动者在选择职业时，有权根据自己的兴趣和意愿进行选择，不受外在压力的强迫。

2）获得劳动报酬的权利。劳动者付出劳动理应获得相应的劳动报酬，这是劳动者的权利。《劳动法》第四十六条规定：“工资分配应当遵循按劳分配原则，实行同工同酬。工资水平在经济发展的基础上逐步提高。国家对工资总量实行宏观调控。”同时规定，工资应当以货币形式按月支付给劳动者本人，不得克扣或者无故拖欠劳动者的工资。对于劳动者的劳动报酬权，国家不仅通过劳动立法对用人单位支付劳动报酬进行了规范，而且采取了一系列的经济和社会措施给予保护。

3）享有休息休假的权利。宪法不仅规定劳动者享有劳动的权利和义务，而且规定劳动者享有休息的权利。《劳动法》第三十八条规定："用人单位应当保证劳动者每周至少休息一日。"用人单位在法定节假日期间应当安排劳动者休假。劳动者的法定休息休假时间还包括工作日内的间歇时间、两个工作日之间的休息时间、探亲假和年休假。

4）获得劳动安全卫生保护的权利。这是劳动者在劳动过程中依法要求用人单位提供安全卫生的劳动条件，保护其生命安全和身体健康的一项基本劳动权利。《劳动法》第五十四条规定："用人单位必须为劳动者提供符合国家规定的劳动安全卫生条件和必要的劳动防护用品，对从事有职业危害作业的劳动者应当定期进行健康检查。"同时，劳动者对用人单位管理人员违章指挥、强令冒险作业，有权拒绝执行；对危害生命安全和身体健康的行为，有权提出批评、检举和控告。

5）接受职业技能培训的权利。《劳动法》第六十六条规定："国家通过各种途径，采取各种措施，发展职业培训事业，开发劳动者的职业技能，提高劳动者素质，增强劳动者的就业能力和工作能力。"用人单位应当建立职业培训制度，按照国家规定提取和使用职业培训经费，根据本单位实际有计划地对劳动者进行职业培训。我国已建立了包括就业岗前培训、就业后培训和转业培训在内的多种形式的职业培训制度。

6）享有社会保险和社会福利的权利。社会保险是国家为保障劳动者在丧失劳动能力或劳动机会时的基本生活而依法强制实行的一项物质帮助制度。社会福利是国家和社会为方便劳动者工作和生活，适应其物质文化需求而举办的各项事业。宪法和《劳动法》在劳动者享受社会保险和社会福利方面都作出了规定。

7）享有提请劳动争议处理的权利。《劳动法》规定，劳动者享有提请劳动争议处理的权利，明确了劳动者在争议处理中的主动地位及与用人单位之间的平等地位。这些有利于劳动争议的尽快解决，有利于保护劳动者的合法权益，有利于培养和提高劳动者的法律意识。

8）享有法律规定的其他劳动权利。根据相关法律规定，其他劳动权利主要包括：①民主参与企业管理的权利；②与用人单位进行平等协商的权利；③与企业签订集体合同的权利；④享有依法参加工会和组建工会的权利；⑤享有依法应当获得的其他权利。

（2）劳动者的义务

1）积极完成劳动任务的义务。劳动者承担完成劳动任务的义务，必须亲自、全面地履行，劳动者只有完成规定的劳动任务，才能得到相应的劳动报酬。

2）不断提高劳动技能的义务。劳动者一方面享有接受职业技能培训的权利，另一方面要承担提高职业技能的义务。《劳动法》规定，劳动者应当提高职业技能。从事技术工种的劳动者，上岗前必须经过培训。

3）认真执行劳动安全卫生规程的义务。《劳动法》规定，劳动者应当执行劳动安全卫生规程；在劳动过程中必须严格遵守安全操作规程。执行安全卫生规程既是劳动者应享有的权利又是劳动者应当履行的义务，两者的目的都在于保护劳动者在劳动过程中的生命安全和身体健康。

4）严格遵守劳动纪律和职业道德的义务。劳动纪律是社会劳动的基础，遵守劳动纪律是劳动者应尽的义务，它既是保证劳动权实现的重要措施，又是劳动者权利对应的义务，对于提高生产效率、提高生产质量具有积极作用。职业道德要求从事该职业的劳动者必须遵守一定的规范和原则，每种职业都有特殊的职业道德，只有劳动者遵守本职业的职业道德，才能保证该职业的劳动者为社会所接受和承认，从而实现自己劳动的社会价值。

（3）用人单位的权利和义务

劳动者和用人单位作为劳动关系的双方当事人，其劳动权利和义务是相对应的。一方的劳动权利即为对方的劳动义务，一方的劳动义务即为对方的劳动权利。《劳动法》规定的劳动者享有的劳动权利和承担的劳动义务，也就是用人单位应当承担的义务和享有的权利。

（三）劳动合同的订立形式

1. 书面劳动合同

劳动合同应当采用书面形式。对于已经建立劳动关系未订立书面劳动合同的，应当自用工之日起一个月内订立书面劳动合同。非全日制用工双方当事人可以订立口头协议。

《劳动合同法》相关规定中关于未订立书面劳动合同的处理方法包括以下几种。

1）自用工之日起一个月内，经用人单位书面通知后，劳动者不与用人单位订立书面劳动合同的，用人单位应当书面通知劳动者终止劳动关系，无须向劳动者支付经济补偿金，但是应当依法向劳动者支付其实际工作时间的劳动报酬。

2）用人单位自用工之日起超过一个月不满一年未与劳动者订立书面劳动合同的，应当向劳动者支付双倍工资，并与劳动者补订书面劳动合同；劳动者不与用人单位订立书面劳动合同的，用人单位应当书面通知劳动者终止劳动关系，并依法支付经济补偿。

3）用人单位自用工之日起满一年未与劳动者订立书面劳动合同的，视为自用工之日起满一年的当日已经与劳动者订立劳动无固定期限劳动合同。

2. 事实劳动关系的认定

实践中存在大量的事实劳动关系，针对这一情况，2005 年 5 月 25 日劳动和社会保障部发布的《关于确立劳动关系有关事项的通知》明确规定，未订立书面劳动合同，但同时具备下列情形的，劳动关系成立：双方主体资格合法；劳动者接受单位的管理和各项规章制度，从事有报酬的劳动；劳动是单位业务的组成部分。

（四）劳动合同的类型

1. 固定期限劳动合同

固定期限劳动合同是指用人单位与劳动者事先约定合同终止时间的劳动合同。用人单位与劳动者协商一致，可以订立固定期限劳动合同。固定期限劳动合同的优点在于合同双方当事人可以在约定的时间段内工作相对稳定；缺点是限制了劳动力的流动性，不利于双方主动性和灵活性的发挥。

2. 无固定期限劳动合同

无固定期限劳动合同是指用人单位与劳动者约定无确定终止时间的劳动合同。用人单位与劳动者协商一致，可以订立无固定期限劳动合同。有下列情形之一，劳动者提出或者同意续订劳动合同的，应当订立无固定期限劳动合同：①劳动者已在该用人单位连续工作满十年的；②用人单位初次实行劳动合同制度或者国有企业改制重新订立劳动合同时，劳动者在该用人单位连续工作满十年且距法定退休年龄不足十年的；③连续订立两次固定期限劳动合同且劳动者没有发生法定情形续订劳动合同的；④用人单位自用工之日起满一年不与劳动者订立书面劳动合同的，视为用人单位与劳动者已订立无固定期限劳动合同。

3. 以完成一定工作任务为期限的劳动合同

以完成一定工作任务为期限的劳动合同是指用人单位与劳动者约定以某项工作的完成为合同期限的劳动合同。这类合同是特殊类型的定期劳动合同，但特定工作的完成日期是不确定的。用人单位与劳动者协商一致，可以订立以完成一定工作任务为期限的劳动合同。

（五）劳动合同的效力

1. 劳动合同的生效

劳动合同的生效是指已经成立的劳动合同在用人单位和劳动者之间产生一定的法律约束力。劳动合同依法由用人单位与劳动者协商一致签字或者盖章即生效，具有法律约束力。劳动合同文本由用人单位和劳动者各执一份。劳动合同依法订立即生效，具有法律约束力。

对于劳动合同的生效，法学理论上要求符合下面三个条件：①订立劳动合同的双方必须是具有相应的劳动能力。②订立劳动合同的双方必须意思表示真实。任何一方采用欺诈、胁迫等手段与另一方签订的劳动合同都是无效的。③订立的劳动合同不得违反法律的强制性规定或者社会公共利益。

2. 劳动合同无效及部分无效的情形

劳动合同无效是指劳动合同虽然订立，但是由于订立的主体和内容不符合法律法规的要求而被认为不具有法律约束力。无效的劳动合同分为全部无效和部分无效两种情形。全部无效的劳动合同是指劳动合同从订立时起自始无效，对当事人不具有约束力，不应当履行。部分无效的劳动合同是指劳动合同内容中违反法律法规的部分不具有法律效力，该部分不影响其他有效部分的履行，这时其他合法部分仍然有效，当事人应当继续履行。

《劳动合同法》规定的劳动合同无效或者部分无效的情形有以下几种。

1）以欺诈、胁迫的手段或者乘人之危，使对方在违背真实意思的情况下订立或者变更劳动合同的。

2）用人单位免除自己的法定责任、排除劳动者权利的。

3）违反法律、行政法规强制性规定的。

3. 无效劳动合同的法律后果

劳动合同被确认无效时，劳动者已提供劳动的，用人单位应当支付劳动报酬。关于用人单位支付劳动报酬的标准，如果劳动合同明确约定了劳动报酬数额的，虽然劳动合同被确认无效，但用人单位应当按照劳动合同约定的劳动报酬数额支付给劳动者。劳动合同没有约定劳动报酬，但用人单位在履行劳动合同过程中实际支付的劳动报酬不符合法律法规和国家规定的，或者用人单位未支付劳动报酬，劳动报酬的数额参考用人单位相同或者相近岗位劳动者的报酬确定。

三、劳动合同的内容

劳动合同的内容是指劳动合同所包含的所有条款，即通过劳动合同条款反映出劳动者和用人单位双方的权利与义务。

（一）劳动合同的必备条款

劳动合同的必备条款是指劳动法律规范要求劳动合同必须包括的条款。法律要求劳动合同必须包括某些内容，因为缺少这些条款，劳动合同双方当事人的主要权利和义务很难明确，这种做法有利于引导劳动合同双方当事人正确全面的订立劳动合同，对于减少劳动纠纷和劳动争议大有益处。

《劳动合同法》规定，劳动合同应当具备以下条款。

1）用人单位名称、住所和法定代表人或者主要负责人。

2）劳动者姓名、住址和居民身份证或者其他有效身份证件号码。

3）劳动合同期限。

4）工作内容和工作地点。

5）工作时间和休息休假。我国实行的工时制度主要分为标准工时制、不定时工时制、计件工时制、综合工时制和非全日制工时制等。其中，标准工时制度是计算其他工作日种类的依据。我国的标准工时制度规定劳动者每日工作不超过八小时，每周工作时间不超过四十小时。用人单位延长工作时间每日不得超过一小时，特殊原因需要延长工作时间的，每日不超过三小时，但每月不得超过三十六小时。

休息休假是劳动者的基本权利之一，指在国家规定的法定工作时间以外自行可以支配的时间，包括劳动者每天休息的时数、每周休息的天数、节假日、年休假、探亲假等。用人单位应当保证劳动者每周至少休息一日。用人单位在法定节假日期间应当安排劳动者休假。劳动者连续工作一年以上的，享受带薪年休假。职工累计工作已满一年不满十年的，年休假五天；已满十年不满二十年的，年休假十天；已满二十年的，年休假十五天。国家法定休假日、休息日不计入年休假的假期。职工有下列情形之一的，不享受当年的年休假：①职工依法享受寒暑假，其休假天数多于年休假天数的；②职工请事假累计二十天以上且单位按照规定不扣工资的；③累计工作满一年不满十年的职工，请病假累计两个月以上的；④累计工作满十年不满二十年的职工，请病假累计三个月以上的；⑤累计工作满二十年以上的职工，请病假累计四个月以上的。

6）劳动报酬。属于劳动法调整范畴的劳动报酬包括工资、奖金、津贴、补贴、延长工作时间的劳动报酬等，其中工资是劳动者劳动报酬的基本形式。国家实行最低工资保障制度，用人单位支付给劳动者的工资不得低于当地最低工资标准。用人单位应当按照劳动合同约定和国家规定，向劳动者及时足额支付劳动报酬。用人单位拖欠或者未足额支付劳动报酬的，劳动者可以依法向当地人民法院申请支付令。

7）社会保险。目前我国的社会保险包括养老保险、医疗保险、失业保险、工伤保险和生育保险五种。

8）劳动保护、劳动条件和职业危害防护。

9）法律、法规规定应当纳入劳动合同的其他事项。

（二）劳动合同的约定条款

1. 试用期

试用期是劳动合同双方当事人相互考察的一个期间，在此期间劳动关系具有相对的不稳定性。《劳动法》规定：劳动合同可以约定试用期。试用期最长不超过六个月。同一用人单位与同一劳动者只能约定一次试用期。以完成一定工作任务为期限的劳动合同或者劳动合同期限不满三个月的，不得约定试用期；劳动合同期限三个月以上不满一年的，试用期不得超过一个月；劳动合同期限一年以上不满三年的，试用期不得超过六个月。试用期包含在劳动合同期限内。劳动合同仅约定试用期的，试用期不成立，该期限为劳动合同期限。劳动者在试用期的工资不得低于本单位相同岗位最低档工资或者劳动合同约定工资的百分之八十，并不得低于用人单位所在地的最低工资标准。同时用人单位在试用期解除劳动合同的，应当向劳动者说明理由。

2. 服务期

《劳动合同法》第一次对服务期做了规定。用人单位为劳动者提供专项培训费用，对其进行专业技术培训的，可以与该劳动者订立协议，约定服务期。服务期是由用人单位提供专项培训费用，对劳动者进行专业技术培训，而由用人单位与劳动者双方在劳动合同中或者在服务期协议里约定的劳动者必须为该用人单位提供劳动的期间。

劳动者违反服务期约定的，应当按照约定向用人单位支付违约金。违约金数额不得超过用人单位提供的培训费用。用人单位要求劳动者支付的违约金不得超过服务期尚未履行部分所应分摊的培训费。

服务期与劳动合同期限未必一致，可能短于劳动合同期限，也可能长于劳动合同期限。当服务期长于劳动合同期限时，应当优先适用服务期的约定。劳动合同双方当事人可以变更劳动合同中的期限条款或者续订劳动合同，或者重新订立劳动合同，以与服务期的约定相一致。需要注意的是，用人单位与劳动者约定服务期的，不影响按照正常的工资调整机制提高劳动者在服务期的劳动报酬。

3. 保守商业秘密和竞业限制

用人单位与劳动者可以在劳动合同中约定保守用人单位的商业秘密和与知识产权相关的保密事项。对负有保密义务的劳动者，用人单位可以在劳动合同或者保密协议中与劳动者约定竞业限制条款，并约定在解除或终止劳动合同后，在竞业限制期限内按月给予劳动者经济补偿。

竞业限制是指用人单位与本单位的高级管理人员、高级技术人员和其他知悉其商业秘密的劳动者，在劳动合同或者专项协议中约定，在劳动合同终止或者解除后的一定期限内，劳动者不得到生产与本单位同类产品或者经营同类业务有竞争关系的其他用人单位工作，也不得自己开业生产或者经营与用人单位有竞争关系的同类产品或者业务的限制。

劳动者违反竞业限制约定的，应当按照约定向用人单位支付违约金。竞业限制的人员限于用人单位的高级管理人员、高级技术人员和其他负有保密义务的人员。竞业限制的范围、地域、期限由用人单位与劳动者约定，竞业限制的约定不得违反法律、法规的规定。在解除或者终止劳动合同后，前款规定的人员到与本单位生产或者经营同类产品、从事同类业务的有竞争关系的其他用人单位，或者自己开业生产或者经营同类产品、从事同类业务的竞业限制期限，不得超过二年。也就是说，劳动合同解除或终止最长二年后，劳动者不再受竞业限制的约束。

用人单位与劳动者签订竞业限制条款的同时，要约定在解除或者终止劳动合同后，在竞业限制期限内按月给予劳动者经济补偿。补偿金的数额由双方约定。

用人单位未按照约定在劳动合同解除后向劳动者支付竞业限制经济补偿的，竞业限制条款失效。劳动者违反竞业限制约定的，不履行义务的，用人单位可以拒绝履行支付竞业限制经济补偿的义务，并且按照约定向用人单位支付违约金。

四、劳动合同的履行和变更

（一）劳动合同的履行

用人单位与劳动者应当按照劳动合同的约定，全面履行各自义务。劳动合同全面履行原则是指劳动合同当事人应当按照合同规定的时间、地点和要求履行全部义务，以保证劳动合同产生的权利得以实现。全面履行劳动合同义务是劳动合同法规定的双方当事人的义务。劳动合同是一个整体，合同中订立的条款相互之间有内在联系，不能任意割裂。只有当事人双方认真全面履行了劳动合同规定的全部义务，双方的权利才能充分实现。

（二）劳动合同变更

劳动合同变更有广义和狭义两种解释。广义的劳动合同变更是指凡与劳动有关的情况发生改变，都可以称为劳动合同变更，其中包括劳动合同的当事人的变更和劳动合同内容的变更。

狭义的劳动合同变更，是指劳动合同双方当事人就已经生效的劳动合同条款达成修改或者补充协议的法律行为。劳动合同依法变更后仍然有效，双方当事人应当继续履行。

变更劳动合同应当采用书面形式。变更后的劳动合同文本由用人单位和劳动者各执一份。依法变更的劳动合同对双方当事人均具有法律约束力。

五、劳动合同的解除和终止

（一）劳动合同解除

根据《关于贯彻执行〈中华人民共和国劳动法〉若干问题的意见》的规定，劳动合同的解除是指劳动合同订立后，尚未全部履行完毕以前，由于某种原因导致劳动合同一方或双方当事人提前消灭劳动关系的法律行为。劳动合同的解除只对未履行的部分发生效力，不涉及已履行的部分。

1. 劳动合同解除的情形

（1）协商解除劳动合同的情形

用人单位与劳动者协商一致，可以解除劳动合同。用人单位主动与劳动者提出解除劳动合同，并与劳动者协商一致的，用人单位应当向劳动者支付经济补偿金。

（2）劳动者单方解除劳动合同的情形

1）劳动者正常辞职。劳动者提前三十日以书面形式通知用人单位，可以解除劳动合同。劳动者在试用期内提前三日通知用人单位，可以解除劳动合同。

2）随时解除劳动合同。用人单位有下列情形之一的，劳动者可以解除劳动合同：未按照劳动合同约定提供劳动保护或者劳动条件的；未及时足额支付劳动报酬的；未依法为劳动者缴纳社会保险费的；用人单位的规章制度违反法律、法规的规定，损害劳动者权益的；致使劳动合同无效情形出现的；法律行政法规规定劳动者可以解除劳动合同的其他情形。

3）立即解除劳动合同。用人单位以暴力、威胁或者非法限制人身自由的手段强迫劳动者劳动的，或者用人单位违章指挥、强令冒险作业危及劳动者人身安全的，劳动者可以立即解除劳动合同，不需事先告知用人单位。

（3）用人单位单方解除劳动合同的情形

1）劳动者有过失时用人单位的单方解除。劳动者有下列情形之一的，用人单位可以解除劳动合同：在试用期间被证明不符合录用条件的；严重违反用人单位的规章制度的；严重失职、营私舞弊给用人单位造成重大损害的；劳动者同时与其他用人单位建立劳动关系，对完成本单位的工作任务造成严重影响，或者经用人单位提出拒不改正的；致使劳动合同无效情形出现的；被依法追究刑事责任的。

2）劳动者无过错时用人单位的依法预告单方解除。有下列情形之一的，用人单位提前三十日以书面形式通知劳动者本人或额外支付劳动者一个月工资后，可以解除劳动合同：劳动者患病或者非因工负伤，在规定的医疗期满后不能从事原工作，也不能从事由用人单位另行安排的工作的；劳动者不能胜任，经过培训或者调整岗位后，仍不能胜任工作的；劳动合同订立时所依据的客观情况发生重大变化，致使劳动合同无法履行，经用人单位与劳动者协商，未能就变更劳动合同内容达成一致的。

3）经济性裁员。有下列情形之一，需要裁减人员二十人以上或裁减不足二十人但占企业职工总数百分之十以上的，用人单位提前三十日向工会或全体职工说明情况，听取工会意见后，裁减人员方案经向劳动行政部门报告后，可以裁减人员：依照企业破产规定进行重整的；生产经营发生严重困难的；企业转产、重大技术革新或者经营方式调整，经变更劳动合同后，仍需裁减人员的；其他劳动合同订立时所依据的客观经济情况发生重大变化，致使劳动合同无法履行的。

企业裁员时，应当优先留用下列人员：与本单位订立较长期限的固定期限劳动合同的；与本单位订立无固定期限劳动合同的；家庭无其他就业人员，有需要抚养的老人或未成年人的。

2. 用人单位不得解除劳动合同的情形

劳动者有下列情形之一的，用人单位不得解除劳动合同：①从事接触职业病危害作业的劳动者，未进行离岗前职业健康检查，或者疑似职业病病人在诊断或者医学观察期间的；②在本单位患职业病或者因工负伤并被确认丧失或者部分丧失劳动能力的；③患病或者非因工负伤在规定的医疗期内的；④女职工在孕期、产期、哺乳期的；⑤在本单位连续工作满十五年，且距法定退休年龄不足五年的；⑥法律行政法规规定的其他情形。

3. 违法解除劳动合同的情形

违法解除劳动合同的情形主要包括：①未与劳动者协商一致而解除劳动合同；②未出现可以解除劳动合同的情形而解除劳动合同；③劳动者具有用人单位不得解除劳动合同的条件时解除劳动合同。

用人单位违反《劳动合同法》规定解除或终止劳动合同的，用人单位应当继续履行，劳动者不要求继续履行或者劳动合同已经不能继续履行的，用人单位应当依照法律规定支付赔偿金。用人单位支付赔偿金的标准是《劳动合同法》第四十七条规定的经济补偿标准的二倍。

4. 劳动合同解除的经济补偿

（1）经济补偿金的概念

经济补偿金是指在劳动者无过失的情况下，用人单位解除或终止劳动合同，依照法律规定给予劳动者的经济补偿。

（2）支付经济补偿金的情形

支付经济补偿金的情形主要包括：①劳动者单方要求随时、立即解除劳动合同的；②用人单位主动与劳动者协商解除劳动合同的；③用人单位依法预告解除劳动合同的；④用人单位经济性裁员的；⑤除用人单位维持或提高劳动合同约定条件续订劳动合同，劳动者不同意续订的情形外，固定期限劳动合同期满终止的；⑥用人单位被吊销营业执照、责令关闭、撤销或决定提前解散的；⑦法律、行政法规规定的其他情形。

（3）经济补偿金的标准

《劳动合同法》规定，经济补偿金按照劳动者在用人单位的工作年限，每满一年支付一个月工资的标准向劳动者支付；六个月以上不满一年的，按一年计算；不满六个月的，向劳动者支付半个月工资的经济补偿金。劳动者月平均工资高于用人单位所在直辖市、设区的市级人民政府公布的本地区上年度职工月平均工资三倍的，向其支付的经济补偿标准按职工月平均工资三倍的数额支付，但年限不得超过十二年。

（二）劳动合同终止

劳动合同终止指劳动合同双方当事人约定的期限已到或终止的条件已出现，立即终止合同的法律效力。有下列情形之一的，劳动合同终止：①劳动合同期满的；②劳动者开始依法享受基本养老保险待遇的；③劳动者死亡，或者被人民法院宣告死亡或者宣告失踪的；④用人单位被依法宣告破产的；⑤用人单位被吊销营业执照、责令关闭、撤销或者用人单位决定提前解散的；⑥法律、行政法规规定的其他情形。

用人单位应当在解除或终止劳动合同时出具解除或终止劳动合同的证明，并在十五日内为劳动者办理档案和社保关系转移手续。劳动者应当按照双方约定，办理工作交接。用人单位对已经解除或终止的劳动合同文本，至少保存二年备查。

六、集体合同

（一）集体合同的概念

集体合同是指企业职工一方与企业可以就劳动报酬、工作时间、休息休假、劳动安全卫生、保险福利等事项，通过平等协商达成的书面协议。集体合同与普通劳动合同相比较，具有自身的特性，集体合同是特定当事人之间订立的协议，其生效要经过特定的程序。

（二）集体合同订立的流程

1. 草拟集体合同的草案

企业与工会的代表在进行充分酝酿、交换意见的基础上共同草拟集体合同的草案。各个企业应当由行政和工会组成集体合同草案的起草小组，起草小组应当深入进行调查研究，广泛了解各方面对集体合同的要求，就集体合同所应包括的内容，逐项提出初步方案。

2. 提交职工代表大会或者全体职工讨论通过

集体合同草案应当提交职工代表大会或者全体职工讨论通过。集体合同由工会代表企业职工一方与用人单位建立；尚未建立工会的用人单位，由上级工会指导劳动者推举的代表与用人单位订立。企业职工一方与用人单位可以订立劳动安全卫生、女职工权益保护、工资调整机制等专项集体合同。在县级以下区域内，建筑业、采矿业、餐饮服务业等行业可以由工会与企业方面代表订立行业性集体合同，或者订立区域性集体合同。

3. 报送劳动行政部门

集体合同订立后，应当报送劳动行政部门；劳动行政部门自收到集体合同文本之日起十五日内未提出异议的，集体合同即生效。依法订立的集体合同对用人单位和劳动者具有约束力。行业性、区域性集体合同对当地本行业、本区域的用人单位和劳动者具有约束力。

（三）集体合同的其他规定

1. 劳动报酬与劳动标准的规定

集体合同中劳动报酬和劳动条件等标准不得低于当地人民政府规定的最低标准；用人单位与劳动者订立的劳动合同中劳动报酬和劳动条件等标准不得低于集体合同规定标准。

2. 集体合同的法律救济

用人单位违反集体合同，侵犯职工劳动权益的，工会可以依法要求用人单位承担责任；因履行集体合同发生争议，经协商解决不成的，工会可以依法申请仲裁、提起诉讼。

七、劳务派遣

（一）劳务派遣的概念

劳务派遣是指劳务派遣单位根据用工单位的实际用工需求，向社会招聘合格人员，并将所招聘人员派遣到用工单位工作的一种用工方式。此处劳动合同关系存在于劳务派遣单位与被派遣劳动者之间，但劳动力给付的事实则发生于被派遣劳动者与实际用工单位之间。《劳动合同法》第六十六条规定："劳动合同用工是我国的企业基本用工形式。劳务派遣用工是补充形式，只能在临时性、辅助性或者替代性的工作岗位上实施。"

（二）劳务派遣主体

与传统劳动关系只有劳动者和用人单位两方主体不同，劳务派遣涉及派遣单位、实际用工单位和被派遣劳动者三方主体。这三者之间的关系由两个合同连接：一个是派遣单位和被派遣劳动者订立的劳动合同，就是我们传统意义上的劳动合同，从法律意义上来说，派遣单位就是劳动者的用人单位；另一个是派遣单位与实际用工单位之间订立的劳务派遣协议，该协议的性质可以认定为民事关系。

1. 劳务派遣单位

劳务派遣单位应当尽告知义务，按月向被派遣劳动者支付劳动报酬；不得克扣用工单位按照劳务派遣协议支付给被派遣劳动者的劳动报酬。劳务派遣单位和用工单位不得向被派遣劳动者收取费用。被派遣劳动者在无工作期间，劳务派遣单位应当按照所在地人民政府规定的最低工资标准，向劳动者支付报酬。劳务派遣单位与劳动者之间的劳动合同期限最低为两年。

2. 用工单位

用工单位应当履行下列义务：①执行国家劳动标准，提供相应的劳动条件和劳动保护；②告知被派遣劳动者的工作要求和劳动报酬；③支付加班费、绩效奖金，提供与工作岗位相关的福利待遇；④对在岗被派遣劳动者进行工作岗位所必需的培训；⑤连续用工的，实行正常的工资调整机制。同时，用工单位不得将被派遣劳动者再派遣到其他用人单位。

3. 被派遣劳动者

被派遣劳动者享有与用工单位的劳动者同工同酬的权利。被派遣劳动者有权在劳务派遣单位或者用工单位依法参加或者组织工会，维护自身的合法权益。被派遣劳动者可以依照相关规定与劳务派遣单位解除劳动合同。

（三）劳务派遣协议

劳务派遣单位应当与用工单位订立劳务派遣协议。劳务派遣协议应当约定派遣岗位和人员数量、派遣期限、劳动报酬和社会保险费的数额与支付方式，以及违反协议的责任。用工单位应当根据工作岗位的实际需要与劳务派遣单位确定派遣期限，不得将连续用工期限分割订立数个短期劳务派遣协议。

八、劳动合同的监督

（一）行政部门

国务院劳动行政部门负责全国劳动合同制度实施的监督管理。县级以上地方人民政府劳动行政部门负责本行政区域内劳动合同制度实施的监督管理。县级以上人民政府建设、卫生、安全生产监督管理等有关主管部门在各自职责范围内，对用人单位执行劳动合同制度的情况进行监督管理。

（二）工会组织

工会依法维护劳动者的合法权益，对用人单位履行劳动合同、集体合同的情况进行监督。用人单位违反劳动法律、法规和劳动合同、集体合同的，工会有权提出意见或者要求纠正；劳动者申请仲裁、提起诉讼的，工会依法给予支持和帮助。

九、劳动争议的解决

（一）劳动争议的概念

劳动争议即劳动纠纷，是指劳动关系中当事人因为劳动问题所引起的纠纷。劳动者与用人单位之间、劳动者之间、用人单位之间因为劳动问题所引起的争议都可以称为劳动争议。

（二）劳动争议的处理范围

劳动争议的处理范围主要包括：①因确认劳动关系而发生的争议；②因订立、履行、变更、解除和终止劳动合同发生的争议；③因除名、辞退和辞职、离职发生的争议；④因工作时间、休息休假、社会保险、福利、培训及劳动保护发生的争议；⑤因劳动报酬、工伤医疗费、经济补偿或者赔偿金等发生的争议；⑥法律、法规规定的其他劳动争议。

（三）劳动争议的解决途径

用人单位与劳动者发生劳动争议，当事人可以通过调解、仲裁及诉讼等解决方式。劳动争议发生后，当事人可以向本单位劳动争议调解委员会申请调解；调解不成，当事人一方要求仲裁的，可以向劳动争议仲裁委员会申请仲裁。当事人一方也可以直接向劳动争议仲裁委员会申请仲裁。对仲裁裁决不服的，可以向人民法院提起诉讼。

1．劳动争议调解

劳动争议调解是指劳动争议调解组织对企业单位与劳动者发生的劳动争议，以国家劳动法律、法规为准绳，以民主协商的方式，使双方当事人达成协议、消除纠纷。在用人单位内可以设立劳动争议调解委员会。劳动争议调解委员会由职工代表、用人单位代表和工会代表组成。劳动争议调解委员会主任由工会代表担任。劳动争议经调解达成协议的，当事人应当履行。

2．劳动争议仲裁

劳动争议仲裁是指劳动争议仲裁委员会对用人单位和劳动者之间发生的争议，在查明事实、明确是非、分清责任的基础上，依法作出裁决的活动。当事人申请仲裁应具备以下条件：①申诉人必须是与申请仲裁的劳动争议有直接利害关系的劳动者或用人单位；②申请仲裁的争议必须是劳动争议，如果不是劳动争议，而是民事、经济纠纷，或者是劳动行政纠纷，仲裁委员会将不予受理；③申请仲裁的劳动争议必须属于仲裁委员会的受案范围；④必须向有管辖权的仲裁委员会申请仲裁；⑤有明确的被申请人和具体的仲裁请求及事实依据；⑥除非遇到不可抗力或者有其他正当理由，申请仲裁必须在规定的时效内；⑦申请书及相关材料齐备并符合要求。

劳动争议仲裁委员会由劳动行政部门代表、同级工会代表、用人单位方面的代表组成。劳动争议仲裁委员会主任由劳动行政部门代表担任。

劳动争议申请仲裁的时效期间为一年。仲裁时效期间，从当事人知道或者应当知道其权利被侵害之日起计算；因当事人一方向对方当事人主张权利或者向有关部门请求权利救济，或者对方当事人同意履行义务而中断，从中断时起，仲裁时效期间重新计算。劳动关系存续期间因拖欠劳动报酬发生争议的，劳动者申请仲裁不受仲裁时效期间的限制。但是劳动关系终止的，应当自劳动关系终止之日起一年内提出。

仲裁庭裁决劳动争议案件应当自劳动争议仲裁委员会受理仲裁申请之日起四十五日内结束，案情复杂需要延长的，延长期限不得超过十五日。仲裁裁决实行“少数服从多数”的一般原则，在不能形成多数意见时，裁决按照首席仲裁员的意见作出。

3．劳动争议诉讼

劳动争议诉讼是指劳动争议当事人不服劳动争议仲裁委员会的裁决，在规定的期限内向人民法院起诉，人民法院依法受理后，对劳动争议案件进行审理的活动。劳动争议当事人对非一裁终局的仲裁裁决不服的，可以自收到仲裁裁决书之日起十五日内向人民法院提起诉讼。一方当事人在法定期限内不起诉又不履行仲裁裁决的，另一方当事人可以申请人民法院强制执行。

十、违反劳动合同法的法律责任

（一）用人单位违反劳动合同法的法律责任

1. 用人单位规章制度违法的法律责任

用人单位应当按照法律要求建立内部规章制度。用人单位直接涉及劳动者切身利益的规章制度违反法律、法规规定的，由劳动行政部门责令改正，给予警告；限期不改的，应当通报批评；给劳动者造成损害的，应当承担赔偿责任。

2. 用人单位订立劳动合同违法的法律责任

用人单位提供的劳动合同文本未载明《劳动合同法》规定的劳动合同必备条款或者用人单位未将劳动合同文本交付劳动者的，由劳动行政部门责令改正；给劳动者造成损害的，应当承担赔偿责任。

用人单位自用工之日起超过一个月不满一年未与劳动者订立书面劳动合同的，应当向劳动者每月支付二倍的工资。

用人单位违反《劳动合同法》的规定不与劳动者订立无固定期限劳动合同的，自应当订立无固定期限劳动合同之日起向劳动者每月支付二倍的工资。

用人单位违反《劳动合同法》的规定与劳动者约定试用期的，由劳动行政部门责令改正；违法约定的试用期已经履行的，由用人单位以劳动者试用期满月工资为标准，按已经履行的超过法定试用期的期间向劳动者支付赔偿金。

用人单位违反《劳动合同法》规定，扣押劳动者居民身份证等证件的，由劳动行政部门责令期限退还劳动者本人，并依照有关法律规定给予处罚。

用人单位违反《劳动合同法》规定，以担保和其他名义向劳动者收取财物的，由劳动行政部门责令期限退还劳动者本人，并以每人五百元以上二千元以下的标准处以罚款，给劳动者造成损害的，应当承担赔偿责任。

3. 用人单位履行劳动合同违法的法律责任

用人单位有下列情形之一的，由劳动行政部门责令期限支付劳动报酬、加班费或者经济补偿；劳动报酬低于当地最低工资标准的，应当支付其差额部分；逾期不支付的，责令用人单位按应付金额百分之五十以上百分之一百以下的标准向劳动者加付赔偿金：①未按照劳动合同的约定或者国家规定及时足额支付劳动者劳动报酬的；②低于当地最低工资标准支付劳动者工资的；③安排加班不支付加班费的；④解除或者终止劳动合同，未依照《劳动合同法》规定向劳动者支付经济补偿的。

用人单位有下列情形之一的，依法给予行政处罚；构成犯罪的，依法追究刑事责任；给劳动者造成损害的，应当承担赔偿责任：①以暴力、威胁或者非法限制人身自由的手段强迫劳动的；②违章指挥或者强令冒险作业危及劳动者人身安全的；③侮辱、体罚、殴打、非法搜查或者拘禁劳动者的；④劳动条件恶劣、环境污染严重，给劳动者身心健康造成严重损害的。

4. 用人单位违法解除和终止劳动合同的法律责任

用人单位违反《劳动合同法》规定解除或者终止劳动合同的，应当依照《劳动合同法》规定的经济补偿标准的二倍向劳动者支付赔偿金。

用人单位违反《劳动合同法》规定未向劳动者出具解除或者终止劳动合同的书面证明，由劳动行政部门责令改正；给劳动者造成损害的，应当承担赔偿责任。

用人单位违反《劳动合同法》有关建立职工名册规定的，由劳动行政部门责令期限改正；逾期不改正的，由劳动行政部门处以二千元以上二万元以下的罚款。

（二）劳动者违反劳动合同法的法律责任

劳动合同被确认无效，给用人单位造成损失，有过错的劳动者应该承担赔偿责任。

劳动者违反劳动合同中约定的保密义务和竞业限制，劳动者应当按照劳动合同的约定，向用人单位支付违约金；给用人单位造成损失的，应当承担赔偿责任。

劳动者违反《劳动合同法》相关规定解除劳动合同，给用人单位造成损失的，应当承担赔偿责任。

劳动者违反培训协议，未满服务期解除或者终止劳动合同的，或因劳动者严重违纪，用人单位与劳动者解除约定服务期的劳动合同的，劳动者应当按照劳动合同的约定向用人单位支付违约金。

第二节　社会保险法律制度

学习目标

素质目标：要求学习者全面了解社会保险法的原理与实务，树立正确的法律观。

知识目标：要求学习者要理解社会保险的具体内容。

技能目标：要求学习者熟悉社会保险及相关法律制度，在实际工作过程中运用社会保险法保障自己的合法权益。

思政目标：要求学习者通过了解社会保险法设立的背景及意义，树立以人为本观念，激发公民共享发展成果，促进社会和谐稳定的构想。

关键术语

社会保险；养老保险；医疗保险；失业保险；工伤保险；社会保险费

背景知识

为了规范社会保险关系，维护公民参加社会保险和享受社会保险待遇的合法权益，使公民共享发展成果，促进社会和谐稳定，根据宪法，制定社会保险法律制度。国家建立基本养老保险、基本医疗保险、工伤保险、失业保险、生育保险等社会保险制度，保障公民在年老、疾病、工伤、失业、生育等情况下依法从国家和社会获得物质帮助的权利。

一、社会保险的概念特点与基本原则

（一）社会保险的概念

社会保险一般是指由国家通过颁布法律强制实施的，对全体社会公民或一定范围内劳动者的生、老、病、死、伤残、失业，以及在生活中出现的其他困难依法给予一定的物质帮助，保证公民和劳动者的基本生活需要的一种社会制度。

社会保险在概念上有广义和狭义的两种。广义的社会保险对象涉及全体社会成员，是国家在其患病、伤残、失业、年老等情况下给予物质帮助的各种制度的总称。狭义的社会保险仅对企业、事业单位职工和国家机关工作人员等用人单位的职工及其抚养、赡养的亲属予以经济保障。广义的社会保险在内容上除了包括职工的各项社会保险项目外，还涉及职工生活困难补助及其他社会救助项目，在管理上也涉及民政、劳动、人事等多个部门。狭义的社会保险主要包括养老保险、医疗保险、失业保险、工伤保险及生育保险。

（二）社会保险的特点

1. 社会性

社会保险的对象范围广泛，包括社会上不同层次、不同行业、不同所有制形式和不同身份的各种劳动者，这是社会保险的核心特点之一。社会保险主要是一种政府保险制度，它由国家通过立法确认和规定，并在保险资金的筹集、发放、调剂、管理等方面由政府组织实施。建立并实施社会保险制度既反映了社会的政治进步，也促进了社会的经济发展。

2. 互济性

社会保险的互济性，一方面表现在保险基金实行社会统筹，并依据调剂的原则集中和使用资金，解决不同情况下的劳动者的特定生活和基本生活需要；另一方面表现在劳动者享受社会保险不以人们的意志为转移，并且不可能完全等同。社会保险的目的则是相同的，即保障劳动者的基本生活需要。

3. 补偿性

劳动者在向社会提供劳动，并因此获取劳动报酬的期间，按照国家规定标准将报酬

的一定比例，作为劳动保险基金缴纳，待年老、患病、负伤、失业、生育和丧失劳动能力时，又依照国家标准领回，是社会保险补偿性的具体体现；在因工伤残或者患职业病的情况下，劳动者所享有的社会保险待遇，直接反映了社会保险的补偿性。

（三）社会保险的基本原则

1. 社会保险水平与社会生产力发展水平相适应原则

在组织实施社会保险中需要从实际情况出发，根据国家与用人单位发展生产的需要按照实际及社会承受能力，有计划、有步骤地发展社会保险事业。《社会保险法》规定社会保险水平应当与经济社会发展水平相适应。在确定社会保险水平时，必须体现社会保险水平与社会生产力发展水平相适应原则，社会保险水平直接与社会生产力的发展水平和国民经济的增长水平相联系。同时，社会生产力的发展水平还制约着社会保险的水平。因此，政府要根据生产力发展水平和各方面的承受能力，恰当地确定社会保险的范围、项目和水平。

2. 调节分配原则

政府组织的社会保险必须承担起调节分配不公的责任，努力实现社会收入分配公平性的目标。社会保险贯彻机会均等、公平合理原则，就可以发挥社会调节和稳定社会秩序的机制作用。

3. 社会保险一体化和社会化相统一原则

社会保险制度应当实行一体化和社会化相统一原则，即统一社会保险的项目，统一社会保险或基本社会保险的标准，统一社会保险的管理与实施机制。这样无论劳动者如何流动，均有同样的社会保险制度解除其后顾之忧，从而为实现劳动者自由流动和劳动力资源的最佳配置提供保障条件。

4. 保障功能与激励机制相结合原则

我国的社会保险应处理好公平与效率、保障与激励的关系，既要坚持公平原则，又不能忽视效率；既要保障劳动者职工的基本生活，又要与个人缴费多少、贡献大小挂钩。

5. 统筹兼顾与分步实施原则

统筹兼顾就是指在建立与实施社会保险制度时，要坚持全局观点，既要根据需要与可能保障劳动者的基本生活，促进生产发展，又要有利于整个社会经济发展，有利于全局经济改革和市场经济秩序的建立与完善。

二、社会保险的具体内容

由于社会制度不同，社会政策目标不同，世界各国之间的社会保险的内容有所差异。

社会保险一般包括养老、疾病、残疾、死亡、工伤、失业、生育和遗属津贴等项目。近年来，德国、日本等国还设立了以解决老年人的照顾、服务为内容的“护理保险”。

在我国现阶段，社会保险主要包括养老保险、医疗保险、失业保险、工伤保险、生育保险方面的五大险种。

（一）养老保险

养老保险又称老年社会保险或年金保险，是指在劳动者达到法定解除劳动义务的年龄，并从事某种劳动达到法定年限后，由国家和社会依法给予一定物质帮助，以维持其老年生活的一种社会保险法律制度。劳动者只要达到法定年龄，并从事某种劳动达到法定年限，被依法解除法定劳动义务后，就可享受养老保险待遇。养老保险作为社会保险制度的重要内容，是人类社会发展到社会化大生产阶段和市场经济发展的产物。其具有如下特征：①劳动者需达到法定退休年龄，并从事某种劳动达到法定年限；②劳动者被依法解除法定劳动义务；③以维持其老年生活为宗旨；④适用范围广泛。它在保障劳动者老年生活、调节收入分配、提高劳动积极性、安定社会方面有重要作用。

基本养老保险（有些国家称为法定养老保险）包含三层含义：①基本养老保险是为达到法定退休年龄的劳动者提供基本生活保障的制度安排；②基本养老保险是以社会保险的强制性为手段，强制缴费，强制参保，达到保障老年劳动者基本生活的目的；③基本养老保险的“基本”定义十分重要，是保障退休养老后的基本生活，但不是全部生活保障。

目前，我国养老保险制度的基本框架已经确立，养老保险制度的发展目标是实现包括城乡劳动者和居民的全覆盖。我国基本养老保险制度由企业职工基本养老保险、机关事业单位养老保险、新型农村社会养老保险和城镇居民社会养老保险等项目构成。

1. 企业职工基本养老保险

企业职工应当参加基本养老保险，由用人单位和职工共同缴纳基本养老保险费。无雇工的个体工商户、未在用人单位参加基本养老保险的非全日制从业人员及其他灵活就业人员可以参加基本养老保险，由个人缴纳基本养老保险费。基本养老保险实行社会统筹与个人账户相结合。基本养老保险基金由用人单位和个人缴费及政府补贴等组成。

参加基本养老保险的个人达到法定退休年龄时累计缴费满十五年的，按月领取基本养老金；不足十五年的，可以缴费至满十五年后，按月领取基本养老金；也可以转入新型农村社会养老保险或者城镇居民社会养老保险，按照国务院规定享受相应的养老保险待遇。

2. 机关事业单位养老保险

公务员和参照《中华人民共和国公务员法》管理的工作人员养老保险的办法由国务院规定。

3. 新型农村社会养老保险

国家建立和完善新型农村社会养老保险制度。新型农村社会养老保险实行个人缴费、集体补助和政府补贴相结合，保险待遇由基础养老金和个人账户养老金组成。参加新型农村社会养老保险的农村居民，符合国家规定条件的，按月领取新型农村社会养老保险待遇。

4. 城镇居民社会养老保险

国家建立和完善城镇居民社会养老保险制度。省、自治区、直辖市人民政府根据实际情况，可以将城镇居民社会养老保险和新型农村社会养老保险合并实施。

（二）医疗保险

1. 医疗保险的基本规定

医疗保险是在一定投资方式下，专门针对疾病引起的损失风险进行补偿的一种业务。根据补偿的范围，医疗保险有狭义和广义之分。狭义的医疗保险仅对疾病诊治所发生的医疗费用进行补偿；而广义的医疗保险的补偿不仅包括补偿疾病给人们带来的直接经济损失，还包括补偿疾病带来的间接经济损失，如误工工资、生活照顾等。通常所说的医疗保险是指狭义的医疗保险。

按照法定的性质，医疗保险又可以分为法定医疗保险和商业医疗保险。法定医疗保险属于社会保障的范畴，是国家通过立法和行政措施设立的、旨在保证社会成员基本医疗服务需要的保险制度。商业医疗保险则是根据市场原则建立起来的医疗保险机制。法定医疗保险与商业医疗保险相比，具有如下特点：①对象的普遍性；②实施的强制性；③更强的互济性；④保障水平的基本性；⑤政府的保证性。

医疗费用不纳入基本医疗保险基金支付的范围：①应当从工伤保险基金中支付的；②应当由第三人负担的；③应当由公共卫生负担的；④在境外就医的。

2. 医疗期

（1）医疗期的规定

医疗期是指企业职工因患病或非因工负伤停止工作治病休息不得解除劳动合同的时限。企业职工因患病或非因工负伤需要停止工作医疗时，根据本人实际参加工作年限和在本单位工作年限，给予三个月到二十四个月的医疗期。

（2）医疗期的计算

职工因患病或非因公负伤，需要停止工作医疗时，根据本人实际参加工作年限和在本单位工作年限，给予三个月到二十四个月的医疗期：①实际工作年限十年以下的，在本单位工作年限五年以下的为三个月；五年以上的为六个月；②实际工作年限十年以上的，在本单位工作年限五年以下的为六个月；五年以上十年以下的为九个月；十年以上十五年以下的为十二个月；十五年以上二十年以下的为十八个月；二十年以上的为二十四个月。

医疗期为三个月的，按六个月内累计病休时间计算；医疗期为六个月的，按十二个月内累计病休时间计算；医疗期为九个月的，按十五个月内累计病休时间计算；医疗期为十二个月的，按十八个月内累计病休时间计算；医疗期为十八个月的，按二十四个月内累计病休时间计算；医疗期为二十四个月的，按三十个月内累计病休时间计算。医疗期计算应从病休第一天开始，累计计算。对某些患特殊疾病（如癌症、精神病、瘫痪等）的职工，在二十四个月内尚不能痊愈的，经企业和当地劳动部门批准，可以适当延长医疗期。

（3）医疗期的待遇

企业职工在医疗期内的病假工资、疾病救济费和医疗待遇按照有关规定执行。职工患病或非因工负伤治疗期间，在规定的医疗期内由企业按有关规定支付其病假工资或疾病救济费。病假工资或疾病救济费可以低于当地最低工资标准支付，但不能低于最低工资标准的百分之八十。同时在医疗期内不得解除劳动合同。对于医疗期满尚未痊愈者，或医疗期满后，仍不能从事原工作也不能从事用人单位另行安排的工作，被解除劳动合同时，用人单位须按经济补偿规定给予其经济补偿。

（三）失业保险

失业保险制度是指依据国家法规，通过国家企事业单位和个人等渠道筹资建立失业保险基金，在劳动者失业时，给予失业救济，以保障其最基本生活需要的社会保险制度。

失业保险制度与其他社会保险项目比较，具有一些自身的特点：①针对的劳动风险不同。失业保险针对的劳动风险是劳动者因各种原因而失去工作，劳动者的劳动能力并未丧失，这与养老保险、医疗保险、工伤保险等所针对的劳动者暂时或者永久丧失劳动能力而面临的劳动风险有所不同。②间接目的不同。失业保险同其他社会保险项目一样，其直接目的都是保障劳动者的基本生活，而失业保险兼有的间接目的是提高劳动者就业能力和提高工作机会，促进劳动者再就业。③享受条件不同。失业保险的享受条件不仅同劳动者的工龄、保险费缴纳情况有关，还取决于劳动者的就业意愿。④失业保险属于短期保险项目，超过一定期限，如果还没有找到新的工作就将纳入社会救助体系，按社会救助制度给予生活补助，不再属于失业保险的享受范围。

职工应当参加失业保险，由用人单位和职工按照国家规定共同缴纳失业保险费。失业人员失业前用人单位和本人累计缴费满一年不足五年的，领取失业保险金的期限最长为十二个月；累计缴费满五年不足十年的，领取失业保险金的期限最长为十八个月；累计缴费十年以上的，领取失业保险金的期限最长为二十四个月。重新就业后，再次失业的，缴费时间重新计算，领取失业保险金的期限与前次失业应当领取而尚未领取的失业保险金的期限合并计算，最长不超过二十四个月。

失业人员在领取失业保险金期间有下列情形之一的，停止领取失业保险金，并同时停止享受其他失业保险待遇：①重新就业的；②应征服兵役的；③移居境外的；④享受基本养老保险待遇的；⑤无正当理由，拒不接受当地人民政府指定部门或者机构介绍的适当工作或者提供的培训的。

（四）工伤保险

工伤保险指国家和社会为保证劳动者的职业安全健康，避免遭受职业伤害所采取的一切合法、有效的事故预防措施，以及在劳动者因遭受职业伤害造成暂时或永久丧失劳动能力时，给予物质经济帮助的制度。

工伤保险是社会保障制度体系的重要组成部分，是以职业劳动者为对象的职业伤害保障制度。工伤保险制度的建立有利于减少工伤当事人的经济损失，有利于维护职业劳动者的基本权益，有利于缓解因工作伤害造成的社会矛盾和劳资对立，有利于维护经济社会的稳定发展，是社会文明进步的标志之一。

工伤保险制度建立的目的是避免、减轻或弥补职业伤害给劳动者造成的影响和损失。制度建立之初，给予遭受职业伤害的劳动者以经济补偿是唯一的目的。随着社会经济的发展及工伤保险制度的不断完善，工伤保险的目标发生了变化，由事故后的经济补偿转变为全面保护劳动者的职业安全健康。现代工伤保险制度由工伤预防、待遇补偿、工伤康复三大内容组成，在工伤待遇补偿的基础上，开展工伤预防活动和提供工伤康复服务。职工应当参加工伤保险，由用人单位缴纳工伤保险费，职工不缴纳工伤保险费。

（五）生育保险

生育保险是在妇女劳动者因妊娠、分娩，导致不能工作，收入暂时中断时，由国家或社会给予医疗保健服务和物质帮助的一项社会保障制度。生育保险作为社会保障体系的组成部分，是随着妇女参与社会化生产而产生和发展起来的。生育保险通过对生育女职工生育过程的保护和经济保障，目的是保证生育女职工的正常生活和医疗保健需要，解除其后顾之忧。生育保险制度的建立对促进妇女平等就业，维护劳动力再生产，促进经济发展和社会进步有着十分积极的意义。

生育保险制度具有如下特点：①享受待遇人群的特定性；②待遇保障的可预见性；③待遇支付的时间性；④医疗服务范围的确定性。

职工应当参加生育保险，由用人单位按照国家规定缴纳生育保险费，职工不缴纳生育保险费。用人单位已经缴纳生育保险费的，其职工享受生育保险待遇；职工未就业配偶按照国家规定享受生育医疗费用待遇。所需资金从生育保险基金中支付。生育保险待遇包括生育医疗费用和生育津贴。

三、社会保险费用征缴

《社会保险法》进一步完善了社会保险费征缴制度，增强征缴的强制性，为加强征缴工作提供了更有力的法律保障。

（一）用人单位

1. 用人单位社会保险费的缴纳

用人单位应当自成立之日起三十日内凭营业执照、登记证书或者单位印章，向当地社会保险经办机构申请办理社会保险登记。社会保险经办机构应当自收到申请之日起十五日内予以审核，发给社会保险登记证件。

用人单位的社会保险登记事项发生变更或者用人单位依法终止的，应当自变更或者终止之日起三十日内，到社会保险经办机构办理变更或者注销社会保险登记。

用人单位应当自用工之日起三十日内为其职工向社会保险经办机构申请办理社会保险登记。未办理社会保险登记的，由社会保险经办机构核定其应当缴纳的社会保险费。

用人单位应当自行申报、按时足额缴纳社会保险费，非因不可抗力等法定事由不得缓缴、减免。职工应当缴纳的社会保险费由用人单位代扣代缴，用人单位应当按月将缴纳社会保险费的明细情况告知本人。

2. 用人单位关于缴纳社会保险费的法律责任

用人单位未按规定申报应当缴纳的社会保险费数额的，按照该单位上月缴费额的百分之一百一十确定应当缴纳数额；缴费单位补办申报手续后，由社会保险费征收机构按照规定结算。

用人单位未按时足额缴纳社会保险费的，由社会保险费征收机构责令其限期缴纳或者补足。

用人单位逾期仍未缴纳或者补足社会保险费的，社会保险费征收机构可以向银行和其他金融机构查询其存款账户；并可以申请县级以上有关行政部门作出划拨社会保险费的决定，书面通知其开户银行或者其他金融机构划拨社会保险费；用人单位账户余额少于应当缴纳的社会保险费的，社会保险费征收机构可以要求该用人单位提供担保，签订延期缴费协议。

用人单位未足额缴纳社会保险费且未提供担保的，社会保险费征收机构可以申请人民法院扣押、查封、拍卖其价值相当于应当缴纳社会保险费的财产，以拍卖所得抵缴社会保险费。

（二）自愿参加社会保险人员

自愿参加社会保险的无雇工的个体工商户、未在用人单位参加社会保险的非全日制从业人员及其他灵活就业人员，应当向社会保险经办机构申请办理社会保险登记。无雇工的个体工商户、未在用人单位参加社会保险的非全日制从业人员及其他灵活就业人员，可以直接向社会保险费征收机构缴纳社会保险费。

（三）社会保险征收机构

社会保险费征收机构应当依法按时足额征收社会保险费，并将缴费情况定期告知用人单位和个人。

（四）其他相关行政机构

市场监督管理部门、民政部门和机构编制管理机关应当及时向社会保险经办机构通报用人单位的成立、终止情况，公安机关应当及时向社会保险经办机构通报个人的出生、死亡，以及户口登记、迁移、注销等情况。

四、社会保险基金及其管理运营与监督

（一）社会保险基金

社会保险基金包括基本养老保险基金、基本医疗保险基金、工伤保险基金、失业保险基金和生育保险基金。

目前，基本养老保险基金逐步实行全国统筹，其他社会保险基金逐步实行省级统筹，具体时间、步骤由国务院规定。县级以上人民政府在社会保险基金出现支付不足时，给予补贴。

（二）社会保险基金的管理运营

社会保险基金管理是为实现社会保障的基本目标和制度的稳定运行，对社会保险基金筹集、支付、投资运营和监督等进行全面规划和系统管理的总称。社会保险基金的运营是指将暂时闲置的部分社会保险基金直接或间接投入经济活动或金融活动并取得收益，使基金的实际价值量增加的过程。为了加强社会保险基金管理，《社会保险法》作出了以下规定。

1. 规范了社会保险基金的管理原则

社会保险基金管理，应当遵守以下原则。

1）基本医疗保险基金与生育保险基金合并建账及核算外，其他各项社会保险基金按照社会保险险种分别建账，分账核算。社会保险基金执行国家统一的会计制度。

2）社会保险基金通过预算实现收支平衡。社会保险基金按照统筹层次设立预算。除基本医疗保险基金与生育保险基金预算合并编制外，其他社会保险基金预算按照社会保险项目分别编制。社会保险基金预算、决算草案的编制审核和批准，依照法律和国务院规定执行。

3）社会保险基金专款专用，任何组织和个人不得侵占或者挪用。社会保险基金不得违规投资运营，不得用于平衡其他政府预算，不得用于兴建、改建办公场所和支付人员经费、运行费用、管理费用，或者违反法律、行政法规规定挪作其他用途。

4）社会保险基金在保证安全的前提下，按照国务院规定投资运营实现保值增值，从而为社会保险基金投资运营奠定了法律基础。目前，我国社会保险基金的闲置部分按国家规定在基金运作方面只有两种方式：一是购买国债；二是存入国有商业银行。这种规定主要是为了保证基金的安全。

2. 明确了提高社会保险基金统筹层次的方向

基本养老保险基金逐步实行全国统筹，其他社会保险基金逐步实行省级统筹。考虑到社会保险基金的统筹层次取决于多方面的因素，《社会保险法》授权国务院规定提高统筹层次的具体时间和步骤。

（三）社会保险基金的监督

社会保险基金监督是指负有监督职责的组织，对社会保障经办、管理、服务、运营等机构，征收、支付、管理、运营社会保险基金的安全性、合规性、效益性、流动性，以及内部控制体系、机制建设等实时监控、审核、分析和评价的活动。

加强社会保险基金监督，维护社会保险基金安全，是各方面的共识。《社会保险法》从人大监督、行政监督、社会监督三个方面建立了比较完善的社会保险监督体系。

1. 人大监督

各级人民代表大会常务委员会听取和审议本级人民政府对社会保险基金的收支、管理、投资运营及监督检查情况的专项工作报告，组织对《社会保险法》实施情况的执法检查等，依法行使监督职权。

2. 行政监督

国家对社会保险基金实行严格监管并明确了各级人民政府及其社会保险行政部门、财政部门、审计机关在社会保险监督方面的职责。

3. 社会监督

县级以上人民政府采取措施，鼓励和支持社会各方面参与社会保险基金的监督。

五、违反社会保险的法律责任

《社会保险法》强化了违反本法行为所应承担的法律责任，主要表现为以下几点。

（一）用人单位违反《社会保险法》的法律责任

用人单位不办理社会保险登记且在社会保险行政部门责令改正期限内不改正的，对用人单位处应缴社会保险费数额一倍以上三倍以下的罚款，对其直接负责的主管人员和其他直接责任人员处五百元以上三千元以下的罚款；用人单位未按时足额缴纳社会保险费的，由社会保险费征收机构责令限期缴纳或者补足，并自欠缴之日起，按日加收万分之五的滞纳金；逾期仍不缴纳的，由有关行政部门处欠缴数额一倍以上三倍以下的罚款。

（二）骗取社会保险基金支出或者骗取社会保险待遇的法律责任

有关单位及其工作人员或者个人以欺诈、伪造证明材料或者其他手段骗取社会保险基金支出或者骗取社会保险待遇的，应当退回骗取的金额，并处骗取金额二倍以上五倍以下的罚款。社会保险经办机构及医疗机构、药品经营单位等社会保险服务机构，以欺诈、伪造证明材料或者其他手段骗取社会保险基金支出的，由社会保险行政部门责令退回骗取的社会保险金，处骗取金额二倍以上五倍以下的罚款；属于社会保险服务机构的，解除服务协议；直接负责的主管人员和其他直接责任人员有执业资格的，依法吊销其执业资格。

（三）违反社会保险基金管理的法律责任

隐匿、转移、侵占、挪用社会保险基金或者违规投资运营的，由社会保险行政部门、财政部门、审计机关责令追回；有违法所得的，没收其违法所得；对直接负责的主管人员和其他直接责任人员依法给予处分。

（四）有关行政部门和单位及其工作人员违反《社会保险法》的法律责任

社会保险经办机构及其工作人员有下列行为之一的，由社会保险行政部门责令改正；给社会保险基金、用人单位或者个人造成损失的，依法承担赔偿责任；对直接负责的主管人员和其他直接责任人员依法给予处分：①未履行社会保险法定职责的；②未将社会保险基金存入财政专户的；③克扣或者拒不按时支付社会保险待遇的；④丢失或者篡改缴费记录、享受社会保险待遇记录等社会保险数据、个人权益记录的；⑤有违反社会保险法律、法规的其他行为的。

社会保险费征收机构擅自更改社会保险费缴费基数、费率，导致少收或者多收社会保险费的，由有关行政部门责令其追缴应当缴纳的社会保险费或者退还不应当缴纳的社会保险费；对直接负责的主管人员和其他直接责任人员依法给予处分。

有关行政部门、社会保险经办机构、社会保险费征收机构及其工作人员泄露用人单位和个人信息的，对直接负责的主管人员和其他直接责任人员依法给予处分；给用人单位或者个人造成损失的，应当承担赔偿责任。国家工作人员在社会保险管理、监督工作中滥用职权，玩忽职守，徇私舞弊的，依法给予处分。违反《社会保险法》规定构成犯罪的，依法追究其刑事责任。

本章小结

劳动合同又称劳动协议，是指劳动者与用人单位之间为确定劳动关系，依法协商就双方权利义务达成的协议。劳动关系是劳动法的调整对象，是指在运用劳动能力、实现劳动过程中，劳动者与用人单位之间的社会劳动关系。劳动合同的订立是指劳动者和用人单位经过平等协商，就劳动合同的各项内容协商一致，并以书面的形式规定双方的权利、义务及责任等相关内容，从而确立双方劳动关系的法律行为。劳动争议即劳动纠纷，是指劳动关系中当事人因为劳动问题所引起的纠纷。劳动者与用人单位之间、劳动者之间、用人单位之间因为劳动问题所引起的争议都可以称为劳动争议。社会保险一般是指由国家通过颁布法律强制实施的，对全体社会公民或一定范围内劳动者的生、老、病、死、伤残、失业，以及在生活中出现的其他困难依法给予一定的物质帮助，保证公民和劳动者的基本生活需要的一种社会制度。

第七章案例讨论

第七章习题

第七章习题答案

第五篇

经济纠纷的解决途径

第八章　仲裁与民事诉讼

引导案例

案情回顾

原告互悦物业公司系住所地登记在重庆市A区的物业服务企业。2016年9月，原告互悦物业公司与位于重庆市B区的某小区的业主分别签订了《前期物业服务协议》，约定原告互悦物业公司为该小区提供物业服务及收费标准等内容，合同期限自双方签章之日起至首次业主大会选聘物业管理企业时自行终止，并约定合同履行过程中，若发生纠纷，经协商不能解决时，则提交原告互悦物业公司所在地法院解决。因部分业主拒交物业服务费，原告互悦物业公司按合同协议管辖条款分别将该部分业主诉至A区法院。另A区与B区并不相邻，两地法院相距60余千米之远。在A区也有由原告互悦物业公司提供物业服务的小区。

该系列案件存在物业服务合同中协议管辖是否有效，以及由原告互悦物业管理公司所在地法院管辖，还是由物业所在地法院管辖的问题。对此存在以下几种不同观点。

第一种观点认为，协议管辖有效，该系列案件应由原告所在地法院管辖。《民事诉讼法》第三十四条规定："合同或者其他财产权益纠纷的当事人可以书面协议选择被告住所地、合同履行地、合同签订地、原告住所地、标的物所在地等与争议有实际联系的地点的人民法院管辖，但不得违反本法对级别管辖和专属管辖的规定。"物业服务合同约定由原告所在地法院管辖的协议管辖条款有效，该系列案应由原告所在地A区法院管辖。

第二种观点认为，该协议管辖有效，但该系列案应由与本纠纷更有实际联系的原告的主要办事机构所在地法院管辖。该观点赞同第一种观点，认为协议管辖条款有效。不同点在于对原告所在地的理解不同，根据《最高人民法院关于适用〈中华人民共和国民事诉讼法〉的解释》（以下简称《民事诉讼法解释》）第三条规定："法人或者其他组织的住所地是指法人或者其他组织的主要办事机构所在地。"该系列案中原告的主要办事机构所在地应认定为与该系列案件实际联系更密切的其所提供物业服务所在地，故该系列案件实际由物业所在地B区法院管辖。

第三种观点认为，该协议管辖违反专属管辖无效。《民事诉讼法》第三十三条第一款规定："因不动产纠纷提起的诉讼，由不动产所在地人民法院管辖。"《民事诉讼法司法解释》第二十八条规定："民事诉讼法第三十三条第一项规定的不动产纠纷是指因不动产的权利确认、分割、相邻关系等引起的物权纠纷。农村土地承包经营合同纠纷、房屋租赁合同纠纷、建设工程施工合同纠纷、政策性房屋买卖合同纠纷，按照不动产纠纷确定管辖。”该类纠纷涉及业主和物业服务企业对所服务小区之不动产的使用、收益、处分、保护和管理等情况，与不动产联系密切，故该系列案件应认定为是因不动产纠纷提起的诉讼，协议管辖应认定违反专属管辖无效。

法官说法

1. 物业服务合同纠纷是因对不动产的使用、保护、管理和服务发生的纠纷

《民事诉讼法》及《民事诉讼法司法解释》虽均未明确规定物业服务合同纠纷属于因不动产提起的纠纷，但也并未限制不动产纠纷类型，对此应采取宽松理解，无论是不动产物权纠纷还是不动产债权纠纷，都应适用专属管辖制度。不动产物权纠纷是基于物权的确认、分割、占有、使用、收益、处分和保护，以及相邻关系等引起的纠纷。从物业服务内容看，物业服务企业提供包括对小区业主共有部分、共有设施的维修、养护、管理和维护，公共秩序、安全、消防等事项的协助管理和服务，以及广告等公共收益的收取、使用进行公示说明等。物业服务合同签订之目的亦是为了业主更好地使用、保护和管理自己的专有和共有之不动产物权。物业服务合同纠纷之症结也在于业主认为物业服务企业服务不到位继而拒交物业服务费，案件的审理多牵扯到合同双方对专有和共有部分物权的使用、管理、收益、保护等。认定物业服务合同纠纷是因不动产纠纷提起的诉讼，合理合法。

2. 物业服务合同纠纷按不动产专属管辖符合“方便当事人、方便法院”的两便原则

《民事诉讼法》设计管辖制度的原则和目的即在于“方便当事人、方便法院”这一两便原则。不动产纠纷专属管辖之设置目的也在于方便法院调查相关不动产状况及围绕不动产之确认、分割、占有、使用、收益、处分和保护等情况，并便于当事人参加诉讼。协议管辖之设计在于尊重当事人意思自治，而物业服务合同多为格式条款，物业服务企业与业主签订合同之时，或并未告知协议管辖条款之存在，或虽告知而业主误以为物业服务企业所在地与其不动产物业所在地一致，或业主虽完全知情而迫于格式合同难以更改之无奈而签订等情形大可存在。若置物业服务合同纠纷与其不动产之密切联系而不顾，允许物业服务合同协议约定物业所在地以外法院管辖，既有碍于法院查明案件事实，削弱业主一方当事人参加诉讼之积极性，也可能并没有真正尊重业主一方当事人意思自治，且增加诉讼成本，浪费司法资源。故认可物业服务合同协议管辖有效，实有不妥。

3. 物业服务合同纠纷按不动产专属管辖有利于统一裁判尺度和防止发生群体性事件

《民事诉讼法司法解释》规定了房屋租赁合同、政策性房屋买卖合同等纠纷，按照不动产纠纷确定管辖，是考虑到这些涉及不动产的特殊类型合同纠纷往往与当地

的土地政策和房地产宏观调控政策高度关联，由不动产所在地法院专属管辖，有利于统一裁判尺度和判后的执行，也便于防止群体性事件的发生。物业服务合同纠纷的裁判的关键在于对物业服务质量的评判，房管局等主管部门对当地小区物业服务质量的考评结果往往成为法院裁判的重要参考，而各地物业服务的整体要求和水平不尽相同，房管局等主管部门和法院的评判标准也可能略有出入，将物业服务合同按不动产专属管辖，无疑也有利于统一裁判尺度和判后的执行。同时，物业服务合同具有业主一方是人数众多的特点，通常因服务质量双方已产生的不少矛盾后才诉至法院，本案中，A 区与 B 区并不相邻，两地法院相距有 60 余千米，要求业主到物业所在地以外法院参加诉讼，难免激化矛盾进而引起群体性事件。《民事诉讼法司法解释》第三条规定，法人或者其他组织的主要办事机构所在地不能确定的，法人或者其他组织的注册地或者登记地为住所地。本案中，在 A 区也有由原告互悦物业公司提供物业服务的小区，若认定协议管辖有效，原告互悦物业公司所在地最终难免还是会被认定为登记地 A 区。唯有以不动产专属管辖否定其协议管辖之效力，方能彻底避免物业服务合同中协议管辖之弊端，最终实现法律效果和社会效果的统一。

（资料来源：方腾，2019. 物业服务合同纠纷应以不动产纠纷确定管辖[EB/OL].(2019-11-07)[2020-10-07]. https://www.chinacourt.org/article/detail/2019/11/id/4620040.shtml.）

第一节 仲　裁

学习目标

素质目标：要求学习者具有法律思维能力与运用能力，树立正确的法律观。

知识目标：要求学习者能够全面了解仲裁的原理与实务，理解仲裁的基本原则与适用范围、仲裁协议与仲裁程序的相关规定。

技能目标：要求学习者能够培养分析问题和适用仲裁的实务问题的能力。

思政目标：要求学习者能够坚持理论与实践相统一，增强社会责任感、激发勇于探索的创新精神和善于解决问题的实践能力。

关键术语

仲裁；仲裁协议；仲裁程序；仲裁庭；仲裁审理；仲裁裁决；仲裁效力

背景知识

经济法主体在经济活动中不可避免地会产生纠纷，为了保护当事人的合法权益，维护社会经济秩序，必须采取有效手段，及时解决这些纠纷。由于经济关系的复杂性，导致经济纠纷具有多样性，因此，解决经济纠纷的途径也具有多元性特点，本节主要介绍了其中一种解决方法：仲裁。仲裁是一种解决经济纠纷的有效方式，在现实生活中被广泛应用，与其他解决纠纷的方式相比，更为灵活便利。

一、仲裁的概念与基本原则

（一）仲裁的概念

仲裁，也称公断，是指仲裁机构根据纠纷当事人之间自愿达成的协议，以第三者的身份对所发生的纠纷进行审理，并作出对争议各方均有约束力的裁决的解决纠纷的活动。

（二）仲裁的基本原则

仲裁原则是指在仲裁过程中，仲裁机构和当事人应当遵循的活动准则。《仲裁法》规定，仲裁应遵循下列基本原则。

1. 自愿仲裁原则

当事人采用仲裁方式解决纠纷，应当双方自愿，达成仲裁协议。没有仲裁协议，一方申请仲裁的，仲裁委员会不予受理。纠纷发生后，当事人是否将其纠纷提交仲裁、提交哪个仲裁机构、仲裁庭如何组成、仲裁规则及仲裁所适用的法律、是否达成和解或调解协议等，都由当事人自愿协商选择确定。这样有利于稳定当事人双方现存的法律关系，一旦发生纠纷可迅速解决。

2. 仲裁独立原则

仲裁的独立，指的是从仲裁机构的设置到仲裁纠纷的整个过程，都具有依法的独立性。《仲裁法》确立仲裁独立的原则，是我国仲裁制度发展完善的一个里程碑。仲裁机构是一个民间机构，仲裁委员会独立于行政机关，与行政机关没有隶属关系，其仲裁活动依法独立进行，不受行政机关、社会团体和个人的干涉。仲裁委员会之间也没有隶属关系。这是实现独立仲裁的组织保证。

3. 以事实为依据，以法律为准绳，公平合理地解决纠纷的原则

以事实为依据，以法律为准绳，公平合理地解决纠纷是公正处理民事经济纠纷的根本保障，是解决当事人之间的纠纷所应当依据的基本准则。仲裁机构应以客观事实为依据，以民事实体法和程序法作为作出仲裁裁决的标准。为了准确地认定事实，仲裁庭必须充分听取双方当事人的陈述、证人证言和鉴定人的鉴定意见，防止偏听偏信和主观臆断。仲裁庭认为，有必要收集的证据，可以自行收集。在适用法律时，法律有明文规定的，按照法律的规定执行；无明文规定的，按照法律的基本精神和公平合理原则处理；不偏袒任何一方，也不对任何一方施加压力。

4. 一裁终局原则

仲裁实行一裁终局的制度，即仲裁庭的裁决为终局裁决。裁决作出后，当事人就同一纠纷再申请仲裁或者向人民法院起诉的，仲裁委员会或者人民法院不予受理。

二、《仲裁法》的适用范围

仲裁法是指调整在仲裁过程中发生的各种关系的法律规范的总称。我国为适应经济的快速发展并与世界通行经济制度接轨，于 1994 年 8 月 31 日第八届全国人民代表大会常务委员会第九次会议通过《仲裁法》，根据 2009 年 8 月 27 日第十一届全国人民代表大会常务委员会第十次会议《关于修改部分法律的决定》第一次修正，根据 2017 年 9 月 1 日第十二届全国人民代表大会常务委员会第二十九次会议《关于修改〈中华人民共和国法官法〉等八部法律的决定》第二次修正。《仲裁法》的颁布与施行，对于公正、迅速地解决经济纠纷，保护当事人的合法权益，节约纠纷解决成本，保障经济健康发展具有重要意义。

《仲裁法》明确规定了仲裁的适用范围：平等主体的公民、法人和其他组织之间发生的合同纠纷和其他财产纠纷，可以仲裁。下列纠纷不能仲裁：①婚姻、收养、监护、扶养、继承纠纷；②依法应当由行政机关处理的行政争议。

三、仲裁协议

（一）仲裁协议的概念

仲裁协议，是指双方当事人愿意将他们之间可能发生或已经发生的争议提交仲裁机构进行仲裁的协议。

当事人通过仲裁协议的形式授予了仲裁机构进行仲裁的权力。仲裁协议是双方授予仲裁机构仲裁权的合意。《仲裁法》规定，当事人采用仲裁方式解决纠纷，应当双方自愿，达成仲裁协议。没有仲裁协议，一方申请仲裁的，仲裁委员会不予受理。当事人达成仲裁协议，一方向人民法院起诉的，人民法院不予受理，但仲裁协议无效的除外。

（二）仲裁协议的形式和内容

1. 仲裁协议的形式

仲裁协议包括合同中订立的仲裁条款和以其他书面方式在纠纷发生前或纠纷发生后达成的请求仲裁的协议。

在仲裁实践中，采用书面形式是对仲裁协议的基本要求。

2. 仲裁协议的内容

《仲裁法》规定，仲裁协议必须具备三个方面的内容才是合法有效的：①请求仲裁的意思表示；②仲裁事项；③选定的仲裁委员会，即仲裁必须经当事人双方的意思表示一致，将争议提交仲裁解决的共同愿望，而且要有书面的仲裁协议，明确的仲裁组织，仲裁机构才能受理。

3. 仲裁协议的效力

仲裁协议独立存在，合同的变更、解除、终止或者无效，不影响仲裁协议的效力。仲裁庭有权确认合同的效力。

当事人对仲裁协议的效力有异议的，应当在仲裁庭首次开庭前请求仲裁委员会作出决定或者请求人民法院作出裁定。一方请求仲裁委员会作出决定，另一方请求人民法院作出裁定的，由人民法院裁定。

当事人达成仲裁协议，一方向人民法院起诉未声明有仲裁协议，人民法院受理后，另一方在首次开庭前提交仲裁协议的，人民法院应当驳回起诉，但仲裁协议无效的除外；另一方在首次开庭前未对人民法院受理该案提出异议的，视为放弃仲裁协议，人民法院应当继续审理。

4. 仲裁协议的无效情形

有下列情形之一的，仲裁协议无效：①约定的仲裁事项超过法律规定的仲裁范围的；②无民事行为能力人或限制民事行为能力人订立的仲裁协议；③一方采取胁迫手段，迫使对方订立仲裁协议的。此外，仲裁协议对仲裁事项或仲裁委员会没有约定或约定不明确的，当事人可以补充协议；达不成补充协议的，仲裁协议无效。

四、仲裁程序

（一）仲裁的申请和受理

仲裁的申请，是指合同纠纷或财产权益纠纷的一方当事人根据仲裁协议，将所发生的争议依法请求仲裁机构进行仲裁的意思表示。仲裁受理是指接受仲裁申请的仲裁机构对当事人的申请进行审查，对符合法定条件和要求的申请同意立案，进行仲裁的行为。当事人向仲裁机构提出仲裁申请后，并不意味着仲裁程序的开始，只有当事人的仲裁申请经过仲裁机构审查，并由仲裁机构作出立案受理的决定后，仲裁程序才能开始。因此，当事人申请仲裁的行为与仲裁机构立案受理的行为相结合才能引起仲裁程序的发生。在这一过程中，当事人提出仲裁申请的行为是仲裁受理的前提。

1. 仲裁当事人提出申请

仲裁当事人是指根据仲裁协议，以自己的名义提起或参加仲裁，并接受仲裁裁决约束的自然人、法人或其他组织。

当事人申请仲裁应当符合下列条件：①有仲裁协议；②有具体的仲裁请求和事实、

理由；③属于仲裁委员会的受理范围。当事人申请仲裁，应当向仲裁委员会递交仲裁协议、仲裁申请书及副本。仲裁申请书应当载明下列事项：①当事人的姓名、性别、年龄、职业、工作单位和住所，法人或者其他组织的名称、住所和法定代表人或者主要负责人的姓名、职务；②仲裁请求和所根据的事实、理由；③证据和证据来源、证人姓名和住所。

2. 仲裁委员会的审查与受理

仲裁委员会收到仲裁申请书之日起五日内，认为符合受理条件的，应当受理，并通知当事人；认为不符合受理条件的，应当书面通知当事人不予受理，并说明理由。

仲裁委员会受理仲裁申请后，应当在仲裁规则规定的期限内将仲裁规则和仲裁员名册送达申请人，并将仲裁申请书副本和仲裁规则、仲裁员名册送达被申请人。被申请人收到仲裁申请书副本后，应当在仲裁规则规定的期限内向仲裁委员会提交答辩书。仲裁委员会收到答辩书后，应当在仲裁规则规定的期限内将答辩书副本送达申请人。被申请人未提交答辩书的，不影响仲裁程序的进行。申请人可以放弃或者变更仲裁请求。被申请人可以承认或者反驳仲裁请求，有权提出反请求。

（二）仲裁庭

仲裁庭是指由当事人选定或者仲裁委员会主任制定的仲裁员组成的，对当事人申请仲裁的案件依仲裁程序进行审理并作出裁决的组织形式。

1. 仲裁庭的组成

仲裁庭可以由三名仲裁员或者一名仲裁员组成。由三名仲裁员组成的，设首席仲裁员。当事人约定由三名仲裁员组成仲裁庭的，应当各自选定或者各自委托仲裁委员会主任指定一名仲裁员，第三名仲裁员由当事人共同选定或者共同委托仲裁委员会主任指定。第三名仲裁员是首席仲裁员。当事人约定由一名仲裁员成立仲裁庭的，应当由当事人共同选定或者共同委托仲裁委员会主任指定仲裁员。当事人没有在仲裁规则规定的限期内约定仲裁庭的组成的方式或者选定仲裁员的，由仲裁委员会主任指定。仲裁庭组成后，仲裁委员会应当将仲裁庭的组成情况书面通知当事人。

2. 仲裁员的回避

仲裁员的回避是指符合法定回避情形的仲裁员退出仲裁案件审理的一项制度。

1）仲裁员回避的法定情形。仲裁员有下列情形之一的，必须回避，当事人也有权提出回避申请：①是本案当事人或者当事人、代理人的近亲属；②与本案有利害关系；③与本案当事人、代理人有其他关系，可能影响公正仲裁的；④私自会见当事人、代理人，或者接受当事人、代理人的请客送礼的。

2）回避的形式。根据法律的规定，仲裁员回避的形式包括自行回避和申请回避。

①自行回避。自行回避即仲裁员认为自己具有法定的回避事由，从而主动提出回避的请求。仲裁员的自行回避，应当向仲裁委员会提出。该仲裁员是否回避，由仲裁委员会主任决定；仲裁委员会主任担任仲裁员的自行回避，由仲裁委员会集体决定。②申请回避。当事人认为仲裁员具有应当回避的事由，有权提出要求该仲裁员回避的申请。当事人提出回避申请，应当说明理由，并在首次开庭前提出。回避事由在首次开庭后知道的，可以在最后一次开庭终结前提出。当事人的回避申请既可以用书面形式提出，也可以用口头形式提出。当事人申请仲裁员回避的，应当向仲裁委员会提出，由仲裁委员会主任决定该仲裁员是否回避。仲裁委员会主任担任仲裁员时，其是否回避，由仲裁委员会集体决定。

3）仲裁员回避的法律后果。仲裁员因回避不能履行职责的，应当依照仲裁法的规定重新选定或者指定仲裁员。重新选定或者指定仲裁员后，当事人可以请求已进行的仲裁程序重新进行，但是否准许，由仲裁庭决定。仲裁庭也可以自行决定已进行的仲裁程序是否重新进行。

（三）仲裁审理和裁决

仲裁审理是指仲裁庭依法组成后，按照仲裁法以及仲裁规则规定的程序和方式，对当事人之间发生争议并交付仲裁的争议案件进行审理并作出仲裁裁决的活动。

1. 仲裁审理的方式

仲裁审理的方式可以分为开庭审理和书面审理两种。

（1）开庭审理

仲裁应当开庭进行。开庭审理是仲裁审理的主要方式。开庭审理是指在仲裁庭的主持下，在双方当事人和其他仲裁参与人的参加下，按照法定程序，对案件进行审理并作出裁决的方式。

《仲裁法》在规定仲裁的开庭审理原则的同时，又规定仲裁不公开进行。当事人协议公开的，可以公开进行，但涉及国家秘密的除外。这一规定进一步肯定了开庭审理的仲裁方式以不公开审理为原则，以公开审理为例外。不公开审理是指仲裁庭在审理案件时不对社会公开，不允许群众旁听，也不允许新闻记者采访和报道。不公开审理的目的在于保守当事人的商业秘密，维护当事人的商业信誉。由于仲裁最大的特点在于尊重当事人的意愿，所以仲裁法规定当事人协议公开审理的，除非涉及国家秘密，可以公开审理，即当事人协议公开审理时将允许仲裁审理对社会公开，允许群众旁听，允许新闻记者采访和报道。

（2）书面审理

《仲裁法》在规定仲裁应当开庭进行的同时，也规定如果当事人协议下开庭的，仲裁庭可以根据仲裁申请书、答辩书及其他材料作出裁决，即进行书面审理。书面审理是指在双方当事人及其他仲裁参与人不到庭参加审理的情况下，仲裁庭根据当事人提供的仲裁申请书、答辩书及其他书面材料作出裁决的过程，书面审理是开庭审理的必要补充。

2. 仲裁审理的程序

（1）开庭通知

仲裁委员会应当在仲裁规则规定的期限内将开庭日期通知双方当事人。当事人有正当理由的，可以在仲裁规则规定的期限内请求延期开庭。是否延期，由仲裁庭决定。申请人经书面通知，无正当理由不到庭或者未经仲裁庭许可中途退庭的，可以视为撤回仲裁申请。被申请人经书面通知，无正当理由不到庭或者未经仲裁庭许可中途退庭的，可以缺席裁决。

（2）开庭审理

当事人应当对自己的主张提供证据，并有权申请证据保全。仲裁庭认为有必要收集的证据，可以自行收集。证据应当在开庭时出示，当事人可以质证。当事人在仲裁过程中有权进行辩论。辩论终结时，首席仲裁员或者独任仲裁员应当征询当事人的最后意见。

（3）调解

仲裁庭在作出裁决前，可以先行调解。当事人自愿调解的，仲裁庭应当调解。调解不成的，应当及时作出裁决。调解达成协议的，仲裁庭应当制作调解书或者根据协议的结果制作裁决书。调解书与裁决书具有同等法律效力。调解书应当写明仲裁请求和当事人协议的结果。调解书由仲裁员签名，加盖仲裁委员会印章，送达双方当事人。调解书经双方当事人签收后，即发生法律效力。在调解书签收前当事人反悔的，仲裁庭应当及时作出裁决。

3. 仲裁裁决

裁决应当按照多数仲裁员的意见作出，少数仲裁员的不同意见可以记入笔录。仲裁庭不能形成多数意见时，裁决应当按照首席仲裁员的意见作出。

裁决书应当写明仲裁请求、争议事实、裁决理由、裁决结果、仲裁费用的负担和裁决日期。当事人协议不愿写明争议事实和裁决理由的，可以不写。裁决书由仲裁员签名，加盖仲裁委员会印章。对裁决持不同意见的仲裁员，可以签名，也可不签名。仲裁庭仲裁纠纷时，其中一部分事实已经清楚，可以就该部分先行裁决。对裁决书中的文字、计算错误或者仲裁庭已经裁决但在裁决书中遗漏的事项，仲裁庭应当补正；当事人自收到裁决书之日起三十日内，可以请求仲裁补正。裁决书自作出之日起发生法律效力。

（四）申请撤销裁决

1. 申请撤销裁决的概念和意义

仲裁庭作出仲裁裁决后，任何一方当事人均可以依据特定的事由，向法院提出仲裁裁决撤销的申请。申请撤销仲裁裁决是指对符合法定应予撤销情形的仲裁裁决，经由当事人提出申请，人民法院组成合议庭审查核实，裁定撤销仲裁裁决的行为。由于仲裁采取的是一裁终局制，裁决书自作出之日起即发生法律效力。但仲裁也难免会有不公正、不合法的裁决，这个时候能采取的救济方式就是申请撤销仲裁裁决。

2. 申请撤销裁决的理由

当事人提出证据证明裁决有下列情形之一的，可以向仲裁委员会所在地的中级人民法院申请撤销裁决：①没有仲裁协议的；②裁决的事项不属于仲裁协议的范围或者仲裁委员会无权仲裁的；③仲裁庭的组成或者仲裁的程序违反法定程序的；④裁决所根据的证据是伪造的；⑤对方当事人隐瞒了足以影响公正裁决的证据的；⑥仲裁员在仲裁该案时有索贿受贿，徇私舞弊，枉法裁决行为的。

人民法院经组成合议庭审查核实裁决有上述规定情形之一的，应当裁定撤销。人民法院认定该裁决违背社会公共利益的，应当裁定撤销。

当事人申请撤销裁决的，应当自收到裁决书之日起六个月内提出。人民法院应当在受理撤销裁决申请之日起两个月内作出撤销裁决或者驳回申请的裁定。人民法院受理撤销裁决的申请后，认为可以由仲裁庭重新仲裁的，通知仲裁庭在一定期限内重新仲裁，并裁定中止撤销程序。仲裁庭拒绝重新仲裁的，人民法院应当裁定恢复撤销程序。

（五）仲裁裁决的执行

1. 仲裁裁决的效力

当事人应当履行裁决。一方当事人不履行的，另一方当事人可以依照《民事诉讼法》的有关规定向人民法院申请执行。受申请的人民法院应当执行。一方当事人申请执行裁决，另一方当事人申请撤销裁决的，人民法院应当裁定中止执行。人民法院裁定撤销裁决的，应当裁定终结执行。撤销裁决的申请被裁定驳回的，人民法院应当裁定恢复执行。

2. 仲裁裁决的不予执行

被申请人提出证据证明仲裁裁决有下列情形之一的，经人民法院组成合议庭审查核实，裁定不予执行：①当事人在合同中没有订有仲裁条款或者事后没有达成书面仲裁协议的；②裁决的事项不属于仲裁协议的范围或者仲裁机构无权仲裁的；③仲裁庭的组成或者仲裁的程序违反法定程序的；④裁决所根据的证据是伪造的；⑤对方当事人向仲裁机构隐瞒了足以影响公正裁决的证据的；⑥仲裁员在仲裁该案时有贪污受贿，徇私舞弊，枉法裁决行为的。

人民法院认定该裁决违背社会公共利益的，裁定不予执行。裁定书应当送达双方当事人和仲裁机构。仲裁裁决被人民法院裁定不予执行的，当事人可以根据双方达成的书面仲裁协议重新申请仲裁，也可以向人民法院起诉。

（六）涉外仲裁的特别规定

涉外经济贸易、运输和海事中发生的纠纷的仲裁，适用《仲裁法》。

1. 涉外仲裁机构

我国现有两个专门处理涉外及商事纠纷的仲裁机构：中国国际经济贸易仲裁委员会和中国海事仲裁委员会。涉外仲裁委员会可以由中国国际商会组织设立。涉外仲裁委员会由主任一人、副主任若干人和委员若干人组成。涉外仲裁委员会的主任、副主任和委员可以由中国国际商会聘任。涉外仲裁委员会可以从具有法律、经济贸易、科学技术等专门知识的外籍人士中聘任仲裁员。

2. 涉外仲裁机构裁决的撤销和执行

当事人提出证据证明涉外仲裁裁决有《民事诉讼法》规定的下列情形之一的，经人民法院组成合议庭审查核实，裁定撤销。被申请人提出证据证明涉外仲裁裁决有《民事诉讼法》规定的下列情形之一的，经人民法院组成合议庭审查核实，裁定不予执行：①当事人在合同中没有订有仲裁条款或者事后没有达成书面仲裁协议的；②被申请人没有得到指定仲裁员或者进行仲裁程序的通知，或者由于其他不属于被申请人负责的原因未能陈述意见的；③仲裁庭的组成或者仲裁的程序与仲裁规则不符的；④裁决的事项不属于仲裁协议的范围或者仲裁机构无权仲裁的。

人民法院认定执行该裁决违背社会公共利益的，裁定不予执行。仲裁裁决被人民法院裁定不予执行的，当事人可以根据双方达成的书面仲裁协议重新申请仲裁，也可以向人民法院起诉。中华人民共和国涉外仲裁机构作出的发生法律效力的仲裁裁决，当事人请求执行的，如果被执行人或者其财产不在中华人民共和国领域内，应当由当事人直接向有管辖权的外国法院申请承认和执行。

第二节 民事诉讼

学习目标

素质目标：要求学习者具有法律思维能力与运用能力，树立正确的法律观。

知识目标：要求学习者能够理解并掌握民事诉讼的特征与适用范围，民事诉讼的管辖范围、起诉与受理、审理与裁判、执行程序和诉讼时效的相关规定。

技能目标：要求学习者能够培养分析问题和适用民事诉讼的实务问题的能力。

思政目标：要求学习者能够树立以社会公平正义、程序思维与规则意识作为主线，思考诉讼程序对社会公平与正义的作用。

关键术语

民事诉讼；诉讼的适用范围；诉讼管辖；诉讼时效；审判制度

背景知识

经济法主体在经济活动中不可避免地会产生纠纷，为了保护当事人的合法权益，维护社会经济秩序，必须采取有效手段，及时解决这些纠纷。由于经济关系的复杂性，导致经济纠纷具有多样性，因此，解决经济纠纷的途径也具有多元性特点，本节主要介绍了其中一种解决方法：民事诉讼。民事诉讼是指人民法院根据纠纷当事人的请求，运用审判权确认争议各方权利义务关系，解决经济纠纷的活动。民事诉讼是解决经济纠纷的重要手段，大多数情况下是解决经济纠纷的最终办法。

一、民事诉讼的概念与提起诉讼的条件

（一）民事诉讼的概念

民事诉讼是指人民法院在双方当事人和其他诉讼参与人参加下，审理和解决民事案件的活动。

（二）提起诉讼的条件

《民事诉讼法》规定，当事人提起诉讼必须符合下列条件：①原告是与本案有直接利害关系的公民、法人和其他组织；②有明确的被告；③有具体的诉讼请求和事实、理由；④属于人民法院受理民事诉讼的范围和受诉人民法院管辖。

当事人起诉除了须具备《民事诉讼法》规定的有关条件外，还须具备以下条件：①当事人没有事先或事后约定由仲裁机构裁决的协议；②当事人没有就同一事实、同一诉讼标的再行向法院提起诉讼。

（三）民事诉讼法

民事诉讼法是指规定人民法院和诉讼参加人在审理民事案件过程中进行各种诉讼活动所应遵循的程序制度的法律规范的总称。我国于 1991 年 4 月 9 日第七届全国人民代表大会第四次会议通过，并根据 2007 年 10 月 28 日第十届全国人民代表大会常务委员会第三十次会议《关于修改〈中华人民共和国民事诉讼法〉的决定》第一次修正，根据 2012 年 8 月 31 日第十一届全国人民代表大会常务委员会第二十八次会议《关于修改〈中华人民共和国民事诉讼法〉的决定》第二次修正，根据 2017 年 6 月 27 日第十二届全国人民代表大会常务委员会第二十八次会议《关于修改〈中华人民共和国民事诉讼法〉和〈中华人民共和国行政诉讼法〉的决定》第三次修正。

二、诉讼管辖

诉讼管辖，是指在人民法院系统中，各级人民法院之间及同级人民法院之间受理第一审案件的分工和权限。诉讼管辖按照不同标准可以分为级别管辖、地域管辖、移送管辖、指定管辖和管辖权的转移。

（一）级别管辖

级别管辖，是根据案件的性质、影响范围来划分上下级人民法院受理第一审经济案件的分工和权限。级别管辖是人民法院组织系统内部从纵向划分各级人民法院的管辖权限，它是划分人民法院管辖范围的基础。根据人民法院组织法的规定，我国人民法院设四级，即基层人民法院、中级人民法院、高级人民法院、最高人民法院。另外，还有专门法院，如军事法院、海事法院、铁路运输法院。

基层人民法院管辖除《民事诉讼法》规定以外的第一审民事案件。中级人民法院管辖下列第一审民事案件：重大涉外案件；在本辖区有重大影响的案件；最高人民法院确定由中级人民法院管辖的案件。高级人民法院管辖在本辖区有重大影响的第一审民事案件。最高人民法院管辖下列第一审民事案件：在全国有重大影响的案件；认为应当由本院审理的案件。

（二）地域管辖

地域管辖，是指确定同级人民法院在各自的辖区内管辖第一审民事案件的分工和权限。它是在人民法院组织系统内部，从横向确认人民法院的管辖范围，是在级别管辖的基础上确认的。地域管辖分为一般地域管辖和特殊地域管辖。

1. 一般地域管辖

一般地域管辖是以当事人住所地与法院辖区的关系来确定管辖法院。通常实行“原告就被告”的原则，即民事诉讼由被告住所地人民法院管辖；被告住所地与经常居住地不一致的，由经常居住地人民法院管辖。对法人或者其他组织提起的民事诉讼，由被告住所地人民法院管辖；同一诉讼的几个被告住所地、经常居住地在两个以上人民法院辖区的，各该人民法院都有管辖权。

下列民事诉讼，由原告住所地人民法院管辖；原告住所地与经常居住地不一致的，由原告经常居住地人民法院管辖：①对不在中华人民共和国领域内居住的人提起的有关身份关系的诉讼；②对下落不明或者宣告失踪的人提起的有关身份关系的诉讼；③对被采取强制性教育措施的人提起的诉讼；④对被监禁的人提起的诉讼。

2. 特殊地域管辖

特殊地域管辖，是指以诉讼标的所在地或者引起民事法律关系发生、变更、消灭的法律事实所在地为标准确定的管辖。《民事诉讼法》规定了特殊地域管辖的九种情形。

1）因合同纠纷提起的诉讼，由被告住所地或者合同履行地人民法院管辖。

2）因保险合同纠纷提起的诉讼，由被告住所地或者保险标的物所在地人民法院管辖。

3）因票据纠纷提起的诉讼，由票据支付地或者被告住所地人民法院管辖。

4）因铁路、公路、水上、航空运输和联合运输合同纠纷提起的诉讼，由运输始发地、目的地或者被告住所地人民法院管辖。

5）因侵权行为提起的诉讼，由侵权行为地或者被告住所地人民法院管辖。

6）因铁路、公路、水上和航空事故请求损害赔偿提起的诉讼，由事故发生地或者车辆、船舶最先到达地、航空器最先降落地或者被告住所地人民法院管辖。

7）因船舶碰撞或者其他海事损害事故请求损害赔偿提起的诉讼，由碰撞发生地、碰撞船舶最先到达地、加害船舶被扣留地或者被告住所地人民法院管辖。

8）因海难救助费用提起的诉讼，由救助地或者被救助船舶最先到达地人民法院管辖。

9）因共同海损提起的诉讼，由船舶最先到达地、共同海损理算地或者航程终止地的人民法院管辖。

3. 专属管辖

专属管辖，是指某一类案件根据法律规定必须由一定的法院管辖。

下列案件由规定的人民法院专属管辖：①因不动产纠纷提起的诉讼，由不动产所在地人民法院管辖；②因港口作业中发生纠纷提起的诉讼，由港口所在地人民法院管辖；③因继承遗产纠纷提起的诉讼，由被继承人死亡时住所地或者主要遗产所在地人民法院管辖。

4. 协议管辖

协议管辖，是指当事人在纠纷发生前或后，以协议方式确定第一审民事案件的管辖法院。

《民事诉讼法》第三十四条规定：“合同或者其他财产权益纠纷的当事人可以书面协议选择被告住所地、合同履行地、合同签订地、原告住所地、标的物所在地等与争议有实际联系的地点的人民法院管辖，但不得违反本法对级别管辖和专属管辖的规定。”

5. 共同管辖

共同管辖，是指法律规定两个或两个以上的人民法院对同一诉讼案件都有管辖权。

《民事诉讼法》第三十五条规定：“两个以上人民法院都有管辖权的诉讼，原告可以向其中一个人民法院起诉；原告向两个以上有管辖权的人民法院起诉的，由最先立案的人民法院管辖。”

（三）移送管辖

移送管辖，是指已经受理的人民法院，因发现受理的案件不属于本院管辖的，而将案件移送给有管辖权的人民法院审理，受移送的人民法院应当受理。若受移送的人民法院认为受移送的案件依照规定不属于本院管辖的，应当报请上级人民法院指定管辖，不得再自行移送。

（四）指定管辖

指定管辖，是指有管辖权的人民法院由于特殊原因，不能行使管辖权的，由上级人民法院根据法律规定，以裁定的方式，指定其辖区内的下级人民法院对某一具体民事案件行使管辖权的制度。人民法院之间因管辖权发生争议，由争议双方协商解决；协商解决不了的，报请它们的共同上级人民法院指定管辖。

（五）管辖权的转移

管辖权的转移，是指经上级人民法院的决定或者同意，将某一案件的诉讼管辖权由下级人民法院转移给上级人民法院，或者由上级人民法院转移给下级人民法院。《民事诉讼法》第三十八条规定："上级人民法院有权审理下级人民法院管辖的第一审民事案件；确有必要将本院管辖的第一审民事案件交下级人民法院审理的，应当报请其上级人民法院批准。下级人民法院对它所管辖的第一审民事案件，认为需要由上级人民法院审理的，可以报请上级人民法院审理。"

三、诉讼时效

（一）诉讼时效的概念及适用

1. 诉讼时效的概念

诉讼时效是指民事权利受到侵害的权利人在法定的时效期间内不行使权利，当时效期间届满时，权利人将失去胜诉权利，即胜诉权利归于消灭。在法律规定的诉讼时效期间内，权利人提出请求的，人民法院就强制义务人履行所承担的义务。在法定的诉讼时效期间届满之后，权利人行使请求权的，人民法院就不再予以保护。

值得注意的是，诉讼时效届满后，义务人虽可拒绝履行其义务，权利人请求权的行使仅发生障碍，但权利本身及请求权并不消灭。当事人超过诉讼时效后起诉的，人民法院应当受理。受理后，如另一方当事人提出诉讼时效抗辩且查明无中止、中断、延长事由的，判决驳回其诉讼请求。如果另一方当事人未提出诉讼时效抗辩，则视为其自动放弃该权利，法院不得依照职权主动适用诉讼时效，应当受理支持其诉讼请求。

2. 诉讼时效的不适用情形

下列请求权不适用诉讼时效的规定：①请求停止侵害、排除妨碍、消除危险；②不动产物权和登记的动产物权的权利人请求返还财产；③请求支付抚养费、赡养费或者扶养费；④依法不适用诉讼时效的其他请求权。

（二）诉讼时效期间的概念和种类

1. 诉讼时效期间的概念

诉讼时效期间，是指权利人请求人民法院保护其民事权利的法定期间。法律另有规定的，依照其规定。

2. 诉讼时效期间的种类与起算

（1）诉讼时效期间的种类

1）一般诉讼时效，又称普通诉讼时效，指在一般情况下普遍适用的时效。《民法典》第一百八十八条规定：“向人民法院请求保护民事权利的诉讼时效期间为三年。法律另有规定的，依照其规定。”

2）最长诉讼时效。诉讼时效期间自权利人知道或者应当知道权利受到损害以及义务人之日起计算。法律另有规定的，依照其规定。但是，自权利受到损害之日起超过20年的，人民法院不予保护，有特殊情况的，人民法院可以根据权利人的申请决定延长。

（2）诉讼时效期间的起算

《民法典》第一百八十八条规定：“诉讼时效期间自权利人知道或者应当知道权利受到损害以及义务人之日起计算。法律另有规定的，依照其规定。”

在不同的民事法律关系中，诉讼时效的起算时间不同：①当事人约定同一债务分期履行的，诉讼时效期间自最后一期履行期限届满之日起计算；②无民事行为能力人或者限制民事行为能力人对其法定代理人的请求权的诉讼时效期间，自该法定代理终止之日起计算；③未成年人遭受性侵害的损害赔偿请求权的诉讼时效期间，自受害人年满十八周岁之日起计算。

（三）诉讼时效的中止、中断与延长

1. 诉讼时效的中止

诉讼时效的中止，是指诉讼时效进行中，因发生一定的法定事由而使权利人不能行使请求权，暂时停止计算诉讼时效期间，以前经过的诉讼时效期间仍然有效，待阻碍诉讼时效进行的事由消失后，继续计算诉讼时效期间。在诉讼时效期间的最后六个月内，因下列障碍，不能行使请求权的，诉讼时效中止：①不可抗力；②无民事行为能力人或者限制民事行为能力人没有法定代理人，或者法定代理人死亡、丧失民事行为能力、丧失代理权；③继承开始后未确定继承人或者遗产管理人；④权利人被义务人或者其他人控制；⑤其他导致权利人不能行使请求权的障碍。

自中止时效的原因消除之日起满六个月，诉讼时效期间届满。

2. 诉讼时效的中断

诉讼时效的中断，是指在诉讼时效进行中，因发生一定的法定事由，致使已经经过

的诉讼时效期间统归无效，待诉讼时效中断的法定事由消除后，诉讼时效期间重新计算。有下列情形之一的，诉讼时效中断，从中断、有关程序终结时起，诉讼时效期间重新计算：①权利人向义务人提出履行请求；②义务人同意履行义务；③权利人提起诉讼或者申请仲裁；④与提起诉讼或者申请仲裁具有同等效力的其他情形。

（四）诉讼时效的其他规定

诉讼时效的期间、计算方法及中止、中断的事由由法律规定，当事人约定无效。当事人对诉讼时效利益的预先放弃无效。

法律对仲裁时效有规定的，依照其规定；没有规定的，适用诉讼时效的规定。

法律规定或者当事人约定的撤销权、解除权等权利的存续期间，除法律另有规定外，自权利人知道或者应当知道权利产生之日起计算，不适用有关诉讼时效中止、中断和延长的规定。存续期间届满，撤销权、解除权等权利消灭。

四、审判程序

审理程序是人民法院审理案件适用的程序，可以分为第一审程序、第二审程序和审判监督程序。

（一）第一审程序

第一审程序，是指各级人民法院审理第一审经济案件适用的程序，包括普通程序和简易程序。普通程序是经济案件审判中最基本的程序，主要包括以下内容。

1. 起诉和受理

起诉是指公民、法人或者其他组织认为其民事权益受到侵害或者与他人发生民事争议时，请求人民法院通过审判方式予以司法保护的诉讼行为。起诉必须符合下列条件：①原告是与本案有直接利害关系的公民、法人和其他组织；②有明确的被告；③有具体的诉讼请求和事实、理由；④属于人民法院受理民事诉讼的范围和受诉人民法院管辖。

起诉应当向人民法院递交起诉状，并按照被告人数提出副本。书写起诉状确有困难的，可以口头起诉，由人民法院记入笔录，并告知对方当事人。起诉状应当记明下列事项：①原告的姓名、性别、年龄、民族、职业、工作单位、住所、联系方式，法人或者其他组织的名称、住所和法定代表人或者主要负责人的姓名、职务、联系方式；②被告的姓名、性别、工作单位、住所等信息，法人或者其他组织的名称、住所等信息；③诉讼请求和所根据的事实与理由；④证据和证据来源，证人姓名和住所。

受理是指人民法院通过对当事人的起诉进行审查，对符合法定条件的决定立案审理的行为。人民法院在接到起诉状或口头起诉后，经审查，对符合起诉条件的，必须受理。符合起诉条件的，应当在七日内立案，并通知当事人；不符合起诉条件的，应当在七日内作出裁定书，不予受理；原告对裁定不服的，可以提起上诉。

2. 开庭审理

人民法院审理民事案件，除涉及国家秘密、个人隐私或者法律另有规定的以外，应当公开进行。离婚案件，涉及商业秘密的案件，当事人申请不公开审理的，可以不公开审理。开庭审理分为以下阶段：庭审准备、法庭调查、法庭辩论和法庭判决。

（1）庭审准备

庭审准备是指人民法院在正式对案件进行实体审理之前，为保证案件审理的顺利进行而进行的各项准备工作。

人民法院应当在立案之日起五日内将起诉状副本发送被告，被告应当在收到之日起十五日内提出答辩状。答辩是被告对原告提出的诉讼请求及理由进行回答、辩解和反驳，是被告的一项重要的诉讼权利。人民法院应当在收到答辩状之日起五日内将答辩状副本发送原告。被告不提出答辩状的，不影响人民法院审理。人民法院应当在开庭三日前用传票传唤当事人。对诉讼代理人、证人、鉴定人、勘验人、翻译人员应当用通知书通知其到庭。当事人或者其他诉讼参与人在外地的，应当留有必要的在途时间。

（2）法庭调查

法庭调查是指审判人员在诉讼参与人的参加下，在法庭上依照法定程序调查、核实案件事实和证据的诉讼活动，是法庭审理案件的中心环节。

法庭调查按照下列顺序进行：当事人陈述；告知证人的权利义务，证人作证，宣读未到庭的证人证言；出示书证、物证、视听资料和电子数据；宣读鉴定意见；宣读勘验笔录。

（3）法庭辩论

法庭辩论时当事人及其诉讼代理人在合议庭的主持下，根据法庭调查阶段查明的事实和证据，阐明自己的观点和意见，相互进行言辞辩驳的诉讼活动。

法庭辩论按照下列顺序进行：原告及其诉讼代理人发言；被告及其诉讼代理人答辩；第三人及其诉讼代理人发言或者答辩；互相辩论。法庭辩论终结，由审判长按照原告、被告、第三人的先后顺序征询各方最后意见。法庭辩论终结，应当依法作出判决。判决前能够调解的，还可以进行调解，调解不成的，应当及时判决。

（4）法庭判决

法院根据判决写成文书，即判决书。判决书应当写明判决结果和作出该判决的理由。判决书内容包括：案由、诉讼请求、争议的事实和理由；判决认定的事实和理由、适用的法律和理由；判决结果和诉讼费用的负担；上诉期间和上诉的法院。

判决书由审判人员、书记员署名，加盖人民法院印章。

人民法院审理案件，其中一部分事实已经清楚，可以就该部分先行判决。裁定书应当写明裁定结果和作出该裁定的理由。裁定书由审判人员、书记员署名，加盖人民法院印章。口头裁定的，记入笔录。

3. 简易程序

简易程序是相对于普通程序而言的，是基层人民法院和它的派出法庭审理简单的民事案件所适用的一种独立的第一审诉讼程序。简易程序只适用于事实清楚，权利义务关系明确，争议不大的简单民事案件。

基层人民法院和它派出的法庭审理简单的民事案件，可以用简便方式传唤当事人和证人、送达诉讼文书、审理案件，但应当保障当事人陈述意见的权利。简单的民事案件由审判员一人独任审理。人民法院适用简易程序审理案件，应当在立案之日起三个月内审结。

（二）第二审程序

第二审程序，又称上诉审程序，是指由于民事诉讼的当事人不服第一审法院未生效的第一审裁判而在法定期间内向上一级人民法院提起上诉而引起的诉讼程序，是第二审级的人民法院审理上诉案件所适用的程序。我国实行两审终审制，当事人不服第一审人民法院判决、裁定的，有权向上一级人民法院提起上诉。它是刑事诉讼中一个独立的诉讼阶段。

1. 上诉

当事人不服地方人民法院第一审判决的，有权在判决书送达之日起十五日内向上一级人民法院提起上诉。当事人不服地方人民法院第一审裁定的，有权在裁定书送达之日起十日内向上一级人民法院提起上诉。上诉应当递交上诉状。上诉状应当通过原审人民法院提出，并按照对方当事人或者代表人的人数提出副本。当事人直接向第二审人民法院上诉的，第二审人民法院应当在五日内将上诉状移交原审人民法院。

2. 审查

第二审人民法院应当对上诉请求的有关事实和适用法律进行审查，并组成合议庭，开庭审理。第二审人民法院对上诉案件，经过审理，按照下列情形，分别处理：①原判决、裁定认定事实清楚，适用法律正确的，以判决、裁定方式驳回上诉，维持原判决、裁定；②原判决、裁定认定事实错误或者适用法律错误的，以判决、裁定方式依法改判、撤销或者变更；③原判决认定基本事实不清的，裁定撤销原判决，发回原审人民法院重审，或者查清事实后改判；④原判决遗漏当事人或者违法缺席判决等严重违反法定程序的，裁定撤销原判决，发回原审人民法院重审。第二审人民法院的判决、裁定，是终审的判决、裁定。

（三）审判监督程序

审判监督程序，是指人民法院对已经发生法律效力的判决、裁定，依照法律规定由法定机关提起，对案件进行再审的程序。它又称为再审程序。

1. 审判监督程序的启动形式

各级人民法院院长对本院已经发生法律效力的判决、裁定、调解书，发现确有错误，认为需要再审的，应当提交审判委员会讨论决定。

最高人民法院对地方各级人民法院已经发生法律效力的判决、裁定、调解书，上级人民法院对下级人民法院已经发生法律效力的判决、裁定、调解书，发现确有错误的，有权提审或者指令下级人民法院再审。

当事人对已经发生法律效力的判决、裁定，认为有错误的，可以向上一级人民法院申请再审；当事人一方人数众多或者当事人双方为公民的案件，也可以向原审人民法院申请再审。当事人申请再审的，不停止判决、裁定的执行。

2. 审判监督程序的启动条件

当事人的申请符合下列情形之一的，人民法院应当再审：①有新的证据，足以推翻原判决、裁定的；②原判决、裁定认定的基本事实缺乏证据证明的；③原判决、裁定认定事实的主要证据是伪造的；④原判决、裁定认定事实的主要证据未经质证的；⑤对审理案件需要的主要证据，当事人因客观原因不能自行收集，书面申请人民法院调查收集，人民法院未调查收集的；⑥原判决、裁定适用法律确有错误的；⑦审判组织的组成不合法或者依法应当回避的审判人员没有回避的；⑧无诉讼行为能力人未经法定代理人代为诉讼或者应当参加诉讼的当事人，因不能归责于本人或者其诉讼代理人的事由，未参加诉讼的；⑨违反法律规定，剥夺当事人辩论权利的；⑩未经传票传唤，缺席判决的；⑪原判决、裁定遗漏或者超出诉讼请求的；⑫据以作出原判决、裁定的法律文书被撤销或者变更的；⑬审判人员审理该案件时有贪污受贿，徇私舞弊，枉法裁判行为的。

五、执行程序

执行程序，是指人民法院依法对已经发生法律效力的判决、裁定、调解书和其他应当履行的法律文书的规定，强制义务人履行义务的程序。

（一）执行机构

发生法律效力的民事判决、裁定，以及刑事判决、裁定中的财产部分，由第一审人民法院或者与第一审人民法院同级的被执行的财产所在地人民法院执行。

（二）执行期间

申请执行的期间为两年。申请执行时效的中止、中断，适用法律有关诉讼时效中止、中断的规定。从法律文书规定履行期间的最后一日起计算。

法律文书规定分期履行的，从规定的每次履行期间的最后一日起计算。

法律文书未规定履行期间的，从法律文书生效之日起计算。

（三）执行措施

《民事诉讼法》第二十一章规定，我国人民法院强制执行的通常方法和手段共有以下九种：①查询、扣押、冻结、划拨、变价被执行人的财产；②扣留、提取被执行人应当履行义务部分的收入；③查封、扣押、冻结、拍卖、变卖被执行人应当履行义务部分的财产；④搜查被执行人及其住所或者财产隐匿地；⑤强制被执行人交付法律文书指定交付的财物或者票证；⑥强制被执行人迁出房屋或者退出土地；⑦强制执行判决、裁定和其他法律文书指定的行为；⑧强制加倍支付迟延履行期间的债务利息或者支付迟延履行金；⑨限制出境，在征信系统记录、通过媒体公布不履行义务信息以及法律规定的其他措施。

本章小结

本章介绍了仲裁法与民事诉讼法的基本内容，包括仲裁的基本原则与适用范围、仲裁组织、仲裁协议、仲裁程序，以及民事诉讼的管辖与诉讼程序等内容，以便能够运用相关法律规定解决实际问题。

第八章案例讨论

第八章习题

第八章习题答案

参 考 文 献

财政部会计资格评价中心，2020. 经济法基础[M]. 北京：经济科学出版社.

财政部会计资格评价中心，2020. 经济法[M]. 北京：经济科学出版社.

陈新玲，2016. 经济法概论[M]. 3 版. 北京：科学出版社.

陈新玲，齐晋，2019. 经济法实用教程[M]. 北京：科学出版社.

崔建远，2016. 合同法[M]. 3 版. 北京：北京大学出版社.

范建，2011. 商法[M]. 4 版. 北京：北京大学出版社.

江伟，2016. 民事诉讼法[M]. 5 版. 北京：高等教育出版社.

李昌麒，2016. 经济法学 [M]. 3 版. 北京：法律出版社.

梁慧星，陈华彬，2020. 物权法[M]. 7 版. 北京：法律出版社.

林嘉，2014. 劳动法和社会保障法[M]. 3 版. 北京：中国人民大学出版社.

刘文华，2017. 经济法[M]. 5 版. 北京：中国人民大学出版社.

全国税务师职业资格考试教材编写组，2020. 涉税服务相关法律[M]. 北京：中国税务出版社.

王作全，2015. 公司法学[M]. 北京：北京大学出版社.

吴汉东，2014. 知识产权法[M]. 5 版. 北京：法律出版社.

杨立新，2020.《中华人民共和国民法典》条文精释与实案全析[M]. 北京：中国人民大学出版社.

杨紫烜，2014. 经济法[M]. 北京：北京大学出版社.

中国注册会计师协会，2020. 经济法[M]. 北京：中国财政经济出版社.

中国资产评估协会编写组，2020. 经济法[M]. 北京：经济科学出版社.